ENSAYO · HISTORIA

Fernando García de Cortázar, escritor de amplias y profundas inquietudes, es doctor en Historia Moderna y Contemporánea y en Teología. En la actualidad es director de la Fundación Grupo Correo y ocupa plaza de catedrático de Historia Contemporánea en la Universidad de Deusto. Colaborador habitual de varios medios de comunicación, es un reconocido especialista en historia del mundo actual e historia de España. Con sus publicaciones, que conjugan con brillantez un estilo ameno, de fácil lectura, con el rigor conceptual, la historia ha alcanzado una dimensión popular sin precedentes. Entre sus más de veinte obras destacan *Breve Historia de España*, *Historia del País Vasco*, *Los pliegues de la tiara. La Iglesia y los Papas del siglo XX*, *Álbum de la historia de España*, *Historia del mundo actual 1945-1995*, *Álbum de la historia del siglo XX* e *Historia de España. De Atapuerca al euro*.

Fernando García de Cortázar

Biografía de España

DEBOLSILLO

Diseño de la portada: Departamento de diseño de Random House Mondadori
Fotografía de la portada: *Fusilamiento del 3 mayo* (1808), de Goya. Museo del Prado, Madrid. © The Bridgeman Art Library/Index

Primera edición: octubre, 2003

Printed in Spain – Impreso en España

ISBN: 84-9759-282-4
Depósito legal: B. 33.678 - 2003

Fotocomposición: Lozano Faisano, S. L. (L'Hospitalet)

Impreso en Novoprint, S. A.
Energia, 53. Sant Andreu de la Barca (Barcelona)

P 892824 ,

Hoy las nubes me trajeron,
volando, el mapa de España,
¡qué pequeño sobre el río,
y qué grande sobre el pasto
la sombra que proyectaba!

RAFAEL ALBERTI,
Baladas y canciones de la Quinta del Mayor Loco

PRÓLOGO

Durante los últimos decenios, el trabajo de los historiadores se ha volcado en defender, decididamente, el carácter científico de su disciplina. En paralelo a este sesgo cientifista, la Historia ha ido despojándose de la condición de crónica que había tenido en sus comienzos. La pérdida del sentido narrativo bien pudiera estar en la raíz del desapego de los ciudadanos respecto de la Historia. Ante el amasijo de nombres y acontecimientos, sustituido ahora por los porcentajes y los gráficos, muchos han vuelto la espalda a una ciencia que se ha olvidado de relatar, de contar, con la emoción de una gran aventura, la lucha de los pueblos de España por su supervivencia, por vencer antes de ser vencidos.

El libro, que aquí arranca, intenta acomodarse a la primitiva concepción de la Historia como crónica y hasta en su mismo título rompe con el convencionalismo adoptando el nombre de biografía. Como en la vida humana, donde el recuerdo selecciona momentos culminantes que cobran vida en el presente del individuo y relega al abandono los accidentales, pretendemos evocar, en breves retazos, el discurrir de la historia española a través de las fechas que señalan los pasos claves de su formación. Porque no existe un día que date el despertar de la nación española, sino que su alumbramiento es cuestión de siglos. De ahí, que la *Biografía de España* recoja aquellos acontecimientos que favorecieron la sedimentación cultural necesaria para que algunos adelantados se proclamaran españoles, sin renunciar a otros sentimientos de pertenencia, y definieran unos proyectos comunes superadores de meros intereses particulares. La selección, siempre arriesgada, puede haber dejado en el camino algunos acontecimientos que se hayan hecho trascendentales en determinados ámbitos locales, pero resulta evidente que el recambio hubiese provocado la pérdida del sentido integrador y pluralista que encierra el término España. Además, ya lo dice Voltaire, el secreto para no aburrir consiste en no contarlo todo.

Hablar hoy de una biografía de España, en un país donde el género suele identificarse con la evocación necrológica o la hagiografía, tiene sus riesgos. Sin embargo, nada hay en las páginas siguientes que permita hablar de una nación muerta, ni nada que abone una visión acrítica de su pasado. «España, pasión por la vida», pregonaba un lema turístico ideado tras la resaca de 1992, manifestando la naturaleza lúdica de un país que a lo largo de su historia había patentado, por el contrario, una fascinación trágica por la muerte. Para entonces, Madrid se exhibía ya como la capital europea más animada, la de mayor complicidad con la noche, la más divertida.

Con el deseo de enriquecer esta *Biografía de España* dejamos oír en cada capítulo las voces de algunos contemporáneos a los hechos relatados. Que sean ellos, con toda su carga de subjetividad, los que muestren cómo vivieron aquellos acontecimientos, sin la perspectiva que da el tiempo, pero con la viveza de la que carece la disección de la ciencia histórica.

> ¡Oh patria! Cuántos hechos, cuántos nombres,
> cuántos sucesos y victorias grandes...
> Pues que tienes quien haga y quien te obliga,
> ¿por qué te falta, España, quien lo diga?
>
> LOPE DE VEGA, *La Dragontea*

Por desgracia, la Historia en España no sólo ha ido separándose lentamente del centro de interés de los ciudadanos, sino que, como parte integrante de su formación, ha perdido influencia en los sistemas de enseñanza de las jóvenes generaciones. Bien es verdad que a la Historia le acompañan en su aislamiento la mayoría de las Humanidades, con el latín a la cabeza, convertido en trasto inútil. Desdeñada por quienes defienden una educación volcada en las ciencias, la historia de España no hace más que sufrir empellones en la escuela sin que el Estado parezca darse cuenta del déficit en la formación de una comunidad democrática de españoles. Bajo coartadas pedagógicas, el proceso que explica el pasado peninsular ha terminado por parcelarse, malgastando energías en aspectos anecdóticos o localistas y destruyendo una de las notas más sobresalientes del pasado hispano, la existencia de una realidad rica por diversa. En estas aguas revueltas pescaron también una izquierda desorientada y los nacionalismos periféricos, dispuestos a fabular o consentir historias desligadas del conjunto español. Historias donde lo singular se impone a lo común y donde los vasos comunicantes, abiertos al menos desde hace quinientos años, se cierran.

Al calor de una voluntad diferenciadora, afloran historiografías regionales, a menudo subvencionadas, archivos, museos patrióticos, libros escolares..., más propios del siglo XIX que del XXI, en los que se sacrifica el rigor en beneficio del adoctrinamiento y la defensa del hecho diferencial. Los esfuerzos por consensuar unos contenidos mínimos del pasado peninsular han tropezado y tropezarán siempre con quienes conciben la historia de España como una invención, una superestructura que oculta las verdaderas naciones. ¡Paradojas del presente!, una de las naciones más antiguas de Europa se ve en entredicho, a pesar de sus siglos de vida política y cultural. Muchos españoles han crecido con la sensación de habitar una nación fracasada, cuyo nombre sólo se debía pronunciar en caso de extrema necesidad, a pesar de que pocos países en el mundo podían ofrecer, como España, un árbol genealógico tan poblado, una crónica tan apasionante y dilatada. No se trata de defender ahora estereotipos unitarios ni esencias eternas, sino de acercar el pasado a la comunidad para que se comprenda a sí misma y progrese en un futuro cada día más plural. Porque, en palabras de Francisco Umbral, «después de cuarenta años de españolismo franquista la verdad es que vivimos y respiramos muy a gusto siendo sencillamente españoles». *Biografía de España* aspira a ser un instrumento que haga cómplices a todos estos sencillos españoles de su pasado compartido, sin olvidar la diversidad con que cada región buscó acomodo en el mosaico peninsular, y que certifique las singularidades culturales de cada una de ellas. La Historia ha venido a traer pueblos sobre la tierra y ¿qué quiere sino que convivan en mansedumbre? Ella nos ayudará a afrontar la realidad de España, tantas veces desconocida porque nos la han contado mal o, simplemente, porque no nos la han explicado.

Los biógrafos de España

Cuando un historiador llega al final de su obra se encuentra con la penosa tarea de recapitular las obras y autores de los que se siente deudor. Por ello, en un esfuerzo de síntesis, vamos a ahorrar al lector el tedio de los largos listados que ocupan las últimas páginas de los libros. Vaya por delante nuestra demanda de perdón a los autores preteridos. La *Biografía de España* está emparentada con su predecesora *Breve Historia de España* en la que ya se ofrecían algunas pistas de los investigadores y estudiosos que mejor retrataron los momentos cruciales de la crónica peninsular.

Muy poco sabríamos de la Cádiz fenicia sin los trabajos de M. Almagro, A. Blanco Freijeiro o M. Gómez Moreno rejuvenecidos por las excavaciones de Ruiz Mata y la investigación de Eugenia Aubet. Para entender la deuda de España con Roma nada mejor que recorrer la obra de J. M.ª Blázquez, Julio Mangas, J. M.ª Roldán, M. Tarradell o J. Arce o ejercitar el latín en *Fontes Hispaniae antiquae* de la Universidad de Barcelona. Los visigodos han tenido sus seguidores gracias a las obras de J. Orlando, A. Barbero, M. Vigil y A. Thompson en tanto que a J. Vives se debe la publicación de los concilios.

La Córdoba islámica sedujo a Anwar G. Chejne, E. Lèvi-Provençal, Thomas F. Glick y A. Huici Miranda. En el estudio del norte cristiano se especializaron Claudio Sánchez Albornoz, P. Bonnasie, J. M.ª Lacarra, que tendrían buenos continuadores en J. L. Martín, Ramos Los Certales, Jesús Lalinde, P. Iradiel, y J. A. García de Cortázar. A J. Klein debemos el más clásico de los estudios sobre el avance de la oveja, renovado por las contribuciones de Pedro García Martín, José

María Sánchez Benito o Ángel García Sanz y a J. Valdeón y Reyna Pastor el análisis de los conflictos de una sociedad aparentemente dormida. Mientras, L. G. de Valdeavellano centraba su trabajo en las instituciones, poniendo al día algunas de las conclusiones de W. Piskorski sobre las Cortes castellanas, cantera de posteriores estudios de Luis González Antón, José Ángel Sesma, Josep M.ª Pons o José Coroleu sobre los parlamentos medievales. Finalmente, no debemos olvidar tampoco la inapreciable labor de quienes se ocuparon de transcribir y publicar algunas de las crónicas medievales como Ramón Menéndez Pidal, a quien debemos la «Primera Crónica General de España» de Alfonso X, o Juan Gil Fernández y José Luis Moralejo y sus crónicas de Alfonso III de Asturias.

La España de Isabel y Fernando y los Austrias atrajo la atención de R. Carande, A. Ladero Quesada, Luis Suárez y A. Domínguez Ortiz, ayudados por una torrentera de hispanistas franceses e ingleses, comensales en el banquete documental ofrecido por el Imperio. Joseph Pérez, H. Kamen, F. Braudel, P. Chaunu, B. Benassar, E. J. Hamilton, J. Lynch, H. Lapeyre, J. Elliot, G. Parker o P. Vilar desentrañaron los aspectos ocultos de la política interna y externa de los Reyes Católicos y los Habsburgos, la cara desconocida de la Inquisición, la actividad del comercio atlántico y mediterráneo, la expulsión de los judíos y moriscos, el auge y decadencia del Imperio, la vitalidad de la vida urbana y la burguesía de los negocios, la subida de los precios y la vida económica y social de las regiones. Animados por su entrega, J. A. Maravall retraería a finales del XVII su análisis del pensamiento político e intelectual español del mundo moderno, enlazando así con los trabajos de L. Díez del Corral, y otro tanto hará el llorado F. Tomás y Valiente. A la par, Santos Julià, David Ringrose y Cristina Segura nos presentaron la biografía de la capital del Imperio; Marcel Bataillon, M. Dufourneaux y los Peset tomaban al asalto las universidades habsburguesas y borbónicas, la historia de los estudios científicos y la censura; Martín de Riquer de la literatura en lengua catalana; D. Angulo, M. Gállego, A. Pérez Sánchez, Fernando Checa y J. Brown del arte barroco, bella pantalla que oculta las conflictivas relaciones sociales analizadas por J. Pérez Moreda, P. Molas, N. Salomón y Juan Ignacio Gutiérrez Nieto.

Muchos de estos historiadores prolongan sus estudios hacia el siglo XVIII, hasta no hace mucho el gran olvidado de la historiografía. Después de los pioneros escritos de Domínguez Ortiz, J. Lynch nos sorprendió con su obra para Crítica, en parte deudora de las investigaciones anteriores de G. Anes, R. Herr, V. Palacio, D.R. Ringrose o la ya clásica de J. Sarrailh sobre la Ilustración. Ellos son quienes han dado a la luz numerosas nuevas ediciones de algunos de los grandes pensadores y políticos de la etapa como Campomanes, León de Arroyal, Bernardo de Ulloa, Rávago, Jovellanos... Incluso algunos de los especialistas de la España contemporánea bucearon en las Luces buscando las raíces del siglo XIX, como Miguel Artola o J. Fontana en sus estudios sobre la crisis del Antiguo Régimen, la quiebra de la hacienda o el triunfo de la revolución liberal, y A. Elorza, Manuel Moreno Alonso y C. Iglesias en lo referente al pensamiento político. Los trabajos de A. Bernal y Bahamonde Magro penetraron un poco más en la sociedad burguesa; J. Nadal, G. Tortella, N. Sánchez-Albornoz, L. Prados de la Escosura, R. Anes y P. Tedde reflejaron los triunfos y fracasos de la industrialización, la economía y los ferrocarriles; Germán Rueda, Francisco Simón Segura y Josefina Bello llevaron a cabo la crónica de la desamortización y J. Varela Ortega completó con su análisis del caciquismo la irrepetible labor de M. Tuñón de Lara, C. Seco Serrano y J. M.ª Jover en el campo de la historia política y social de la Restauración. La vida cotidiana de la España contemporánea generó sabrosas páginas, que debemos agradecer a A. Shubert y a R. Núñez, en tanto que M. Pérez Ledesma se ocupó de la conflictividad social.

Por último, no han faltado quienes se interesaran por el siglo XX, con sus momentos de euforia y de desánimo. La economía atrapó a J. L. García Delgado, J. Palafox y R. Tamames; el ejército a R. Salas Larrazábal, G. Cardona y F. Fernández Basterreche; la Iglesia a J. M. Cuenca, J. Andrés Gallego y a los hispanistas F. Lannon y A. Botti; y la sociedad y la política a S. G. Payne, J. Tusell, V. Pérez Díaz, R. Carr, A. de Miguel, P. Preston, J. P. Fusi, H. Thomas, A. Viñas, B. Muniesa y J. Hooper. Y junto a ellos, las últimas décadas fueron pródigas en la aparición de libros de memorias, discursos y pensamientos de quienes participaron de una forma u otra en los agitados años transcurridos desde la guerra civil. Pasionaria, Carrero Blanco, Adolfo Suárez, E. Tierno Galván, Santiago Carrillo, J. M. Areilza, A. Osorio, R. Martín Villa..., cayeron en la tentación de contarnos sus vivencias y proyectos, a menudo matizados desde los diarios más influyentes del país por sus punzantes columnistas: Cándido, Raúl del Pozo, Francisco Umbral, Federico Jiménez Losantos, Haro Tecglen, G. Morán, Antonio Gala, Santos Julià, A. Pérez-Reverte, J. M. de Prada, Vázquez Montalbán, F. Savater, J.Mª.Carrascal...

Todos nos ayudaron a comprender un poco mejor esta época, diseccionada también por el escalpelo de algunos de los grandes novelistas y dramaturgos contemporáneos como L. Martín Santos, J. Goytisolo, Juan Marsé, Camilo J. Cela, A. Buero Vallejo, A. Muñoz Molina..., cuyas obras llegan a explicar mejor que ningún manual historiográfico los problemas y cambios de nuestro tiempo. Son los sucesores de B. Pérez Galdós, Emilia Pardo Bazán, Clarín, Pereda..., que hace cien años dejaban escrita la crónica de la Restauración, y de M. de Unamuno, P. Baroja, R. del Valle-Inclán, J. Maragall, que retrataron el desconcierto de la crisis del 98. Con motivo del primer centenario del adiós a las colonias, nuevas reflexiones, promovidas por S. Balfour, Cacho Viu, J. Varela, J. M. Marco o A. Trapiello, enriquecieron el panorama cultural de España, cuya tensión entre el sentimiento de comunidad nacional y la percepción de las diferencias internas cuenta desde hace poco con el oportuno y contundente estudio de L. González Antón. Y, por supuesto, habría que ampliar la nómina bibliográfica con los poetas de todo tiempo que, como Don Quijote, se pusieron en camino a la hora del alba, la misma en que los gallos del *Poema de Mío Cid* querían quebrar albores o los de García Lorca cavaban buscando la aurora de esta hermosa y áspera España.

INTRODUCCIÓN

HERMOSA Y ÁSPERA ESPAÑA

Tierra de aluvión humano y cultural, la península ibérica refleja en su piel las huellas de viejas civilizaciones que le dieron su savia mejor. Los caminos de la Historia le hicieron llegar modos de vida y alimentos, dioses y lenguas, grandezas y miserias que embellecerían su mirada y le harían deudora de olvidados pueblos viajeros. Una veintena de episodios recrea ahora aquella larga crónica de mestizaje y supervivencia, unos momentos arrancados del ayer alimentan nuestra ilusión, como historiadores, de acompañar al lector al nacimiento y crecida de España.

Dejemos, entonces, que la bahía de Cádiz o los valles catalanes relaten la llegada de los aires mediterráneos y continentales, que abrieron la península a las sociedades asiáticas y a la cultura del hierro. Experiencias fecundas, pues de ellas nacerían formas hispanas tan evocadoras como Tartesos o las civilizaciones iberas. Convertida en objeto de deseo de las grandes potencias mediterráneas, a causa de la riqueza de su subsuelo y la fertilidad de sus campos, la tierra ibérica recogió la sangre de las milicias de Cartago y Roma en su batalla definitiva por la supremacía del mundo conocido.

Tras el triunfo romano sobre el rival más poderoso de su tiempo, el futuro de las tribus indígenas se cierra con el sello del sometimiento que la gran urbe impone durante doscientos años. Las ciudades fundadas en tiempos de Augusto pregonarían la gloria del triunfador de la contienda unificadora y harían acampar para siempre la sabiduría florecida a la orilla del Tíber. Por los recintos urbanos penetran la lengua latina, el saber clásico, el derecho, los dioses del Olimpo y su competidor Jesucristo, eslabones todos de la cadena que unirá las regiones peninsulares en un destino común.

Cuando el brillo de Roma se marchite, los pueblos germanos reanimarán la antigua Hispania con una nueva civilización, aunque el ardor guerrero no pudo evitar que, poco a poco, sus dirigentes cayesen postrados ante el prestigio de la cultura romana. La conversión a la fe de los vencidos consagra esta imparable romanización y abre el camino a la alianza del trono y el altar, metida hasta en la médula de la futura España. Tampoco los godos resistirán el paso del tiempo, diluyéndose su maquinaria bélica ante el empuje mesiánico de otros recién convertidos, las tribus bereberes del norte de África, que a partir del 711 colocaban las tierras de Al-Andalus en el estandarte de la suntuosa sociedad oriental.

Durante tres siglos largos, Córdoba ofrece el escenario ideal para la representación de la más elaborada cultura occidental, compendio de las mejores influencias del mundo clásico y la renovadora mirada asiática. Una primavera pletórica a la que se une el poder del dinero y la milicia, siempre dispuesto a imponer su ley en todo el territorio hispánico, siguiendo la estela de Roma y Toledo. Pero las rencillas domésticas y el agotamiento socioeconómico derrumbaban en el año 1031 esta Bagdad española mientras los diminutos estados cristianos de antaño ganaban terreno hasta hacerse con la antigua capital goda, cincuenta años después.

No sólo se dibujan en estos años guerras y destrucciones, surgen también poderosos símbolos culturales como el Camino de Santiago o las lenguas romances junto a magníficos modelos de convivencia interétnica y religiosa. La necesidad de organizar los reinos y los apuros financieros de los monarcas impulsan el nacimiento en León de las primeras Cortes europeas y, como reconocimiento a la importancia de la oveja en la sociedad peninsular, Alfonso X se desvive, con gracias y privilegios, por el «Honrado Concejo de la Mesta».

En las puertas de una nueva era, 1492 señala el momento culminante de la historia peninsular, bisagra que pone el punto final a los desencuentros entre los estados nacidos al calor de la Reconquista e ilumina el recorrido de una unión, en sus comienzos sólo dinástica, que llegará hasta hoy. Desvanecido el sueño islámico con la conquista de Granada, Colón descubre en el Atlántico otro perfil hispano, que se consolida en América al contacto con una geografía exuberante y unas civilizaciones inéditas. Es tiempo, asimismo, de intolerancia al ordenar los Reyes Católicos la salida de los hijos de Jehová, que deja a Sefarad huérfana de talento financiero. Un siglo más tarde, en 1609, la España de las tres culturas perdía definitivamente su aliento y los moriscos expulsados por el duque de Lerma se llevaban los últimos recuerdos de la gloria andalusí.

El abandono del padrón medieval no se efectuó sin fuertes resistencias, agravadas por el caprichoso destino que erigió a los monarcas herederos de los Reyes Católicos en rectores de un imperio universal. Asentados sus reales en el corazón de la Meseta, con el traslado en 1561 de la corte a Madrid, la burocracia alimentará las energías de un Estado exuberante. Antes, Carlos I tiene que enfrentarse a la terquedad armada de sus súbditos castellanos, comuneros celosos de sus franquicias y derechos; algo que hubo de improvisar su descendiente, Felipe IV, en 1640 al rebelársele los catalanes y portugueses, contrarios a las medidas modernizadoras del conde-duque de Olivares y a la pesada servidumbre de las guerras europeas. Aunque la subversión interior a punto estuvo de dar al traste con la monarquía, Felipe IV nunca tendría la fortaleza suficiente para imponerse. Su generosidad en la victoria contrasta con el inexorable juicio de su abuelo Felipe II respecto de los privilegios aragoneses o de su sucesor Felipe V cuando acabada la guerra de Sucesión decrete la abolición de los fueros catalanes. Bien es verdad que un deseo de reforma se introduciría en todos los ámbitos de la vida española al abrigo de la nueva dinastía.

El quinquenio 1808-1812 representa la otra gran epopeya de la historia peninsular, sobre la que se fragua la España contemporánea. La explosión patriótica derivada de la guerra contra el invasor francés –nada como el frente de batalla para estrechar las voluntades hispanas– favorece el apiñamiento popular, difuminando las diferencias regionales, al par que en la bahía gaditana los primeros plenamente españoles tomaban lo mejor del pensamiento político de su enemigo para hacer tabla rasa de la ordenanza tradicional. Gracias a su empuje visionario, España asistirá al parto de su Constitución primogénita y al triunfo pasajero de las libertades individuales y colectivas de todos los súbditos de la monarquía.

Como el Guadiana, el afán por alcanzar un modelo de gobierno progresista asoma y se esconde a lo largo del siglo XIX, dejando a su paso proyectos frustrados y resquemor en muchos españoles. Por desgracia el sueño liberal del comienzo de centuria coincide inoportunamente con la pérdida de las colonias americanas y el repliegue de España a su solar europeo. Rotas las amarras con su «otro yo» transatlántico, el país vuelve a encerrarse sobre sí mismo, como ya lo había hecho en el siglo XVI, durante los años de Felipe II, y los políticos, huérfanos de legitimidades imperiales y religiosas, comienzan sus maniobras para cincelar la nación, con la historia de instrumento.

Son años también de anticlericalismo y desamortización, por culpa de los apuros de la hacienda y el auge de la ideología liberal, que anticipan el vía crucis de España hasta culminar en 1978 la separación de la Iglesia y el Estado. Tiempo de guerras civiles en el que los españoles ven agigantarse la distancia que los separaba de los países de la Europa adelantada. En el furgón de cola de la industrialización, el país caerá pronto en la más dura dependencia semicolonial de las compañías extranjeras, a la vez que el aplazamiento de la reforma económica y social dirigía hacia el siglo XX el malestar de los agraviados por el sistema.

Tras el intermedio revolucionario de 1868, España se dota de un régimen político conservador y falsamente liberal, cuya agonía habría de prolongarse hasta bien entrado el siglo XX. Si la derrota del 98 forzó un examen de conciencia nacional con exigencia de responsabilidades, la guerra civil manifestaba en 1936 la imposibilidad de poner de acuerdo las dos Españas, nacidas de los antagonismos del XIX y de la negativa de una de ellas a renunciar a sus privilegios. Sólo a finales del xx, gracias al desarrollo económico y cultural del decenio de 1960, podría efectuarse un cierto acercamiento. El consenso, que fundamenta la convivencia plasmada en la Constitución de 1978 y en el acceso del socialismo al poder, mostrará al mundo una España renovada y europea, de vuelta al redil internacional por la puerta grande de la OTAN-CE. Las alegrías del 92 –Olimpiadas y Expo– situarían a España en el punto de mira de la opinión pública mundial, antes de que los escándalos políticos y la crisis económica volvieran a nublar el horizonte hispano.

De todas estas fechas vividas por unos españoles a menudo desconocedores de los cambios que se avecinaban, muchas no tardarían en convertirse en mitos legados a sus herederos. Si César revalidaba con su visita a Cádiz la importancia de una ciudad centenaria, haciendo de su antigüedad semita un motivo de orgullo en tiempos del Imperio, la conversión de Recaredo culminaba la apropiación del imaginario romano que le permite aparecer como sucesor de los emperadores y a Toledo como una nueva Roma castellana. Mientras el 711 corona de gloria la expansión del Islam hacia Occidente, para los reinos cristianos norteños y los españoles futuros, que hablan de Reconquista, sólo señalaría el comienzo de un largo cautiverio de la península. La supuesta opresión justificaría durante siete siglos una cruel guerra norte-sur, a expensas del rico ideario goticista desarrollado en Oviedo, León y Castilla, que al hacer a estos reinos hijos del Toledo godo les legitimaba para recomponer su viejo imperio. Cuando Alfonso VI ocupe el paraíso manchego en 1085, el sueño empezará a hacerse corpóreo bajo la forma idealizada de la ciudad de las tres religiones.

Motivaciones más prosaicas, relacionadas con la financiación de la empresa reconquistadora, ayudarán a nacer a las Cortes, que enriquecen las instituciones políticas medievales y generan un juego renovado de imágenes. Desde la teoría del pacto entre el monarca y sus súbditos en Navarra y la Confederación catalanoaragonesa, obviando la realidad de las imposiciones de las oligarquías a la corona, a la exaltación de los comuneros castellanos como defensores de los derechos del reino frente al absolutismo regio. Imaginería, interesadamente trabajada por el liberalismo del XIX, al presentar las Cortes medievales como expresión de la voluntad popular y a los viejos Padilla, Bravo y Maldonado, como predecesores de los contemporáneos Riego y Torrijos, iluminados por la Constitución de 1812, un texto que sustentaría el discurso mesiánico del progresismo hispano hasta fechas no lejanas.

Año del acelerón histórico por antonomasia, 1492 se transforma muy pronto en otro gran abastecedor de imágenes de la mitología española. Envuelta en laureles de añoranza, la época de los Reyes Católicos pervivirá en el pensamiento de los intelectuales y en el sentimentalismo de las masas, coincidentes en considerar el reinado de Isabel y Fernando poco menos que el séptimo cielo. La simbología del matrimonio real encendería las antorchas de los caudillos de la unificación nacional en los siglos XIX y XX y tanto los liberales conservadores como los ideólogos franquistas harían de los regios cónyuges los grandes arquitectos de la construcción de España, sin reparar en el sentido patrimonial de sus coronas. Y nada mejor para culminar la leyenda que las victorias militares de Granada y Navarra o el descubrimiento de América.

Más allá de Finisterre y pasando por alto las crónicas de los conquistadores, 1492 pondrá en circulación un fantasioso relato de la epopeya americana. Mientras los contemporáneos se solazaban al ver en las Indias el premio divino por su defensa de la fe, los conservadores decimonónicos exculpaban muertes y estragos achacándolos al celo impetuoso de la cruzada misionera. Con su divisa de reserva espiritual de Occidente, España cohesionará la población hispana del Imperio, pero empobrecerá el país, apartado del itinerario de la modernidad. La cerrazón arraiga con fuerza en el pensamiento español hasta la época franquista, heredera de las elaboraciones intelectuales de Menéndez y Pelayo. En el pecado, sin embargo, encuentra pronto España su penitencia, la leyenda negra echa sobre sus hombros crueldades gratuitas y despropósitos históricos de los que sale muy malparada.

Expulsados los judíos, la actividad de la Inquisición contra las desviaciones de la norma social lanzará sobre el Imperio el gran fraude sociocultural de la «limpieza de sangre», alimentado por el despectivo orgullo de los autodenominados cristianos viejos. Un arma ideológica de enorme trascendencia en la lucha entre los burócratas norteños y sus competidores conversos por el dominio de la administración creada en torno a la capital madrileña. En un país donde casi todos sus habitantes habían tenido algún antepasado con sangre no cristiana, los árboles genealógicos tuvieron que fabricar un desproporcionado número de descendientes de las montañas cantábricas. Admirados de tanta hidalguía, los historiadores del Imperio terminarían por considerar a los pobladores norteños los únicos genuinamente españoles, alimentando la vanidad del tropel de segundones establecidos en la corte. El mito de estos españoles incontaminados se mantendrá vivo hasta el presente, oculto en el XIX bajo el barniz cientifista de ciertos modelos antropológicos, como el Rh y craneologías varias. Cómplice de algunos insignes engaños, la historiografía fue el arma más utilizada por muchos escritores nacionalistas en su afán por anular cualquier vestigio de comunicación de sus mayores con los hombres y las culturas que se asentaron en la península desde el principio de los tiempos.

No faltan tampoco en el XVIII nuevas aportaciones al Olimpo de la mitología española. A la luz de la pretendida ansia de renovación de la dinastía borbónica, muchos españoles hicieron entrar a Carlos III en la historia como el monarca del compromiso y la lucha contra el lastre del pasado, de tal forma que, alrededor de su reinado, se gestaría el mito de la modernidad, luego trasvasado a los liberales progresistas, la industrialización, las izquierdas republicanas partidarias de la reforma agraria, o los políticos socialistas de 1982. Otros, en cambio, relacionarían a los Borbones con un espíritu versallesco que, al poner en marcha el rodillo de la unificación, aplastaba los sagrados fueros catalanes y valencianos. Dentro del martirologio regional, 1717 sería la fecha negra de los catalanes agraviados, como 1591 fue la de los aragoneses y 1876 la del País Vasco rural.

Como resultado de la agresión, los fueros se incrustaban emocionalmente en la mitología de la España periférica, quedando en el olvido su anacronismo e incapacidad para alentar cualquier intento de modernización económica. En el ardor de su defensa, los creadores de la leyenda nacionalista de finales del XIX no pararían hasta inventariar las supuestas manifestaciones de una conciencia nacional latente, opuesta al centralismo de los Austrias, los Borbones o los liberales. Nada serio, pero que sirve, aún hoy, para embelesar a una muchedumbre, predispuesta a dejarse arrastrar por cualquier Pelayo, Cid o Zumalacárregui de ámbito regional.

Con el ejemplo de sus colegas europeos, los promotores de la nación española de mediados del XIX encontrarían en muchas de estas figuras, convenientemente maquilladas, los símbolos que necesitaban para glorificar los valores patrios. Es la hora de los héroes y las hazañas hispánicas, aceptadas como muestra de las esencias del país y del deseo de unidad peninsular e independencia. Sagunto, Viriato, Numancia, Covadonga, Roncesvalles, Granada, Pavía..., elevados a los altares cívicos de la nueva religión nacional, toman al asalto las páginas de los libros, las aulas, el teatro, las artes plásticas junto a los recientes mártires de la guerra de la Independencia, la lucha contra el absolutismo o las carlistadas.

Entretanto, el proceso pedagógico de nacionalización recoge el testigo anticlerical de los ilustrados del XVIII, responsabilizando a la Iglesia del atraso de España. Era la coartada que el liberalismo requería para legitimar la venta de los bienes eclesiásticos y denunciar su conspiración con el carlismo, el peor enemigo del régimen. Desde fines del XIX, los partidos de izquierda y republicanos tomarán prestado el discurso laicista hasta llevarlo momentáneamente al poder con los gobiernos de la Segunda República. Su mensaje publicitario debilitará el engranaje conservador montado por la Restauración al mismo tiempo que atrae emotivamente a las masas trabajadoras hacia sus posiciones radicales.

Frente a esa oscura interpretación de su forma de ser, la Iglesia, jaleada por los grupos más conservadores, elevaría el tono de la polémica, definiendo una nueva trinidad, compuesta por ella misma, la monarquía y España. Más allá de las ideologías y las ambiciones mundanas, los enfrentamientos entre carlistas y liberales ocultaban el antagonismo de dos mitografías irreconciliables. Lentamente la historia se pone del bando de la España de los ciudadanos y los derechos individuales, pero la intolerancia religiosa, el absolutismo corrupto o los fueros no se resignan a pasar página. El violento combate entre españoles atrae pronto la atención de los curiosos europeos que, en sus escritos empañados del romanticismo de la época, dibujan un retrato del país –misterioso, salvaje, independiente– poblado de tópicos. Nace con vigor el estereotipo de la «España diferente», medio europea, medio africana, que recorre el continente y es amplificado por el eco internacional de la guerra civil de 1936. Pero todo es aprovechable y los propagandistas del régimen franquista utilizarían en los años sesenta el emblema con objeto de atraer a los ávidos consumidores norteños de sol, andalucismo y toros.

Hija del XVIII, la reforma agraria de los ilustrados cruza sin tregua el umbral del futuro, a lomos del latifundismo agrario, tras las ventas desamortizadoras de las atrasadas regiones del sur. La modernización de los campos arraiga con tenacidad en los idearios anarquistas y socialistas condicionando la política de la etapa republicana, en tanto se certifica la incompetencia de las industrias españolas ante el empuje de las grandes fábricas europeas. Sólo las economías de Cataluña y el País Vasco resistirán la embestida extranjera, confirmando el alejamiento creciente del norte rico y el empobrecido sur, que se prestaría a consideraciones ligeras respecto del laborioso carácter de uno y la indolencia del otro.

La conmoción producida por la derrota de 1898 pone en ridículo el aparatoso repertorio de la mitología romántica española y lleva a los intelectuales a exigir el entierro definitivo del Cid o Sagunto. A río revuelto, los nacionalismos periféricos levantarán el vuelo hasta llegar a emparentar sutilmente con el tradicional cantonalismo de raíz hispana e imponerse en el alma de algunos territorios a golpe de victimismo y conciencia de singularidad. En el resto del país e incapaces de reconocer su reciente fracaso, las viejas elites se aferrarán al desfasado juego de creencias del rancio nacionalismo decimonónico, robustecido con las nostalgias de algunos escritores de la generación del Desastre. No obstante, los mitos españoles apenas si se podían mantener en pie y se mostraban del todo incapaces de frenar el progreso del socialismo proletario, la utopía anarquista o los proyectos republicanos, empeñados en demostrar la raíz monárquica de los males de España. Toda esta ansiedad reprimida desembocaría en la tragedia de la guerra civil de 1936, para uno y otro bando el manantial mitográfico más caudaloso del siglo XX.

Al calor de la contienda los franquistas inventarán la «conjura judeo-masónica-marxista», con su epílogo del «contubernio de Múnich», tan útil a la hora de acallar voces y agregar sentimientos domésticos de repulsa al asedio de España. Paranoia colectiva, disfrazada de estética habsburguesa, que, mezclando la Hispanoamérica de Maeztu con la añoranza de los Reyes Católicos, exaltaba el orgullo patrio y ponía el énfasis en la defensa de la religión, la unidad nacional y la cultura castellana. Luego, cuando el desarrollo de 1960 permita desprenderse de las máscaras del pasado, el franquismo explotaría con fortuna el «milagro español». Mediante su campaña de los «Veinticinco años de paz», los tecnócratas convencerían a no pocos españoles de las bondades económicas del régimen, júbilo general que pasó por alto las privaciones de los de siempre, el expolio de los obreros o las emigraciones masivas hacia Europa.

La oposición, por su parte, no iría a la zaga en el montaje de la tramoya que ocultase sus errores, en especial, su patológica división interna. Mientras sueña durante cuarenta años con el derrumbe del régimen por las presiones extranjeras, las muletillas del «millón de muertos», la represión indiscriminada o el martirio de Guernica pueblan el discurso de muchos conspiradores de salón. Existen también los que apuestan todavía por la revolución, los que matan diariamente al dictador y hasta los que exhiben su fidelidad monárquica en la persona de Don Juan. La España real estaba, sin embargo, en otra onda.

Muerto Franco, los ojos europeos parpadearon de sorpresa ante la transición política, que seguía la estela portuguesa de la revolución de los claveles y rompía la tradición de los cíclicos sobresaltos hispanos. España se sumergía en el triunfo de las libertades, la justicia económico-social y el europeísmo propagado por el PSOE en sus años de mandato absoluto. Atrayentes símbolos que, unidos a la bonanza económica de los años ochenta, hicieron creer al país que renacía de sus cenizas, en plena representación multimedia de 1992. Conviviendo mal que bien con un nacionalismo español renqueante tras el desprestigio de sus imágenes en el franquismo, los nacionalistas catalanes y vascos se balancean continuamente entre sus nuevos discursos aperturistas y la tentación de avivar el fuego sagrado de la reivindicación patriótica.

Pese a la malsana actividad de los falsos cronicones y las hazañas nacionales, el cambio de milenio que se avecina encuentra una España desnuda de ropajes míticos. No los necesita ya para enfilar su futuro. Tres mil años de encuentros y convivencia a ambas orillas del Atlántico y el Estrecho han depositado suficientes lazos familiares y culturales como para que el país pueda sentirse orgulloso de su historia y esperanzado de su porvenir, sin necesidad de escarbar en la tumba del Cid o Don Pelayo cada vez que surge un problema. En la España de finales del siglo XX, la España de los ciudadanos, son éstos los que, día a día, diseñan la nación que desean para sus descendientes, desde la plena libertad asegurada por la Constitución de 1978. Y es que, aparte de las llamas de Numancia, las cadenas de las Navas o las carabelas de Colón, la Historia distribuye fórmulas de cultura y compromiso, ayudando en la elección de un futuro mejor. Sirve de escuela del presente pero nunca más debiera emplearse como proveedora de santos laicos de forzosa adoración en el altar de la patria ni, mucho menos, de coartada para reivindicar míticos derechos.

Remota, pacificada,
igual a la luna vuelas
con tu dominio de ruinas
mientras abajo golpean

sin sueño, furiosamente,
muerte, asolamiento, guerra,
civil injusticia, toda
la historia terrible, fresca
todavía en la memoria
como una fiera que acecha.
¡Ay España, tu hermosura
qué de llantos acarrea!

JAIME GIL DE BIEDMA,
«Y era el demonio de mi sueño el ángel»

ARTÍFICES DE ESPAÑA

Por las páginas de *Biografía de España* transita un conjunto de grandes personajes en cuyas manos quedó, a menudo, la labor de configurar y defender lo que habría de ser España, en medio de las tensiones socioculturales y políticas de cada época. Muchos fueron los arquitectos y muchos más los albañiles, aunque éstos hayan pasado al olvido. A medio camino entre la historia y la leyenda, el longevo ARGANTONIO, rey de Tartesos, encabeza el elenco como representante de la primera cultura hispana abierta a las influencias del Mediterráneo. De su mítica riqueza se harían lenguas los autores clásicos, buenos propagandistas de la imagen áurea de la península durante la Edad Antigua, mientras la hospitalidad regia prefigura el futuro de una España mestiza. Destinada a ser simple tierra de paso entre Europa y África, el Mediterráneo y el Atlántico, Iberia mejoró su fortuna al convertirse desde entonces en cuba de sedimentación de pueblos, culturas y religiones. Hispania, Toledo, Al-Andalus, Sefarad, sería su nombre. Diversidad, aluvión, contagio, préstamo... las palabras de la lengua tallada por NEBRIJA que mejor describen su historia.

Después de dos siglos de guerra ininterrumpida entre imperios y del sometimiento de las tribus hispanas, el testigo pasa a César AUGUSTO, que lleva el poder de Roma hasta las perdidas tierras de cántabros y astures. El emperador puebla la península de ciudades y caminos, de funcionarios y sacerdotes al tiempo que asienta los cimientos de la primera unidad política peninsular. A Roma deberán los futuros españoles su lengua, el arte y la tradición literaria grecolatina, el derecho, la religión y unas estructuras urbanas y viarias que luego heredarían los godos, los musulmanes y los reinos cristianos.

> Iberia con sus fuegos, sus virginales sangres,
> cavernas de sus sueños, negras mitologías,
> prediluvial y antigua, de azogue y de serpientes
> sintióse estremecida.
> La armoniosa cultura del verso y del olivo
> hízose honda y doliente, mortal y ultraterrena.
> Y Cristo sangró más en nuestros campos
> que en la ciudad del César.
> Por siglos te guardamos con valientes espadas,
> ¡oh Roma!, tu cultura contra el langor de Oriente,
> y en tres naves rompieron los hijos de Numancia
> tu corto Finisterre.
>
> AGUSTÍN DE FOXÀ, «Iberia romana»

Ni siquiera el derrumbe del Imperio hace desaparecer la obra de Augusto por más que reverdezcan algunas formas de cultura y vida indígenas. La descomposición de la unidad política no es más que un episodio momentáneo, pues el triunfo del visigodo LEOVIGILDO evita que la parcelación impuesta por las invasiones germánicas se consolide en tanto prepara el camino de la fusión de hispanorromanos y godos, consumada tras la conversión al catolicismo de su hijo RECAREDO. En los concilios de Toledo, la cultura latina se impone gracias a los desvelos de SAN LEANDRO, artífice de la alianza del trono y el altar, definitoria de la historia de España. Nadie, sin embargo, como su hermano SAN ISIDORO DE SEVILLA ejemplifica el empeño de la intelectualidad por conservar la tradición cultural heredada de Roma y nadie como él dedica a España páginas tan bellas, a pesar del latín bárbaro de la época.

> Entre todas las tierras que existen desde el Occidente
> hasta la India, eres tú la más hermosa, sagrada España,
> madre afortunada de príncipes y de pueblos. Con razón

eres la reina de las provincias: das tu luz no sólo a
Occidente sino también al Oriente.
Tú honor y ornamento del mundo eres...

ISIDORO DE SEVILLA, «De laude Spaniae»

El Estado godo no sólo habría de ser precursor de la hegemonía de la Iglesia sobre la sociedad civil; también anticiparía la endémica desunión de los españoles. A causa de querellas domésticas, la entrada de las tropas árabes en el 711 es un paseo triunfal hasta Toledo. Rota de nuevo la unidad peninsular, ABD AL-RAHMAN III ocupa su sitio en la crónica de España al poner los belicosos principados norteños a los pies de Córdoba, cohesionar el resto del territorio y deslumbrar a Europa con el fulgor cosmopolita de la cultura andalusí. Imbuido de un fuerte sentido de independencia, tal vez fruto de su sangre navarra, Abd Al-Rahman desata los últimos lazos que unían Al-Andalus con Oriente, tras su proclamación como califa. Desde entonces, la historia de España conserva cuidadosamente la tradición musulmana de injerencia de los gobernantes en los asuntos religiosos.

A medida que la idea de la Reconquista prende en las sierras norteñas, la división entre hispanocristianos e hispanomusulmanes se agiganta. Empujados por los monarcas asturianos, los pobres labriegos se enrolan en una empresa que habría de durar siete siglos: la recuperación de la herencia visigoda. Entre los patrocinadores de la aventura sobresale ALFONSO II EL CASTO, que funda en las montañas una nueva capital, Oviedo, a semejanza de la añorada Toledo. Simultáneamente, un nutrido grupo de clérigos mozárabes, huidos del sur, reorganiza el reino con el patrón toledano y, en los valles cántabros, BEATO DE LIÉBANA defiende con su palabra y sus escritos la renqueante fe de los cristianos. En seguida, la difusión del mito de Santiago inflama a los creyentes norteños con la conciencia de la predilección divina, al tiempo que la puesta en marcha del camino de peregrinaje a impulsos de SANCHO III EL MAYOR de Navarra abre una importante vía de relaciones con Europa, rompiendo anteriores aislamientos. Alfonso y Sancho, Asturias y Navarra, dos ejemplos de un mismo espíritu caudillista que sustentará por siglos el ejercicio del poder en España. Un espíritu que parte del mesianismo aventurero de los Pelayos astures, los Aristas pamploneses y los Berengueres catalanes, pasa por los Almanzor andaluces, Alfonso VI y Fernando III de Castilla, Alfonso I y Jaime I de Aragón para llegar al europeísta Carlos V y, a través de los generales pronunciados del siglo XIX, alcanzar el XX con Primo de Rivera y Franco. Como si en su sino histórico, España estuviera condenada a caminar siempre tras unas botas de hierro.

Durante los siglos en los que el poder militar estuvo del lado del Islam, los protagonistas de la historia hispana no se encuentran ni en la corte ni en los monasterios. Los verdaderos artífices del lento caminar de los reinos cristianos hacia el sur son los anónimos campesinos y pastores que, poco a poco, pueblan las tierras desiertas de la Alta Meseta castellana y los valles al pie de los Pirineos. Acosados, año tras año, por los ejércitos de Córdoba, estos emigrantes defenderán con ahínco la red de aldeas y cultivos que formarán los condados de Castilla y Álava o el reino de Aragón. Con tales apoyos, los monarcas aragoneses SANCHO I, PEDRO I y ALFONSO I pueden redondear la expansión de su reino hasta el Ebro e incluso soñar con la salida al Mediterráneo mientras el castellano ALFONSO VI recupera la legendaria Toledo y su vasallo el CID CAMPEADOR entra en el parnaso por sus hazañas valencianas.

> Laberinto de razas junta el brío,
> tras los arcos y puentes y murallas
> al cenit del colmado señorío.
> Oh, torre del Imperio, que desmayas,
> árida desesperanza junto al río,
> que aún arrastra la voz de las batallas.
>
> DIONISIO RIDRUEJO, «A Toledo»

Los instruidos monarcas castellanos y aragoneses permitirán todavía el diálogo entre las culturas musulmana, hebrea y cristiana, manteniéndose el prestigio de las formas estéticas y de vida árabes en el propio territorio cristiano donde se afianza el cantonalismo cultural, al dotarse cada reino de su propio idioma. Es tiempo en el que, asimismo, se perfilan los dos grandes actores de la historia medieval española: CASTILLA Y ARAGÓN. Guerrera y mística, Castilla se compromete en la tarea «nacional» de recomponer la unidad perdida, incorporando las nuevas conquistas como una parte más de sí misma. Por el contrario, la Confederación catalanoaragonesa jamás consiguió eliminar sus fronteras internas, a causa de los antagonismos de sus oligarquías, que no tardan en implicarse en la expansión mediterránea, aventura imperialista –ya sin la excusa religiosa de la cruzada–, heredada luego por la monarquía española.

El sentimiento de cruzada contra el Islam, de honda raigambre europea, agosta la rica vena de la España musulmana y hebrea y se multiplica en la actitud de intolerancia que recorre la historia española. La política represiva de los Reyes Católicos y los Austrias respecto de las minorías y el activismo de la Inquisición son manifestaciones de intransigencia bien conocidas, que hacen olvidar los sufrimientos de los habitantes de Al-Andalus bajo el rigor de los integristas islámicos, responsables de la parálisis intelectual del Islam peninsular en los siglos XI-XII, como los inquisidores de Felipe II habrían de serlo de la de España en el XVI y XVII.

A hombros de la utopía, viva en la meditación de los más clarividentes hombres de la monarquía, la Iglesia o la intelectualidad, la idea de España recorre el medievo bajo la forma de espacio geográfico y pasado compartido. El trío FERNANDO III EL SANTO, ALFONSO X EL SABIO Y JAIME I DE ARAGÓN ultima prácticamente la conquista de la península pudiéndose dedicar a una labor organizativa y legisladora capital para la construcción del Estado y el desarrollo de la economía del ocaso de la Edad Media. Mientras el Mediterráneo abre sus puertas al intervencionismo catalanoaragonés y Toledo, gracias a la Escuela de Traductores, se convierte en centro de los intercambios culturales de Europa y el mundo clásico, el CASTELLANO corona su carrera al ser proclamado idioma oficial de Castilla. Y si ésta goza con la poesía del monarca sabio, los reinos levantinos vislumbran su siglo de oro en las meditaciones filosóficas del políglota RAMON LLULL, que al recuperar la obra del murciano Ben Arabi tiende puentes entre la mística islámica y la cristiana de Juan de la Cruz y Teresa de Jesús. De esta forma, lo que originariamente se concibió en árabe, pronto se alimentaría en catalán para desbordarse en la inspiración de unos carmelitas castellanos, por cuyas venas corría sangre hebrea. También la historiografía colabora en este renacimiento cultural. Por encima de las visiones localistas de las viejas crónicas, el erudito RODRIGO JIMÉNEZ DE RADA rebasaba las fronteras de los reinos peninsulares para hacer de España el objeto de su reflexión en su *De rebus Hispaniae.*

Un godo, que una cueva en la montaña
guardó, pudo cobrar las dos Castillas,
del Betis y Genil las dos orillas,
los herederos de tan grande hazaña.
A Navarra tedio, justicia y maña
y un casamiento, en Aragón, las sillas
con que a Sicilia y Nápoles humillas,
y a quien Milán espléndida acompaña.
Muerte infeliz en Portugal arbola
tus castillos. Colón pasó los godos
al ignorado cerco de esta bola;
y es más fácil, ¡oh España!, en muchos modos,
que lo que a todos les quitaste sola,
te puedan a ti sola quitar todos.

FRANCISCO DE QUEVEDO,
«Advertencia a España»

Con su sentido político, superador de intereses puramente dinásticos o de «reinos», los REYES CATÓLICOS ponen en marcha el largo proceso de integración «nacional», al unir en su matrimonio las dos coronas más poderosas de la península. La España nacida en 1469 es todavía un simple bosquejo pero la unión permite estrechar lazos conforme se alcanzan las metas trazadas, siglos antes, por cada reino: Granada, Nápoles, Navarra. A la par, el descubrimiento de América ofrecía un mundo lleno de oportunidades y el Imperio de CARLOS V y FELIPE II hacía cabalgar a los españoles por las tierras de Europa, aun a costa de la ruina castellana. La integración se acelera por la confluencia de intereses de la ARISTOCRACIA y la actividad pastoral de los obispos, elegidos por la Corona, así como por la labor de la INQUISICIÓN, para la que no existen fronteras interiores. Fortalecido por los Reyes Católicos, el Estado se moderniza con nuevos organismos que fructifican en la monarquía burocrática y judicial de los Habsburgos. Un Estado que será decisivo en el control del Imperio a lo largo del siglo XVII y que tendrá desde 1561 su capital en MADRID, convertida por designio de Felipe II en motor de la unidad española.

Y cuando los monarcas absolutos cambien la administración por el teatro y la caza, la velazqueña figura del CONDE-DUQUE DE OLIVARES, abogado de España más que de los reinos y fueros, suplirá con ventaja el vacío. Frente al rodillo del absolutismo regio, los defensores de las libertades regionales glorifican la épica del sacrificio: los COMUNEROS en Castilla, el Justicia de Aragón, JUAN DE LANUZA, o el diputado catalán PAU CLARIS. En la estela de COLÓN, muchos fueron los peninsulares que, en estos siglos del Imperio, multiplicaron España en América. HERNÁN CORTÉS y FRANCISCO PIZARRO conquistan, NÚÑEZ DE BALBOA y ELCANO exploran nuevos mundos, BARTOLOMÉ DE LAS CASAS denuncia los atropellos, FRANCISCO DE VITORIA pone los cimientos del derecho internacional. Frente a la LEYENDA NEGRA, España se ilumina con una estirpe de escritores y artistas que elevará hasta el cielo el castellano y hará del arte español un signo de identidad reconocible, por siglos, en el extranjero. EL GRECO, VELÁZQUEZ, MURILLO son la quintaesencia de la creación plástica; CERVANTES, LOPE, QUEVEDO de la literaria. TERESA DE JESÚS y JUAN DE LA CRUZ se esconden en el Amado, IGNACIO DE LOYOLA entrega su alma al servicio del pontífice y se incorpora a la legión de santos fundadores españoles. Por contra, LUIS VIVES, los hermanos VALDÉS y MIGUEL DE MOLINOS, heterodoxos de la historia española, pierden su batalla por la libertad de pensamiento y quedan silenciados a causa de la intransigencia social.

Juan de la Cruz prurito de Dios siente,
furia estética a Góngora agiganta,
Lope chorrea y vida canta:
tres frenesís de nuestra sangre ardiente.
Quevedo prensa pensamiento hirviente;
Calderón en sistema lo atiranta;
León herido, al cielo se levanta;
Juan Ruiz, ¡qué cráter de hombredad bullente!
Teresa es pueblo y habla como un oro;
Garcilaso, un fluir, melancolía;
Cervantes, toda la naturaleza.
Hermanos en mi lengua, qué tesoro
nuestra heredad –oh amor, oh poesía–,
esta lengua que hablamos –oh belleza–.

DÁMASO ALONSO, «Nuestra heredad»

Llegado el siglo XVIII, el primer Borbón, FELIPE V, da un salto adelante en el proyecto de la unidad administrativa al abolir las singularidades valencianas y catalanas, tras una guerra civil, que lejos de provocar sentimientos secesionistas manifiesta dos formas enfrentadas de entender España, como vuelve a ocurrir en 1833 y 1936. Con todo, los verdaderos protagonistas de la centuria serían los REFORMISTAS ILUSTRADOS quienes bajo el paraguas protector de

Fernando VI y Carlos III intentan modernizar el país y acortar las distancias respecto de Europa. En su batallar por una nueva España, a ninguno de ellos le tembló el bisturí al diseccionar las rémoras del pasado, ya fueran instituciones, fronteras, privilegios, el dominio de la Iglesia o la explotación del campesinado por la aristocracia. La piqueta de FEIJÓO desguaza las leyendas que se hicieron pasar por historia y MAYANS evita que caigan en el olvido las obras de los clásicos españoles. Esperanzado ante los trabajos de OLAVIDE, el campo andaluz y extremeño sueña con su REFORMA AGRARIA y, en sintonía con las lecciones de MACANAZ, los ministros CAMPOMANES y URQUIJO sostienen la primacía de la Corona sobre la Iglesia. LEÓN DE ARROYAL busca las causas de la decadencia española, JOVELLANOS encuentra algunas en el mal reparto de la tierra y en la ociosidad de la aristocracia y CABARRÚS se fija en la falta de instrucción. Desde su cátedra de Zaragoza, NORMANTE fustiga los privilegios de los nobles, por más que unos cuantos de ellos colaboren en la renovación intelectual mediante las SOCIEDADES ECONÓMICAS DE AMIGOS DEL PAÍS.

Cuando España es víctima del imperialismo napoleónico, corresponde a las masas populares –los fusilados anónimos de las pinturas de GOYA– la defensa de la independencia patria. Más allá de estamentos, culturas o reinos, los españoles se funden en una lucha común mediante un movimiento de contagioso patriotismo que salta del MADRID DEL 2 DE MAYO a las mártires GERONA y ZARAGOZA. En el esfuerzo colectivo, España se hace NACIÓN mientras la GENERACIÓN LIBERAL DE CÁDIZ certifica el cambio redactando el repertorio de sus nuevas libertades. LA CONSTITUCIÓN DE 1812 será la brújula del progresismo ibérico durante el siglo XIX y a ella sacrificarán su vida RIEGO, TORRIJOS O MARIANA PINEDA, por los mismos años en que otros españoles defendían la libertad frente al absolutismo engendrando las nuevas naciones de América. Al cortar los vínculos con la metrópoli y amputar la España transatlántica, BOLÍVAR y SAN MARTÍN contribuían a acelerar el parto de la nación española.

América, no invoco tu nombre en vano.
Cuando sujeto al corazón la espada,
cuando aguanto en el alma la gotera,
cuando por las ventanas
un nuevo día tuyo me penetra,
soy y estoy en la luz que me produce,
vivo en la sombra que me determina,
duermo y despierto en tu esencial aurora:
dulce como las uvas, y terrible,
conductor del azúcar y el castigo,
empapado en esperma de tu especie,
amamantado en sangre de tu herencia.

PABLO NERUDA, *Canto general*

Aventajados alumnos de la cantera progresista, ESPARTERO mantiene vivo el fuego liberal frente al rancio CARLISMO y el pasteleo moderado y MENDIZÁBAL y MADOZ mudan el rostro del agro español con la DESAMORTIZACIÓN, origen de los actuales LATIFUNDIOS. En la trinchera de los conservadores también hacen España JAVIER DE BURGOS con su organización provincial, CLAUDIO MOYANO extendiendo la enseñanza pública y el duque de Ahumada al mando de la GUARDIA CIVIL, primer cuerpo de seguridad de ámbito nacional.

Y, junto a los políticos, los más interesados en nacionalizar España son los EMPRESARIOS CATALANES Y VASCOS, cuyo mérito estriba en haber transformado el tejido industrial y financiero peninsular. Con su perseverante exigencia de un mercado nacional, aun a costa de los consumidores patrios, cohesionan el país al conseguir del Estado la abolición de los fueros vascos y financiar el FERROCARRIL, que elimina las barreras geográficas que habían regionalizado hasta entonces la vida española. Bien es verdad que en esta empresa nacional, la burguesía vasca y catalana disfrutó de la ayuda de los financieros madrileños y los latifundistas castellanos y andaluces con quienes, en seguida, estableció vínculos familiares. La batalla por el PROTECCIONISMO, meta de la burguesía de la Restauración, hace cerrar filas a los empresarios en torno a las asociaciones patronales, con el FOMENTO DEL TRABAJO NACIONAL a la cabeza, mientras una nueva unidad monetaria, la PESETA, simplifica las transacciones comerciales en el país.

No obstante el fracaso de la industrialización en Andalucía, los malagueños HEREDIA tuvieron tiempo de dejar su nombre entre los capitanes de empresa del siglo, al igual que su paisano el MARQUÉS DE SALAMANCA, asombro de Madrid por su despilfarro, actividad especuladora y ruidosas bancarrotas. Más ahorrador, JUAN GÜELL funda una dinastía empresarial, aún reinante, precursora de sectores dinámicos de la industria española, en la Barcelona donde también aumentan su fortuna el banquero MANUEL GIRONA y el piadoso MARQUÉS DE COMILLAS. En la ría de Bilbao, el omnipresente VÍCTOR CHÁVARRI deslumbra por su energía empresarial y sus manejos políticos a favor del proteccionismo que da paso al establecimiento de importantes MONOPOLIOS y, con un pie en Sevilla, la familia YBARRA mezcla, en provechoso adobo, minas y olivos, siderurgia y barcos antes de concentrar su poderío en la banca, las compañías eléctricas y los medios de comunicación.

El desarrollo económico promovido por los empresarios desembocará en la «segunda edad de oro» de la cultura española, donde conviven tres generaciones –los ensayistas del 98, los europeístas del 14 y los poetas del 27– capaces de sacar a la luz todos los matices de un sentimiento tan contrapuesto como el de España y proponer remedios para su regeneración. En la hora del DESASTRE, el profético JOAQUÍN COSTA anatematiza al CACIQUISMO, verdugo de las clases populares en las que confía MIGUEL DE UNAMUNO, el pensador por antonomasia del «problema de España». BENITO PÉREZ GALDÓS, el mejor novelista del siglo, asusta a la burguesía mojigata como luego lo harán VALLE-

INCLÁN y BAROJA, y FRANCISCO GINER DE LOS RÍOS trata de educarla con su INSTITUCIÓN LIBRE DE ENSEÑANZA. Ante el desconcierto de España prospera el catalanismo de PRAT DE LA RIBA, que bebe en las aguas de la Renaixença, mientras vela armas SABINO ARANA, el inventor del nacionalismo vasco. De sus semillas nacerá una nueva España. Y mientras los poderosos se recrean con el MODERNISMO de GAUDÍ, los proletarios orientan su fe hacia el ANARQUISMO o la mística de PABLO IGLESIAS, modernas corrientes heterodoxas a incluir en la lista de las condenadas por la Historia de MARCELINO MENÉNDEZ PELAYO y la acción de gobierno de CÁNOVAS DEL CASTILLO, maestros de un nacionalismo conservador y católico.

> Fue un tiempo de mentira, de infamia. A España toda,
> la malherida España, de carnaval vestida
> nos la pusieron, pobre y escuálida y beoda,
> para que no acertara la mano con la herida.
> Fue ayer; éramos casi adolescentes; era
> con tiempo malo, encinta de lúgubres presagios,
> cuando montar quisimos en pelo una quimera,
> mientras la mar dormía ahíta de naufragios.
> Dejamos en el puerto la sórdida galera,
> y en una nave de oro nos plugo navegar
> hacia los altos mares, sin aguardar ribera,
> lanzando velas y anclas y gobernalle al mar.
> Ya entonces, por el fondo de nuestro sueño –herencia
> de un siglo que vencido sin gloria se alejaba–
> un alba entrar quería; con nuestra turbulencia
> la luz de las divinas ideas batallaba.
>
> ANTONIO MACHADO,
> «Una España joven»

Formados en Europa, los intelectuales de la generación de ORTEGA Y GASSET ingresan en la vida pública española el mismo año en que la Semana Trágica de Barcelona manifiesta la vigencia de un ANTICLERICALISMO violento, pasado de moda en otros lares. Frente al pesimismo crítico del 98, AZAÑA, MADARIAGA O AMÉRICO CASTRO confían en la capacidad regeneradora de la cultura y en su función política, al servicio de la ciudadanía. Una utopía que estalla en la guerra civil y obliga a muchos de estos españoles a vivir transterrados. En el EXILIO culminará su vida el poeta ANTONIO MACHADO, que había llegado a pedir el fuego y el hacha para la España que holgazanea y bosteza, a la que no pertenecía el Nobel de Medicina SANTIAGO RAMÓN Y CAJAL. Fuera de la torre de marfil de JUAN RAMÓN JIMÉNEZ, los poetas del 27 basculan entre Góngora y el compromiso social, entre la lírica clásica y el experimentalismo como, en la pintura, rompen con el arte convencional PICASSO, MIRÓ y DALÍ. La guerra civil hace enmudecer a los poetas: GARCÍA LORCA muere asesinado, ALBERTI y SALINAS se protegen en el destierro, DÁMASO ALONSO y VICENTE ALEIXANDRE soportan el exilio interior.

> Español del éxodo de ayer
> y español del éxodo de hoy:
> te salvarás como hombre
> pero no como español.
> No tienes patria ni tribu. Si puedes,
> hunde tus raíces y tus sueños
> en la lluvia ecuménica del sol.
> Y yérguete... ¡yérguete!,
> que tal vez el hombre de este tiempo
> es el hombre movible de la luz,
> del éxodo y del viento.
>
> LEÓN FELIPE,
> «Español del éxodo y del llanto»

Desde los años sesenta, el PLAN DE ESTABILIZACIÓN y la entrada de capitales extranjeros dan un vuelco a la economía española que transforma radicalmente la sociedad. Pese a las buenas expectativas y al trabajo de los ministros tecnócratas del OPUS DEI, el cambio también significó la salida de miles de EMIGRANTES españoles hacia las fábricas de Francia, Alemania o los Países Bajos, a la par que un ejército de TURISTAS invadía las costas mediterráneas acelerando la metamorfosis de un país dormido. Testigo directo de la mudanza, la TELEVISIÓN expande por toda España las modernas formas de vida y cultura –con el FÚTBOL como nuevo fenómeno de masas– y el SEAT 600 permite a los españoles descubrir libremente la riqueza humana y artística de su patria. Mientras la UNIVERSIDAD recibe numerosos efectivos procedentes de la clase obrera, el régimen político se desconcierta ante el desapego de la Iglesia más joven, seguidora de las directrices del VATICANO II, y las exigencias de los trabajadores, azuzados por los sindicatos clandestinos COMISIONES OBRERAS y UGT. Y en el País Vasco, allí donde el desarrollo económico y la secularización sacudían las certidumbres de una colectividad ancestral, ETA iniciaba su carrera de sangre, mezclando utopías nacionalistas y marxismo revolucionario.

Muerto el franquismo, los PADRES CONSTITUCIONALES DE 1978 reconstruyen España con la vista puesta en el siglo XXI. Tiempo de pactos, de transacciones... la monarquía de JUAN CARLOS I hará posible lo imposible, el acuerdo entre los representantes de las ya caducas dos Españas. En el forcejeo por la democracia, por la conquista de las libertades individuales y colectivas, ADOLFO SUÁREZ sería el elegido para desactivar los mecanismos de la dictadura pero su labor hubiese resultado estéril sin la renuncia de SANTIAGO CARRILLO, al frente del PCE, a sus tentaciones rupturistas. Después de liquidar la organización político-institucional vigente, la Constitución reconoce la diversidad española mediante los ESTATUTOS DE AUTONOMÍA y, por primera vez en la historia de España, el IRPF de Fernández Ordóñez y Fuentes Quintana suspende los privilegios ante la Hacienda. En plena efervescencia, la COMUNIDAD ECONÓMICA EUROPEA se convierte en el mito supremo de modernidad, al que se sacrifican sentimientos nacionales y no pocos intereses económicos, con el agro español como gran perjudicado. Ángel exterminador, el PARO golpea las puertas de los de siempre y alguno más, aumentando entre la población el convencimiento de que la escalada de las desigualdades sociales resulta imparable. Sin embargo, jamás en su historia España presentó un perfil más igualitario.

> No reniego de mi origen
> pero digo que seremos
> mucho más que lo sabido, los factores de un comienzo.
> Españoles con futuro
> y españoles que, por serlo,
> aunque encarnan lo pasado no pueden darlo por bueno.
> Recuerdo nuestros errores
> con mala saña y buen viento.
> Ira y luz, padre de España, vuelvo a arrancarte del sueño.
>
> GABRIEL CELAYA,
> «España en marcha»

1104 A.C.

LA MÍTICA FUNDACIÓN DE CÁDIZ

LA CUNA DE PLATA

Célebre por su bahía en todo
el Imperio romano, bastión de heroica
resistencia frente a ingleses y franceses,
puerta entre España y América,
escenario de gloriosas cortes constitucionales;
pero mucho antes de todo eso,
los fenicios llegaron a los islotes de Cádiz.

...Y así naciste, oh Cádiz,
blanca Afrodita en medio de las olas.
Levantadas las nieblas del Océano,
pudiste en sus espejos contemplarte
como la más hermosa joven aparecida
entre la mar y el cielo de Occidente.
Traías en tus manos fenicias el olivo
y un collar para Tarsis,
para su poderosa garganta plateada.
En ella se abrasaron tus ojos, sobre ella
reclinaste la frente y fuiste rica,
la avara marinera que en el viento
a Nuestro Mar tendía, victoriosa, su nombre.

RAFAEL ALBERTI, «Ora marítima»

En los tiempos en que la leyenda y la realidad formaban las dos caras de la moneda de la historia, unos barcos extranjeros desembarcaron casi sin querer en una costa semiolvidada por los más grandes comerciantes de la Antigüedad. Cuando los fenicios llegaron a las comarcas andaluzas diseminaron su cultura y artesanía por todas las aldeas, donde hombres y mujeres contemplaron con asombro infantil las delicadas cerámicas griegas o las bellas piezas de orfebrería. Nadie da algo por nada, así que, a cambio de la extracción de los ricos yacimientos de metales más o menos preciosos, los pueblos peninsulares pueden aprender lo necesario para agarrar con sus manos el escurridizo hilo de la evolución humana. A partir de entonces, España irrumpe oficialmente en los textos históricos y entra a formar parte, con todos los honores, del común destino de la humanidad.

Todo parecía estar por hacer en esos años casi mitológicos y Cádiz misma estaba incompleta en su soledad de milenios. A finales del siglo XII a. C. aún no era la península que hoy se asienta en la desembocadura del río Guadalete. Por no existir, ni tan siquiera se había formado la bahía gaditana, que alcanzó renombre en tiempos de Roma como exportadora del preciado *garum* y puerta abierta de España al continente americano en el XVIII. Entonces sólo se trataba de tres islotes cercanos a la costa, estratégicamente situados de cara al bajo Guadalquivir y las ricas serranías mineras de Huelva. Dormidos en su apacible abandono, ignoraban que una serie de cambios políticos y económicos en el Oriente Próximo empujaba a multitudes de comerciantes fenicios y griegos a recorrer las costas mediterráneas en busca de los metales imprescindibles para afianzar su supremacía en el universo conocido.

En su odisea mercantil, la península ibérica no tarda en alzarse como meta, dado su rico subsuelo, cuyos yacimientos, muy apreciados desde los tiempos de El Argar, resultaban ahora más apetitosos ante la escasez de metales. La fiebre comercial resucitará aquellas tres islas olvidadas, escalas perfectas en el camino hacia las regiones andaluzas productoras de cobre, estaño, oro y plata. A través de ellas, la cultura oriental se extenderá por esta Iberia arqueológica y la colocará en una nueva frontera, de la misma forma que muchísimos siglos después servirán de cauce a las ideas del liberalismo en su difícil conquista de la España de la tradición. Y mientras la nueva savia mediterránea avanza por el sur, un abanico de pueblos e influencias procedentes de Francia, Suiza e Italia cruzan los Pirineos y se instalan en el norte de la península. Ellos aportan un nuevo componente al enriquecedor proceso de mestizaje iniciado ahora –característica histórica de la España de hoy– y que de momento crea en Cataluña la «cultura de los campos de urnas», para extenderse más tarde, ya transformada, hacia el valle del Ebro y la Meseta.

Asentamientos fenicios

Empeñadas en la carrera por el dominio del negocio metalífero, la suerte sonríe a las ciudades fenicias de Sidón y Tiro. Aunque no consigan hacer desaparecer por completo a sus competidores egeos, ambas lograrán imponerse al fundar los más antiguos asentamientos del Mediterráneo occidental gracias a los beneficios del comercio con sus vecinos mesopotámicos y egipcios. Según la tradición literaria, surgen en torno al año 1100 a. C. los emporios de Lixus, Utica y Cádiz, los tres en la ruta del estrecho de Gibraltar y todos orientados hacia las minas sureñas.

La elección de las islas gaditanas subraya el interés fenicio por asegurar la defensa de sus enclaves en territorios desconocidos, buscando para ello penínsulas dotadas de buenos fondeaderos, agua dulce y cercanía a las rutas de comunicación con el interior. Que el lugar resultaba idóneo también lo confirmará la historia, con el fracaso de los intentos ingleses de invasión de la ciudad en el siglo XVII o la obstinada resistencia de la cuna del constitucionalismo español frente a las tropas napoleónicas en el XIX. A pesar de sus ventajas, la existencia de estos promontorios debió de pasar inadvertida a los exploradores asiáticos, que intentaron sin éxito dos asentamientos previos. Uno de ellos, fundado en Almuñécar, se vino abajo por su lejanía de los yacimientos mineros; el otro, en Huelva, por el contrario, por su ubicación en pleno territorio tartésico, circunstancia que podía incomodar a los reyezuelos indígenas, cuya colaboración se procuraba. La que habría de ser la metrópoli fenicia más importante de Occidente nacía, pues, en el punto geográfico adecuado. Cádiz se encontraba convenientemente alejada de los centros de poder de los habitantes de la zona, y cercana, a la vez, a las dos grandes regiones mineras andaluzas de Riotinto y Aznalcóllar, con las que pronto quedaría unida a través de rutas de comunicación complementarias.

Desde los comerciantes y sacerdotes tirios hasta las elites andaluzas, sin olvidar a los intermediarios gaditanos, todos se enriquecerán con el trasiego de minerales, en especial plata. Durante los siglos VIII y VII a.C., Tiro se lanza a fundar colonias por las islas del Mediterráneo, el norte de África y las costas de la Andalucía oriental. Aparte de su condición de vigías de las rutas marítimas entre la metrópoli y los mercados ibéricos, estas adelantadas de una civilización adolescente cambiarán vistosas manufacturas por productos locales y atenderán a la explotación agropecuaria. Precisamente de esta época datan los primeros vestigios arqueológicos gaditanos, cuya influencia se expande por el valle del Guadalquivir. Una región densamente poblada desde el período final de la Edad de Bronce, donde las diferencias sociales se refuerzan al calor de los extranjeros y con el empleo simbólico de los objetos de lujo semitas. Y mientras esto ocurre en El Carambolo, Asta Regia, Onuba, etc., un segundo polo orientalizante toma cuerpo alrededor de Cástulo, como reflejo del progresivo interés semita por los yacimientos de Jaén.

Nuevos horizontes

De resultas de la actividad exportadora, la primitiva factoría comercial se transforma en una auténtica urbe que absorberá el poblado indígena de Castillo de Doña Blanca, en el extremo opuesto de la antigua bahía. Éste será el puerto de la ciudad hasta que en el siglo IV a.C. los materiales arrastrados por el río cieguen la salida al océano a la vez que van soldando los viejos islotes. En su imparable carrera, el centro gaditano extiende, durante el siglo VII a.C., su área de influencia a Extremadura y Portugal, tras las rutas del estaño, y al norte de África, en busca de bancos pesqueros, oro y marfil. Es el primer síntoma de la crónica preocupación del sur peninsular por los acontecimientos y la riqueza del otro lado del Estrecho, que se mantendrá viva hasta el presente. Poco a poco, Cádiz se convierte en la capital de un territorio salpicado de diminutas colonias desparramadas por la costa andaluza que se robustecen con el desembarco de nuevos contingentes fenicios, huidos del acoso de las ciudades del litoral libanés. La actividad mercantil y la colonización agrícola dividirán la sociedad en estamentos bien diferenciados, como lo demuestran las ostentosas ofrendas fúnebres encontradas en algunas tumbas de Trayamar o Almuñécar. Allí los grandes señores de las transacciones dormirían para siempre rodeados de las hermosas cerámicas griegas y fenicias, de perfumes orientales y alabastros egipcios junto a cotizadísimos objetos de marfil.

Apenas sabemos nada de la estructura de la ciudad en estos sus primeros siglos de vida, aunque se considera que su emplazamiento correspondería a lo que hoy es el casco viejo. Las fuentes escritas mencionan la existencia de un lujoso caserío y tres grandes templos dedicados a los dioses semitas Moloch, Astarté y Melkart; se elevaba éste en el suroeste de la antigua isla, donde en la actualidad se encuentra el islote de Sancti Petri, y era el más importante centro religioso de la península ibérica en la Antigüedad, con devotos ilustres como

Aníbal, Julio César o Trajano. En un claro ejemplo de sincretismo religioso, la figura del dios fenicio terminó asociada a la del Hércules grecolatino, sirviendo diez de sus míticos trabajos de motivo ornamental del edificio. Acorde con la tradición semítica, el templo carecía de imágenes de la divinidad tutelar, pero, en cambio, sí albergó dos grandes columnas, que inspirarían el símbolo gaditano por excelencia.

El encuentro de los colonizadores fenicios con los nativos de la baja Andalucía provocará un fenómeno de asimilación cultural, común a muchos otros pueblos del área mediterránea. Los intereses económicos servirán así de aglutinante de las diversas tribus, apuntalando además el poder de los reyezuelos indígenas, que prolongan en la muerte su jerarquía con la construcción de enormes túmulos. El proceso de «orientalización» traerá consigo nuevas formas urbanísticas en los poblados y el empleo del torno en la alfarería, siendo el punto de arranque de una producción artesanal con trabajos en marfil y buena orfebrería, exhibida en los deslumbrantes tesoros de La Aliseda o El Carambolo, de motivos florales importados y barrocas filigranas de sabor netamente indígena.

Todo el movimiento de mestizaje cultural tiene su epicentro en la región de Huelva, erigida en cabeza visible del misterioso conglomerado tartésico. Entre los siglos IX y VII a.C. se aprecian los primeros síntomas del cambio, en paralelo al desarrollo de la metalurgia, que en seguida se coloca a la vanguardia del entramado económico. Fruto de los aires innovadores nace una elite con gustos extranjeros y aficionada a comprar cerámica griega, metales del Egeo y la orfebrería, marfiles y telas de las ciudades libanesas. La nueva cultura se expanderá río arriba camino de las zonas mineras, mientras desde Cádiz las modas importadas se apoderan de los poblados de las orillas del Betis, como lo demuestran las viviendas indígenas de planta rectangular y los ricos enterramientos al estilo de los de Setefilla. Es posible que todos estos núcleos unidos por una cultura y costumbres extranjeras quedasen adscritos a alguna confederación de tipo político, lo que explicaría la aparición del «mito» de Tartesos y su monarquía, al frente de la cual se situaría en el siglo VI a.C. el helenófilo Argantonio.

La vida del reino tartésico sería, no obstante, efímera, desapareciendo al concluir la centuria. Casi al unísono, las factorías fenicias de Andalucía entran en crisis, agravada por el colapso político producido por la conquista de Tiro a manos de Nabucodonosor y el desvío de las rutas de abastecimiento del estaño de Bretaña en favor de Marsella. También Cádiz sufre los efectos del marasmo económico y de la descomposición política de sus vecinos indígenas; las luchas intestinas entre los diversos reyezuelos por acaparar los escasos recursos disponibles la ponen incluso en el punto de mira de los más belicosos. Atraídos por la riqueza de la urbe, abundan los intentos de agresión, que obligan a reforzar los sistemas defensivos y a pedir ayuda a Cartago, que desembarca pronto en la península. Gracias a su poderío militar y a la recomposición de las viejas rutas metalíferas, Cádiz recuperará en el siglo V a.C. su dominio comercial, al unir el monopolio del comercio de la plata andaluza y el estaño del norte con la exportación de los salazones del Puerto de Santa María. Años más tarde se implicaría en las guerras entre Cartago y Roma para desertar tras la derrota púnica en Ilipa y pactar luego con la urbe latina. Después llegaría su apoyo a César en las guerras civiles, recibiéndole como huésped ilustre en una historiada visita. Las obras de ensanche de la ciudad, sobre el istmo que unía las viejas islas, dan empaque y belleza a la ya milenaria Cádiz, que suscita el asombro del historiador griego Estrabón en el siglo I: «...pues he oído decir que en un censo hecho en nuestro tiempo fueron contados hasta quinientos caballeros gaditanos, más que cualquier otra ciudad de Italia, excepto Padua...».

CÁDIZ

ESPAÑA ENTRA EN LA HISTORIA

Además, abunda esta región en tantos bienes, que no a la ligera, sino con razón, alguno admitirá y se maravillará de cuán feraz sea en metales; pues aun cuando toda España está plena de ellos, no todas las regiones son de tal modo fructíferas y felices, y no menos las que abundan en metales. Raro es, en verdad, abundar en ambas cosas, y raro, también, tener en una región pequeña riquezas de todo género de metales. Pero Turdetania y su región próxima producen tanto, que nada se puede decir con suficiente elogio, acerca de su excelencia, por los que quieren alabarla. En efecto, ni oro, ni plata, cobre o hierro, en ninguna parte de la tierra, ni tal ni tan bueno se ha hallado hasta ahora. ESTRABÓN, III, 2, 8

FUNDADORES Y COMERCIANTES

Narrando sobre la fundación de Gades lo que sigue, los gaditanos mencionan un oráculo que fue dado a los tirios y les mandó enviar una colonia a las «Columnas de Hércules». Dicen que los que se enviaron para explorar el sitio, cuando llegaron al estrecho de Calpe, creyeron que las dos peñas que forman el Estrecho eran los términos del Mundo y de las andanzas de Heracles y que también eran las Columnas mencionadas por el oráculo. Por esto desembarcaron en un sitio por dentro del Estrecho, donde hoy está la ciudad de los exitanos. Pero al no resultar favorables los sacrificios que allí hicieron se volvieron. Más tarde los enviados avanzaron unos 1.500 estadios más allá del Estrecho hasta una isla consagrada a Heracles, junto a la ciudad Onoba, de Iberia. Y creyendo que allí estarían las Columnas de Heracles hicieron sacrificios a este dios, pero cuando tampoco aquí los sacrificios resultaron favorables se volvieron otra vez a casa. Los que hicieron la tercera expedición fundaron Gades y edificaron el templo (de Heracles) en la parte este de la isla y la ciudad en la parte oeste. Así se explica que los unos tomaron por las Columnas las dos peñas en el Estrecho, otros a Gades, mientras otros creyeron que las Columnas están aún más allá de Gades. ESTRABÓN, III, 5, 5

INTERCAMBIOS DESIGUALES...

Se cuenta que los primeros fenicios que navegaron hasta Tartesos volvieron trayendo plata a cambio de aceite y otras mercancías de poca monta que habían llevado consigo; de modo que no podían admitir más plata, viéndose obligados, al volver de aquellos parajes, a fundir en plata todas aquellas cosas de que se servían, incluso las anclas.

TIMAIOS

...Y NUEVAS FORMAS DE GOBIERNO

Estos foceos fueron los primeros griegos que hicieron tales viajes por mar y ellos son los descubridores del Adriático, de Tirrenia, de Iberia y de Tartesos. Porque navegaban no en naves redondas [naves de carga] sino en penteconteras [naves de cincuenta remos]. Llegados a Tartesos se hicieron amigos del rey de aquel pueblo, que se llamaba Argantonio y que gobernó Tartesos por espacio de ochenta años y vivió ciento veinte. Los foceos consiguieron hasta tal punto la amistad de este personaje que, primero, les quería persuadir de que abandonasen Jonia y se estableciesen en aquel país, donde quisieran; después, cuando vio que no podía convencerlos y supo por ellos que el poder de los medos era cada vez más floreciente, les dio dinero para que construyesen una muralla para su ciudad. Y dio el dinero sin economizarlo, porque el circuito de la muralla es de no pocos estadios y todo él está hecho de piedras grandes y bien ajustadas unas con otras.

HERODOTO, I, 163

MEMORIA DE LOS PROFETAS

Como reina de todos los metales,
reluciste en el trueno y el relámpago
de la celeste voz de los profetas.
La plata que de Tarsis alzaban tus navíos
llena está de sus sílabas ardientes.

Dijo Ezequiel a Tiro, oh Cádiz, madre tuya:
«Tarsis contigo comerció, debido
a la gran multitud de sus productos.
La plata, el plomo, el hierro y el estaño,
ella los dio en tus ferias».

Y también Isaías dijo a Tiro,
oh Cádiz, madre tuya:

«Y las naves de Tarsis
salen para traer tus hijos de muy lejos
cargados con su plata».

Y dijo Jeremías,
alabándote, oh Cádiz, tus tesoros:
«De Tarsis traerán la plata amartillada,
que vestirán de cárdeno y de púrpura
la mano del artífice»

RAFAEL ALBERTI, *Ora marítima*

25 A.C.

MÉRIDA, LA ROMA ESPAÑOLA

AUGUSTO MANDA FUNDAR UNA CIUDAD

Tras diez años de lucha, las tropas romanas culminan la conquista de la península. Para celebrarlo, el emperador hace erigir una ciudad, a la que llama Augusta Emérita. Por sus puertas entrarán en Iberia el derecho, la lengua, la arquitectura y la agricultura romanos.

Fuiste en la tierra creación conclusa
y libertad del hombre edificada,
distinta y sin futuro; al fin pasada
y desterrada al fin y al fin ilusa.
De un tiempo usó la eternidad tu musa,
mas fuiste con el tiempo amortajada
y la materia fue materia de nada
y ni aun recuerdo la razón confusa.
La piedra que fue grada es ya ladera,
la columnata es aluvión y escoria,
el arco y el bastión roca y entraña.
Si algo es forma, es dolor y nada espera.
Sobre tu idea al sol la hierba brota
porque han vuelto la tierra y la montaña.

DIONISIO RIDRUEJO, «En Mérida»

Tras la batalla de Munda, Julio César contempla absorto lo que queda del ejército de sus rivales, los hijos de Pompeyo. En esos momentos de euforia es consciente de que con la sangre de los soldados se había escrito el último capítulo de la guerra civil. Una contienda que le otorgaba las llaves de la capital del mundo y todo lo necesario para preparar el sepelio de la República, un proyecto frustrado por su asesinato. Mientras, la España latina hace balance de las destrucciones, de los hombres perdidos por las levas de ambos contendientes. Y con el débil pulso de una economía asfixiada por la presión fiscal se dispone a introducirse en un nuevo período de su historia.

El final de la guerra no supuso, sin embargo, la llegada de la paz. A pesar de plantar la semilla romana en Andalucía, Levante, valle del Ebro, parte de la Meseta y Galicia, aún existían territorios que no habían sido amaestrados por el Imperio. En los valles cantábricos y el Finisterre peninsular habitaban unos pueblos poco acostumbrados a la obediencia, cuya miseria les había empujado durante siglos a despojar a los más afortunados poblados del norte de la Meseta y el valle del Ebro. Como a nadie le interesa poseer la pobreza, el plan no era ocupar todo el territorio norteño. Bastaba con crear algún tipo de dependencia vigilada que permitiese roturar sin sobresaltos la actual Castilla y explotar los cotos mineros galaicos, además de proteger a los viajeros que se aventuraban a circular por una red viaria cada día más extensa. Sin embargo no iba a ser fácil controlar las irascibles tribus del norte que se resistían a ingresar en el proyecto unificador, llegado del corazón de la península. A expensas de su compartimentación geográfica, que impedía todo intercambio cultural y sin otros medios de subsistencia que la ganadería y la guerra, los norteños mostrarán una y otra vez su incapacidad para integrarse pacíficamente en cualquier sistema económico o político centralizado. El fracaso de la romanización en algunas de esas tierras lo demuestran sus continuas rebeliones a lo largo del tiempo. Los vascones no aceptarán la autoridad del Toledo visigodo, y los asturianos, vascos y navarros cristianos desobedecerán los dictados de la Córdoba islámica.

> Cuando Iberia era sólo un gran monte de plata
> con una orla de fieras y mares de crustáceos,
> vinieron tus legiones trayendo carreteras,
> jardines y teatros.
> Éramos rudos hombres de guerra abrasadora,
> danzantes de la luna, con bárbaras hogueras,
> y el toro celtibérico con pez sobre los cuernos
> mugía en las mesetas.

En el 29 a.C. Augusto decide completar el dominio de la península, iniciando una guerra que habría de durar diez años. Él mismo se pondría al frente de las tropas durante los primeros días de la ofensiva, un simple acto propagandístico en su carrera «imperial», mientras sus subordinados se quedaban a rematar su tarea de allanamiento. Siete legiones y abundantes refuerzos auxiliares fueron necesarios para someter el último bastión de la España indígena al expansionismo romano. Numerosos jóvenes morirían o quedarían reducidos a la esclavitud, a la par que se provocaba una gran ruptura cultural al trasladar los viejos poblados a los valles y entrar en la órbita comercial y monetaria a través del laboreo de las minas. Tras la represión, Roma ofrece una esperanza a las penurias de los rebeldes permitiendo el ingreso en el ejército a los apreciadísimos cántabros. Otro imperio, el habsburgués de los siglos XVI-XVII, o antes la Castilla medieval, harían lo mismo al abrir las puertas de la milicia, la burocracia y la Iglesia a los desesperados segundones vizcaínos y montañeses.

Sin que la guerra hubiese concluido, en el 25 a.C. Augusto encarga al legado Publio Carisio la fundación de una nueva ciudad en la península. El emperador quería asentar en ella a los veteranos de las legiones V y X, como recompensa por su victoria del norte. En honor de estos «eméritos» y su mentor, la urbe habría de recibir el nombre de Augusta Emérita. Hacía demasiado tiempo que no se fundaba una gran capital, y los primeros balbuceos de Itálica, Córdoba, Carteia, Calahorra, Lérida o Pamplona quedaban muy atrás. Su propio tío había ordenado edificar una nueva Ampurias con idéntico fin. De esta forma, la población extremeña daba el banderazo de salida a la actividad urbanizadora del emperador, que llenaría Hispania de otras veinte colonias «augustas». Zaragoza, Braga, Lugo, Astorga..., todas ellas hicieron posible la creación de una compleja malla de ciudades, que fue muy tupida en la rica Bética y más abierta en el Levante, al optar por los asentamientos costeros que favorecían los intercambios marítimos con la metrópoli.

El lugar elegido para Mérida combinaba intereses estratégicos y económicos, constituyendo un magnífico descanso en el camino entre el valle del Guadalquivir y la Meseta, que ayudaba a estrechar los lazos de la región más desarrollada de la península con aquella otra que se intentaba vigorizar. Aunque es muy probable que ya existiese un antiguo núcleo túrdulo, la región no había tenido un aprovechamiento agrícola que condicionase las entregas de tierra a los veteranos. Muy al contrario, el suelo público, copioso, después de asegurar los bienes del fisco y los templos, aún dio para tres repartos de grandes lotes, extendiéndose los cultivos dependientes de la urbe en un radio de ciento veinte kilómetros.

La marcada vocación agraria de la nueva ciudad se vio impulsada por su rico suelo, virgen aún, cubierto de bosques de encinas y alcornoques y con abundante agua del Guadiana y sus arroyos. Como en el resto de la península, los repartos fomentaron el establecimiento de hombres itálicos, a menudo emparejados con mujeres indígenas, que actuarán de punta de lanza de la romanización del sudoeste hispano. Por su medio se introducirán el latín, el derecho romano o algunas de las creencias religiosas de Roma, reflejadas en los templos de la Concordia, Marte y Diana. Su trabajo habría de transformar, asimismo, el espacio circundante al entresacar parte de los árboles para destinar espacios a la ganadería o al talarlos en las llanuras con objeto de hacer sitio a los cereales y el olivo, dos de los productos estrella de la agricultura romana.

> Roma nos trajo el árbol ya preso en la columna,
> los dispersos instintos sujetos al Derecho
> y sometida el agua salvaje al acueducto
> y el grito al alfabeto.
> Nos diste la medida, el número, la forma;
> el verso, que es la espuma del aullido en la caza,
> y rosa de pudores nos desnudaste a Venus
> entre las pieles ásperas.
> Trajiste la comedia, la noble agricultura,
> el arado y la estatua, la oratoria y el vino;
> nos diste emperadores y en germen nos trajiste
> oculto a Jescucristo.
>
> AGUSTÍN DE FOXÁ, «Iberia romana»

Acorde con la política viaria del Imperio, Mérida estaba destinada a convertirse en uno de los puntos neurálgicos del sistema de comunicaciones, por lo que era imprescindible conseguir el control del paso del Guadiana, frontera de los caminos entre el norte y el sur extremeños. Donde hoy se erige la ciudad, los ingenieros romanos encontrarán el lugar idóneo para salvar el río con un gran puente que entregaba a la colonia la llave de la influencia política y la riqueza. Si las ciudades béticas y levantinas son la espina dorsal de la vía Hercúlea que abre la península al sur de Francia y el Mediterráneo a la Meseta, Mérida vertebrará el otro eje del sistema romano de caminos al quedar unida por la vía de la Plata, la antigua senda tartésica del estaño, a Astorga. Pronto la urbe es el punto de encuentro de un gran número de veredas secundarias que la comunican con Córdoba, Badajoz-

Lisboa, Santarem, Trujillo-Talavera-Toledo y, desde aquí, con toda la Meseta y el Ebro.

Conquistada toda la península, el emperador cree llegado el momento de afrontar una reforma administrativa que afiance el poderío de Roma y favorezca la integración hispana. Tres nuevas provincias, la Bética, la Tarraconense y la Lusitania, sustituirán la antigua división de Hispania, haciéndola más operativa. Debido a su potencial humano y a su magnífica ubicación, Mérida es elegida capital de la Lusitania y centro administrativo de una de las demarcaciones en las que se subdivide la provincia para facilitar el cobro de impuestos, reclutar tropas, ejercer la justicia o celebrar el culto imperial.

Reflejo de la riqueza y el poder de Roma, la ciudad despierta en seguida el interés de los gobernantes que, como en otros muchos puntos del Imperio, pueblan su espacio con soberbios monumentos, algunos de ellos nacidos al mismo tiempo que la urbe. Es el caso del imponente dique que sujetaba la orilla del Guadiana, la red de cloacas o las murallas, abiertas a los extremos de las vías principales por grandes puertas de doble vano. También del amanecer de la ciudad es la red de abastecimiento de aguas que, mediante canalizaciones subterráneas y los imponentes acueductos de San Lorenzo y Los Milagros, ponía en comunicación la ciudad con los manantiales y las presas de Cornalvo y Proserpina.

Junto a estas construcciones elementales, Mérida albergó ricos edificios a tono con su capitalidad. En torno a dos foros se alinearon templos, termas y otros inmuebles reservados al gobierno o la administración de justicia. No faltaban tampoco los espacios dedicados al deporte y los espectáculos, un sector en el que la capital extremeña no tenía nada que envidiar a las mejores urbes imperiales como Tarragona e Itálica. El primer gran centro de diversión fue el teatro, regalo de Agripa en el 16 a.C. Fiel a los cánones de Vitrubio, el edificio tenía un escenario recto y monumental frente a un hemiciclo capaz de albergar a dieciséis mil espectadores. Sucesivas reformas enriquecerán su decoración con trabajadas columnas e importantes esculturas de sus regios mecenas, hasta completar la imagen que hoy se conoce. A su lado, se levantó un anfiteatro destinado a las luchas de gladiadores y animales, y fuera del recinto amurallado se situó un circo de colosales proporciones con un aforo de treinta mil personas.

Dado su carácter de gran capital, la ciudad fue pronto residencia obligada de la oligarquía terrateniente y política. En sus calles se alzaron suntuosas villas, decoradas por los mejores escultores y pintores del Imperio. La extraordinaria calidad de los mosaicos conservados son una pequeña muestra de la técnica depurada de estos artistas peregrinos, muchos de ellos de origen griego. Asimismo, la ciudad acogerá uno de los conjuntos escultóricos más importantes de Occidente, que enriquece en la actualidad el vanguardista museo nacional levantado por Rafael Moneo en 1986. La demanda de los propietarios privados y las instituciones haría progresar los talleres locales, especializados en copiar los modelos llegados de Roma o las influencias helenísticas. Y no sólo en el arte, también en la literatura latina habría de dejar Mérida su huella, gracias a la obra del pocta Dcciano.

Creencias mistéricas

Cuando el mundo al que tanto había contribuido a enaltecer empezaba a mostrar síntomas de agotamiento, la ciudad se sentiría tentada, al igual que otras regiones del Imperio, por las creencias mistéricas que llegaban de Oriente. Especial suerte tendrían en Mérida los cultos a Mithra y Serapis, cuyo templo poseía un notable conjunto escultórico de los dioses de la Antigüedad. Sin embargo, es el cristianismo el que al final triunfaría. Durante las persecuciones de Decio en el 250 d.C. existe ya en la capital extremeña una comunidad plenamente asentada, con obispo propio, como sucedía en Zaragoza y León-Astorga. Cincuenta años después, las campañas de Diocleciano darían a la ciudad su primer mártir, santa Eulalia, y una de las leyendas más poéticas de los primeros tiempos del cristianismo, con la nieve cubriendo pudorosa el desnudo cuerpo de la santa en el anfiteatro. El relato se completaría luego con otro milagro, el de los tres árboles plantados junto a su tumba que florecen cada 10 de diciembre, aniversario del martirio. Cuando el Edicto de Milán confirme la libertad de culto y la Iglesia ponga en pie su estructura administrativo-religiosa plagiada del Imperio, el obispo emeritense obtendrá la distinción de metropolitano, con jurisdicción sobre doce sufragáneos y similar categoría a la de sus colegas de Tarragona y Sevilla, las otras capitales provinciales clásicas. Su poder sería fuente de numerosos conflictos. El más grave, a finales de la centuria, le haría enfrentarse a los herejes priscilianos, para los que el prelado extremeño pedirá la muerte.

Eran los primeros síntomas del miedo a la nada, a un imperio que se hacía viejo, víctima de la esclerosis política y económica del centro rector. Un mundo donde las diferencias de clase crecían rápidamente al compás del sometimiento de los más pobres por los poderosos y de la pérdida de la vocación mercantil del Imperio. Mérida guardará la esencia de su antiguo esplendor y durante un tiempo no renunciará a sus transacciones comerciales, gozando de cierta prosperidad al convertirse en capital de una de las seis provincias godas. Su momento de gloria, no obstante, hacía largos años que había quedado atrás, atrapado en el viejo anfiteatro romano.

CIUDADES ROMANAS

FUNDACIÓN DE MÉRIDA

Por su parte, Augusto combatió contra los astures y los cántabros; pero como éstos ni se le acercaban, resguardándose siempre en sus picachos, ni se ponían a su alcance, a causa de su inferioridad numérica y también por usar la mayoría de ellos armas arrojadizas, causándole además muchas molestias si alguna vez se ponía en camino, ocupando los lugares favorables y emboscándose en las hondonadas y en las selvas, se encontró en un embarazo extremo. La fatiga y las preocupaciones le hicieron enfermar, y tuvo que retirarse a Tarragona para reponerse. Cayo Antistio continuó la lucha y la llevó a un término completo, no porque fuese mejor general que Augusto, sino porque despreciándole los bárbaros, salieron al encuentro de los romanos y fueron derrotados. Así éste tomó algunas ciudades, y después Tito Carisio conquistó la ciudad de Lancia, que había sido abandonada, y sometió muchas otras.

Terminada esta guerra, Augusto licenció a los más veteranos de sus soldados y les concedió que fundasen una ciudad en Lusitania, llamada Emérita Augusta; para los soldados que estaban todavía en edad de servir hizo celebrar unas fiestas en el mismo campamento, ejerciendo Marcelo y Tiberio las funciones de ediles. DIÓN CASIO, LIII, 25, 2

EL PREMIO A LOS SOLDADOS

Sé que en Lusitania, en los confines de Mérida, el caudaloso río Anas [Guadiana] discurre a media vara de la colonia, alrededor del cual se asignaron los campos, solamente hasta donde entonces pareció útil. Porque por la extensión de los campos se pusieron poquísimos límites a los veteranos cerca del extremo confín, alrededor de la colonia y el río Anas: el resto del terreno había quedado de tal forma que después se llenaría. No obstante se hizo después una tercera y cuarta asignación de tierras; sin embargo no se pudo completar la extensión de los campos con la división sino que sobró tierra sin asignarse. Ya que en estos campos se encontraban tierras no asignadas [*subsiciva*], los propietarios pidieron al presidente de la provincia que concediese alguna extensión al río Anas. Porque los terrenos no asignados que alguno había ocupado estaba obligado a redimirlos, se juzgó injusto que alguien comprase un río público o las tierras estériles que regaba. De esta forma se estableció una reglamentación para el río.

FRONTINO, *De controversiis agrorum*

VIAJEROS ANTE LAS RUINAS

Mérida es una de las principales ciudades de la provincia, situada a orillas del río Guadiana, en un terreno fértil en toda suerte de buenos frutos, que fue escogida por los romanos para vivir allí, como nosotros hemos reconocido en varias antigüedades de grandes palacios que se ven principalmente por la parte por donde nosotros llegamos, por dos largos acueductos que llevan desde muy lejos el agua a la ciudad, uno de los cuales ya no sirve porque está medio arruinado, pero que no por eso merece menos nuestra admiración por su estructura cuanto por la elevación de sus arcos, hechos de gruesas piedras, que es una manera de construir particular de los romanos en sus obras grandes.

Noté en el mismo arrabal un arco de triunfo aún todo entero, compuesto de dos pórticos, al que van a dar dos recias murallas, entre las cuales hay tan poca distancia que parecen haber sido cubiertas por una misma bóveda, a manera de falsos contornos; eso me pareció digno de ser contemplado con satisfacción. Además vimos en ese arrabal una gran plaza, adornada con una fuente, cuyas aguas caen en un gran estanque de mármol blanco, donde se eleva una alta columna de alabastro, si no me engaño, que sostiene la figura de Santa Eulalia, que está delante del convento de San Francisco y un gran hospital, cuyos jardines son muy espaciosos.

A. JOUVIN, *El viaje de España y Portugal*

VERDES TIERRAS

Fue capital de la Lusitania; y Prudencio describe su situación en esta forma:

Nunc locus Emerita est tumulo
clara colonia Vettoniae
quam memorabilis amnis Anas
praeterit, viridante rapax
Gargite moenia pulcra alluit.

No se verifica hoy este verdor de Guadiana, por lo menos el que le podían dar los infinitos árboles, con que debían hermosearse sus riberas. Son poquísimos los que han quedado, como para argüir de flojedad, y poco gusto a los actuales emeritenses. En lo demás se verifica actualmente lo que dijo Prudencio de estar fundada en una loma, y de bañar el río Guadiana sus murallas.

Conserva Mérida las ruinas soberbias de dos acueductos, de teatro, naumaquia, circo, arco de trofeo, fortaleza, medallas, bajorrelieves, estatuas, inscripciones, dos puentes, uno sobre Guadiana y otro sobre el riachuelo de Albarregas. Todas estas cosas prueban claramente la antigua grandeza, y majestad de la colonia emeritense, y la bondad de su terreno, que los Romanos conocieron mejor que nosotros; pero como ninguna de ellas es de más utilidad en el día que los dos puentes expresados, hablaré de ellos primero que de lo demás. Es larguísimo el de Guadiana: tomé el trabajo de contar cuantos pasos míos hacía de largo, y conté mil y trescientos, algo mayores que los regulares.

ANTONIO PONZ, *Viaje de España*

CUNA DEL CRISTIANISMO

Eulalia, noble por su origen, más noble aún por el modo de su muerte, honra con sus huesos, favorece con su amor, virgen sagrada, a la Mérida suya, en cuyo seno fue engendrada.

Muy cerca de Occidente está el país que produjo esta gloria egregia; es poderoso por esa ciudad, rico en pueblos, pero poderoso, con más razón, por la sangre del martirio y por el sepulcro de esta virgen.

Doce inviernos había alcanzado a ver ella en el transcurso de otros tantos años cuando, en medio de una hoguera crujiente, llenó de espanto, inflexible, a sorprendidos verdugos al encontrar dulzura en el suplicio.

[…] He aquí que el glacial invierno suelta una capa de nieve y cubre todo el foro; cubre al mismo tiempo, como si fuese una mantilla de lienzo, el cuerpo de Eulalia que yacía en el gélido suelo.

Retírese el amor que hace brotar lágrimas a los hombres, que suelen así celebrar exequias; retírese también el homenaje del llanto a su entierro; los mismos elementos, porque así lo quiere Dios, celebran, ¡oh virgen!, tus funerales.

El lugar de su tumba está ahora en Mérida, colonia ilustre de la Vetonia, por la que pasa el famoso río Ana (Guadiana) y cuyas bellas murallas baña raudo con sus verdeantes ondas.

AURELIO PRUDENCIO,
«Himno en honor de la mártir Eulalia»

589

LA CONVERSIÓN DEL GODO

LA BODA DE LA IGLESIA Y EL ESTADO

Los visigodos dominaban Occidente,
erigidos en herederos políticos y militares de Roma.
Recaredo, hijo del «emperador» Leovigildo,
renunció al arrianismo para
abrazar la fe católica; caía así la última barrera
entre los conquistadores germánicos
y el pueblo hispanorromano.

Padre polvo que subes de España,
Dios te salve, libere y corone,
padre polvo que asciendes del alma [...]
Padre polvo, sandalia del paria
Dios te salve y jamás te desate [...]
Padre polvo que avientan los bárbaros,
Dios te salve y te ciña de dioses,
padre polvo que escoltan los átomos.
Padre polvo, sudario del pueblo,
Dios te salve del mal para siempre,
padre polvo español, padre nuestro.

CÉSAR VALLEJO,
«Redoble fúnebre a los escombros de Durango»

A comienzos del siglo v el Imperio romano hace aguas por todas partes sin que la débil autoridad del emperador pueda frenar su decadencia. Las ciudades se marchitan ante el marasmo del comercio, y la población no tiene otra salida que dedicarse a las labores agrícolas para poder alimentar a sus familias. Es la era de la ruralización, que se adueña de todos los ámbitos de una vida controlada por los terratenientes. Sin remedio a sus males, el occidente europeo asiste al sepelio imperial mientras Hispania, demasiado lejos de Roma, se resiente de la ruptura de las vías marítimas de comunicación con Italia. Aislada de sus padres latinos, las tribus bárbaras irrumpen en la península a lo largo del año 411 y desaparecen de una sola embestida la unidad y el orden tan trabajosamente impuestos por siglos de romanización.

España se disgrega en multitud de cantones regionales creados según sus propias peculiaridades geográficas, culturales y étnicas. Suevos y vándalos asdingos ocupan Galicia, los alanos guerrean por la Lusitania y la Cartaginense en tanto que la romana Bética no puede contener los saqueos de los vándalos, dispuestos a probar fortuna en cualquier territorio peninsular. Sólo la Tarraconense se mantiene fiel a los dictados imperiales. En la cornisa cantábrica y las montañas leonesas resucitan los focos indigenistas que manifiestan el escaso éxito de la romanización. Parecía que la obra de Roma estuviese condenada a ser borrada por el ímpetu bárbaro y, sin embargo, lograría sobrevivir al desastre.

Ante la imposibilidad de detener el huracán con sus propias fuerzas, Roma contrata a otro pueblo bárbaro, los visigodos, al que confía la defensa de los derechos del emperador en la península. A cambio de un tributo anual, la tribu germana se compromete a limpiar de enemigos las regiones más romanizadas de la Bética y el Levante.

Entrada en la península

En su calidad de mercenarios, las hordas visigodas entran por vez primera en Hispania y, con el paso del tiempo, le cogerían gusto. Pasada la mitad de la centuria y expulsados los vándalos por la aristocracia andaluza, la ocasión para inmiscuirse en la península se presenta propicia. Desde Galicia, los suevos amplían sus dominios conquistando la Meseta, Andalucía y parte del Ebro, y bandas de desposeídos, aliados a los vascones, despojan las villas de los ricos. Poderoso en su feudo de Toulouse, el visigodo Teodorico II une de nuevo sus fuerzas a las de los ejércitos romanos e hispanos para recluir a los suevos en los valles galaicos y sanear la Tarraconense de salteadores *bagaudas*. Tras la defunción del Imperio, los visigodos consiguen imponer su supremacía en Occidente, a costa de enfrentarse al reino suevo o a las aristocracias hispanorromanas que pretenden arrogarse los derechos y prerrogativas del Estado. Es la primera conversión del godo: de simple comparsa al servicio de Roma a su heredero político en Hispania y el sur de la Galia. Pueblo romanizado en comparación con sus hermanos, su objetivo final sería recomponer la vieja unidad hispánica, meta en la que empleará casi cien años.

Un proyecto que se consolida en el 507, cuando los ejércitos francos destrocen la maquinaria militar goda y pongan término al reino de Toulouse. Comprimidos en el norte por el reino franco, la corte visigoda vuelve su mirada al sur, donde con anterioridad a la derrota había comenzado a situar hombres en Cataluña y el valle del Ebro. Es tiempo de sacar partido de lo que quedaba de su potencial guerrero e incorporar a su naciente estado las urbes sureñas que se habían independizado durante la anarquía. Poco a poco caen en sus manos Mérida, Sevilla, Córdoba... y con ellas la red de mando diseñada por Roma para controlar Andalucía, Extremadura y parte de la Meseta. Más adelante, querellas intestinas y recelos indígenas provocarán la pérdida del sur, donde el hábil emperador bizantino Justiniano logra establecer, durante varios años, una provincia dependiente de su corte, desde el norte de Cartagena hasta Córdoba y Cádiz. Se puede hablar ya de la segunda conversión de los godos: de herederos nominales de Roma a conquistadores de su herencia; de pueblo galo a reino hispano, ratificado por el traslado de la corte a Toledo, corazón de la Meseta. A partir de ese momento el interés de la corona se centrará exclusivamente en la península y, a pesar de sus expediciones de castigo contra los merovingios en la Septimania, nunca más el reino visigodo pensará en ampliar su dominio al otro lado de los Pirineos.

Los godos se encuentran en Hispania con un pueblo heterogéneo que ha recibido influjos distintos de la civilización romana. Al tratarse de un grupo minoritario cuya fuerza residía en el ardor guerrero, los monarcas godos tratarán de mantener su supremacía mediante una estricta separación entre los habitantes hispanorromanos y los conquistadores. Era la única manera de evitar que los apenas doscientos treinta y cinco mil germanos fuesen absorbidos por la mayoría indígena. Entre la cuenca alta del Ebro y la del Tajo se asentaron los mayores contingentes de población goda: allí la presencia romana era menor y la existencia de latifundios y despoblados permitía desarrollar sus tradicionales actividades ganaderas. Sólo una minoría aristocrática y parte del ejército se asentarían en los enclaves estratégicos de Toledo, Mérida, Pamplona y las ciudades de la Bética con el objeto de dirigirlos y recaudar las contribuciones. Desde el mismo nacimiento del reino, el Breviario de Alarico manifiesta con claridad el deseo de instaurar dos categorías de ciudadanos según su origen. El derecho romano se aplicaría a los hispanos, en tanto que los godos se regirían por normas consuetudinarias. Para evitar los choques que el asentamiento de sus militares provocaba en algunas ciudades hispanorromanas, los nuevos invasores establecieron una jerarquía paralela encargada exclusivamente de su etnia. El ejército, punta de lanza de la dominación visigoda, se libró del desdoblamiento y, aunque terminase organizado según los modelos romanos, no estaría abierto más que a las gentes germanas, mediante una estricta política de limpieza étnica.

Paradójicamente, el *apartheid* benefició a los primitivos habitantes hispanos, al gozar de cierta autonomía política y cultural que permitirá el mantenimiento de las costumbres romanas y su progreso, presagiado desde los días del Bajo Imperio. A la larga, acabará triunfando la cultura de los vencidos sobre la de los vencedores, a la que inyectan su gusto y su sentido aristocrático, contrapuesto al «igualitarismo» godo. El nacimiento del reino de Toledo a comienzos del siglo VI apenas modificará la estructura social del Imperio, y los grandes terratenientes podrán seguir disfrutando de sus bienes aunque a veces tengan que compartirlos con los grandes de la nobleza goda. Su alianza no era un mal negocio, ya que conservaban la mayor parte de sus haciendas y la mano de obra para explotarlas, mientras sus socios germanos se encargaban de mantener la paz y asegurar su rendimiento. En las filas de los recién llegados se sustituye, asimismo, el viejo concepto de preeminencia social derivada del caudillaje militar por otro, más acorde con los tiempos, dependiente de la posesión de riquezas inmobiliarias. Se acercan de este modo a los intereses de la aristocracia hispanorromana, con quien, a pesar de las prohibiciones legales de matrimonios mixtos, comienzan a fundirse originando poderosos linajes. Es el comienzo de la tercera conversión de los godos, que supondrá la recuperación del modelo bajoimperial, bañado en la estética germana y, con él, la sumisión de las capas más pobres de su propio pueblo, al amparo de penas judiciales o de la «encomendación» en períodos de inestabilidad política.

Con la llegada de Leovigildo al trono en el año 573, el proceso de romanización recibe un fuerte espaldarazo, tras una etapa de desconcierto en la que triunfan las tendencias disgregadoras, vivas en el pasado y fomentadas ahora por el afán de las elites de librarse de la tutela de Toledo e imponer sus diferencias culturales. Gracias a la firmeza del monarca se evitará la consolidación de un mosaico de taifas y ciudades-estado, salvando así la labor de sus predecesores y completándola al reunificar bajo el cetro toledano la mayor parte de la vieja Hispania. Con toda razón puede Leovigildo arrogarse uno de los símbolos más expresivos de la soberanía romana y acuñar tremises de oro que proclamarán el nacimiento de una nueva Roma, esta vez con sede en Toledo.

Puentes de diálogo

En pleno proceso de mutación política y social, sólo la fe distinguía a los godos de los hispanorromanos. Desde su bautismo en la península balcánica, los visigidos habían permanecido fieles a la doctrina arriana hasta hacer de ella un rasgo fundamental de su identidad, afirmada más aún con el asedio de la predicación católica en Occidente. De ahí que el nuevo «emperador» Leovigildo debiera atender no sólo el quintacolumnismo ideológico de la población hispana mayoritaria, sino también el ejemplo de otros pueblos vecinos convertidos por razones puramente políticas. En el año 500, el oportuno bautismo de Clodoveo y el pueblo franco había contribuido de manera eficaz a su alianza con los galorromanos, y de esta unión surgió la fuerza militar que puso fin al reino de Toulouse.

A pesar de su poder, la monarquía goda nunca obligó a los católicos a renunciar a su religión y ni tan siquiera intentó difundir el arrianismo entre las masas romanas sometidas, una fórmula que hubiese servido para debilitar a sus adversarios, como después demostraría el Islam. El proselitismo resultaba contraproducente en su política de separación entre los dos pueblos. Sin embargo, la ruptura del equilibrio entre godos e hispanos, acelerada por el levantamiento de la prohibición de matrimonios mixtos, imponía una serie de cambios, más urgentes aún después de la guerra civil que había enfrentado a comunidades de distinto credo.

En busca de la cohesión del país, Leovigildo tiende puentes a los católicos incentivando económicamente su paso al arrianismo, pero la iniciativa no hace sino aumentar la agresividad del enfrentamiento entre ambos pueblos. Del fracaso saca lecciones su hijo Recaredo, que ensayará la vía del catolicismo como medio de concertar su reino. El III Concilio de Toledo en el 589 hacía pública la renuncia del monarca y su familia a la fe arriana y ordenaba el bautismo del pueblo godo pese a su repugnancia moral y las revueltas nobiliarias. Era la última conversión de los germanos, con la que el credo de Roma y la población española derrotaron a los conquistadores del siglo V. De todos modos, el salto no se hizo de manera rupturista, sino que el trasvase de creyentes fue constante durante toda la centuria y el Concilio sólo trató de aproximar dos «nacionalidades» imponiendo pautas de vida semejantes. Con idéntico objetivo van desapareciendo las formas de vestir góticas y se relegan costumbres tan íntimas como la de enterrar a los difuntos godos rodeados de sus enseres y signos distintivos.

De la asamblea toledana arranca el largo maridaje de la Iglesia y el Estado en la península, la unión del altar y el trono, que cuando llegue el siglo XIX alumbrará el «nacionalcatolicismo», la forma conservadora de nacionalismo español. Enriquecida con los bienes de los arrianos y confirmada en sus pretensiones de poder social, la jerarquía católica emprende el camino por donde habría de discurrir la historia de España. A partir de ahora los obispos se erigen en autoridades del reino con competencia en asuntos civiles y continuas intromisiones en la vida privada de los ciudadanos, confirmando desde un principio su vocación al magisterio moral. De esta manera, los hispanorromanos conseguían su definitiva introducción en el gobierno del país, pues la gran mayoría del obispado godo sería de origen latino. Segura de su posición en la sociedad goda, la Iglesia católica impone en el 633 medidas discriminatorias contra los antiguos arrianos, a los que les cierra el paso al episcopado. Con su estratagema quedaba el monopolio de las mitras en manos de los antiguos hispanorromanos, únicos libres de toda sospecha. Como un mal presagio, la victoria del catolicismo sobre la herejía desencadena una oleada de intolerancia que hostiga por igual a los reductos de paganismo y a los judíos. Del año 589 son las primeras medidas en la historia de España contra la comunidad hebrea. Amparado en el poder político, el espíritu misionero busca paganos en el norte para convertirlos y meterlos en las iglesias y conventos, levantados profusamente en homenaje a la religión vencedora.

ESPAÑA VISIGODA

DE NUEVO
LA UNIDAD POLÍTICA

En la era DCVI, en el año tercero del imperio de Justino el Menor, Leovigildo, habiendo obtenido el principado de España y de la Galia, decidió ampliar su reino con la guerra y aumentar sus bienes. En efecto, teniendo de su parte la entrega de su ejército y el favor que le granjeaban sus victorias, acometió felizmente brillantes empresas: se apoderó de los cántabros, tomó Aregia, sometió a toda Sabaria. Sucumbieron ante sus armas muchas ciudades rebeldes de España. Dispersó también en diversos combates a los soldados [bizantinos] y recuperó, mediante la guerra, algunas plazas fuertes ocupadas por ellos. Venció, además, después de someterle a un asedio, a su hijo Hermenegildo, que trataba de usurparle el mando. Finalmente, llevó la guerra a los suevos y redujo su reino con admirable rapidez al dominio de su nación. Se apoderó de gran parte de España, pues antes la nación de los godos se reducía a unos límites estrechos. Pero el error de la impiedad ensombreció en él la gloria de tan grandes virtudes.

SAN ISIDORO DE SEVILLA,
Historia de los godos, vándalos y suevos

LA FE DE LOS VENCIDOS:
RECAREDO

El santo sínodo de los obispos de toda España, Galia y Galicia por orden del príncipe Recaredo se reúne en la ciudad de Toledo con un número de setenta y dos obispos, en el cual sínodo estuvo presente el recordado cristianísimo Recaredo, mostrando a los obispos, escrita en un libro por su propia mano, la disposición de su conversión y la profesión de fe de todos los obispos y del pueblo godo y todo lo que corresponde a la confesión de la fe ortodoxa; dándose por enterado de la disposición del cual libro, el santo sínodo de los obispos decidió apoyarlo con los testimonios canónicos. Por su parte, el conjunto del desarrollo sinodal fue obra de San Leandro, obispo de la iglesia hispalense, y del beatísimo Eutropio, abad del monasterio Servitano.

JUAN DE BICLARO, *Chronicon*

REYES DÉBILES...

Y dado que en los tiempos que acaban de pasar, la inmoderada codicia de los reyes se difundía ávidamente y en el saqueo de los súbditos aumentaba el caudal de los bienes propios, finalmente, por el soplo de la providencia de lo alto se nos ha inspirado del cielo que, puesto que ya habíamos dado para los súbditos leyes que encomendaban la reverencia, pusiéramos también a los excesos de los reyes la barrera de la templanza. Por lo tanto, con ánimo sincero y pacífico, tanto para nosotros como para todos los sucesores futuros de nuestra gloria, con la ayuda de Dios legislamos y promulgamos un decreto que obligue a los príncipes, que ninguno de entre los reyes por medio de cualesquiera presiones o manejos, de tal modo arranque o se proponga arrancar las escrituras referentes a cualesquiera bienes, propiedad de otro, que alguien pueda ser privado injustamente y contra su voluntad del dominio de las cosas que le pertenecen. Y si acaso, por la voluntad agradecida de alguno, recibiere algún bien de cualquiera, o a cambio de una prestación evidente, adquiere alguna cosa, se haga constar en la misma escritura la libre voluntad y la naturaleza de la prestación, con cuya nota fácilmente se descubra o la presión del príncipe o el doloso error de aquel que entrega la cosa. Y si fuere patente que la escritura fue arrancada por la violencia, o el rey se arrepentirá de su injusticia y devolverá lo ilegítimamente adquirido, o ciertamente después de su muerte los bienes deberán ser devueltos sin demora alguna a aquel o a los herederos de aquel a quien le fue impuesta la escritura.

DISPOSICIÓN DEL VIII CONCILIO DE TOLEDO, 653

CAMPESINOS SUMISOS Y ESCLAVOS FUGITIVOS

De las determinaciones de leyes antiguas ciertamente se deduce con claridad de qué modo y con qué procedimientos de investigación se reprime el oculto deambular de los fugitivos. Pero mientras que su fuga se oculta por las circunstancias diversas de los procesos judiciales o por el engaño de quienes les acogen, lo cierto es que difícilmente se cumple el contenido de las mismas leyes, e incrementándose el mal más se multiplican las guaridas para quienes se andan ocultando, de modo tal que apenas si existe ciudad, poblado fortificado, aldea o finca y posada en los que no se sepa se ocultan esclavos. Por lo que haciendo reserva del sentir de aquella ley anterior, que se promulgó sobre los fugitivos, por lo determinado de esta novela decidimos que cualquiera, que a partir de ahora acoja un [esclavo] fugitivo de otro, aunque diga que él es un hombre libre, procure que lo antes posible se le haga una investigación judicialmente, para que se averigüe a instancia del juez si realmente es un hombre libre o si casualmente es un esclavo; y, revelada así la verdad, dicho esclavo sea devuelto a su propio dueño.

Liber Iudicum, IX, 1, 21

JUDÍOS PERSEGUIDOS

Y habiendo sabido esta nuestra asamblea con todo detalle este crimen infausto por sus mismas confesiones, decretamos que en fuerza de este nuestro decreto sufran un castigo irrevocable, a saber: que según el mandato del piadosísimo y religiosísimo príncipe nuestro, el rey Égica, que encendido por el celo del Señor e impelido por el fervor de la santa fe no sólo quiere vengar la injuria irrogada a la cruz de Cristo, sino que también pretende evitar con todo rigor la ruina de su pueblo y de su patria, que aquéllos habían cruelmente decidido provocar, privados de todos sus bienes y confiscadas todas sus cosas, aun la más mínima, tanto las mismas personas de los traidores, como sus esposas y los demás de su descendencia, arrancados de sus propios lugares, serán dispersados por todas las partes a través de todas las provincias de España, sometidos a perpetua servidumbre, entregándolas al servicio de aquellos a los que el rey ordenare, y no podrán bajo ningún pretexto recuperar de ningún modo su estado de hombres libres, mientras permanezcan en la obstinación de su infidelidad, los que fueron completamente infamados con la mancha de sus abundantes crímenes.

DISPOSICIÓN DEL XVII CONCILIO DE TOLEDO, 694

711

LA ESPAÑA DEL ISLAM

MI REINO POR SIETE MIL CABALLOS

Una guerra civil, como tantas,
por la sucesión del trono toledano; un bando que,
en desventaja, alquila los servicios
de una tropa de bereberes,
quienes inmediatamente cruzan el Estrecho.
Éste es el prólogo baladí
a uno de los capítulos esenciales
de la historia de España.

Madre España, ¡ay de ti!,
en el mundo tan nombrada,
de las partidas la mejor, la mejor y más ufana,
donde nace el fino oro y la plata no faltaba,
dotada de la hermosura y en proezas extremada,
por un perverso traidor toda eres abrasada,
todas tus ricas ciudades con su gente tan galana
las domeñan hoy los moros por nuestra culpa malvada
si no fueran las Asturias, por ser tierra tan brava.

«Romance del conde Julián»

La luna nunca miente, no suele equivocarse cuando aparece tan hermosa rodeada de las diminutas luces de la noche. En esos días de revelaciones ocultas tras un atardecer, la media luna comunicaba a los hombres de piel barnizada por el desierto que había llegado el momento de propagar las palabras del Profeta. Todas las naciones debían conocer la dicha de llevar a Alá dentro del corazón y, de repente, los palacios salpicados de fuentes imposibles se empequeñecieron a sus ojos. Arabia misma parecía una aldea de pastores si se la comparaba con los imperios que aún no se habían postrado de cara a La Meca. Era preciso cargar los bártulos y expandirse por el este y el oeste en busca de nuevas regiones no decoradas con la monotonía de la arena. Deseosos de aglutinar a todos los pueblos bajo el nexo común de la religión verdadera, los musulmanes emprendieron a partir del 630 un avance de consecuencias inimaginables. Gracias a su tolerancia con los demás credos monoteístas –previo pago del correspondiente impuesto– y al respeto a las pertenencias de los conquistados, el Corán se predica en medio mundo. Por ello los bereberes, en cuanto estuvieron islamizados, se dispusieron a colaborar con sus misioneros en la difusión del evangelio de Mahoma.

No muy lejos, los solitarios habitantes del reino visigodo, herederos de un imperio que ya no podría volver a protegerlos, se debatían entre la desorientación y la desdicha. El caos se adueñaba de la antigua Hispania romana bajo el gobierno de unos monarcas débiles constantemente asediados por la codicia de los líderes guerreros. Sólo la Iglesia había logrado conservar su cohesión interna y su presencia garantizaba de alguna forma la huidiza estabilidad. Sin embargo, la anemia real se contagiaría a las tropas situadas en las fronteras, un ejército que era incapaz de actuar de modo coordinado y defender a sus gentes de los ataques enemigos.

En el interior del reino, los súbditos visigodos estaban demasiado atareados en sobrevivir como para preocuparse de posibles invasiones. Castigados por una permanente hambruna redoblada tras la desastrosa cosecha del trienio 707-709, también sufrían la intempestiva visita de la peste siempre dispuesta a besar a los más famélicos. Guerra, miseria, destrucción; había llegado el momento de elegir los chivos expiatorios y culparles de todos los males. Es ahora cuando la población cristiana comienza a practicar el innoble oficio de la intolerancia, al observar con temor el crecimiento de las juderías en aldeas y ciudades. Decididos a hacer la vida imposible a los hebreos, los concilios de Toledo aprobaron leyes encaminadas a entorpecer su labor comercial, incluida la prohibición expresa de viajar libremente por todo el reino. Con estos precedentes, no resulta extraño que los judíos recibiesen a los invasores musulmanes como liberadores.

Las campanas, que anuncian la muerte de Witiza, presagian la defunción del reino toledano. Ante la vista de un trono vacío, la guerra civil volvía a despejar las divergencias entre los partidarios de elegir el sucesor dentro del linaje del finado y la nobleza que ya había designado rey a don Rodrigo, duque de la Bética. Durante la contienda, los seguidores del clan witizano piden ayuda a fuerzas extranjeras, aprovechando que su opositor estaba entretenido en su lucha contra los vascones. A su grito de auxilio acuden siete mil hombres, la mayoría bereberes, procedentes de Tánger y comandados por Tariq, que atraviesan el Estrecho y se reúnen al pie del peñón, bautizado en su memoria con el nombre de Gibraltar.

Cuando en el año 711 don Rodrigo cae, finalmente, derrotado en la batalla del Guadalete, no sólo desaparece uno de los candidatos al trono, sino que la misma esencia visigoda resulta vencida. Desde ese momento, la senda hacia la ocupación definitiva del reino se encuentra libre de obstáculos y las tropas musulmanas entran en Toledo sin que la anticuada maquinaria goda pueda hacer nada por frenarlas. Desarticulado el más poderoso reino germánico de Occidente, otra religión, otra cultura, otro pueblo estaba llamado a recoger el testigo de la historia. A los habitantes de los territorios conquistados no les importó que sus nuevos amos profesaran unas creencias tan distintas a las suyas y la mayoría se alegró del cambio de patronos. Además, los recién llegados atenuaron la presión fiscal, lo que provocó la adhesión de los campesinos, y se cuidaron mucho de obligar a nadie a abjurar de su fe. Todas las prácticas religiosas se respetarían a cambio de un impuesto especial.

Conversión al Islam

Una gran mayoría se convirtió al Islam a la vista de las enormes ventajas sociales que ello acarreaba; la primera, el quitarse de encima el tributo religioso. Por el contrario, los aristócratas godos se dividieron ante la invasión musulmana que ellos mismos habían creado. Algunos decidieron resistir hasta el final refugiados en los inaccesibles montes del norte, mientras otros comprendieron que había llegado la hora de pactar con el ejército islámico. Los siervos de Alá garantizaron a los nobles el respeto hacia sus propiedades y privilegios a cambio de su contribución al mantenimiento del Estado y la ingrata tarea de recaudar impuestos.

Debido a su escasa fuerza militar –apenas diez mil guerreros–, los conquistadores no pudieron completar la ocupación de toda la península, habiendo de contentarse con las tierras del sur. No obstante, la penetración musulmana contaría un año después con las energías de dieciocho mil hombres sin estrenar, al mando del gobernador africano Muza. Con los nuevos refuerzos, los musulmanes logran dominar la Tarraconense y el valle del Ebro y amenazan el norte y Galicia. Tres grandes columnas componen el grueso del ejército y facilitan la plena integración del territorio, de acuerdo con una estrategia similar a la desplegada por Roma y Toledo. En el 716 sólo el noroeste resistía al margen del dominio de Damasco, cabeza del nuevo imperio, donde la familia Omeya coronaba a sus miembros, distinguiéndolos con el título de califas.

Espoleadas por sus triunfos hispanos, las tropas musulmanas preparan la conquista de la Galia Narbonense, sin caer en la cuenta de que los ejércitos francos se habían reforzado. En el 732 el merovingio Carlos Martel les despertaba en Poitiers de su sueño de una Europa llena de mezquitas. Como ocurrió con los godos, cerradas las puertas de Francia, el Islam concentraría sus esfuerzos en la península, bastante alborotada ahora por el triunfo de las tendencias centralistas en Damasco y las diferencias sociales vigentes desde los primeros días de la conquista. La huida precipitada de los grandes propietarios rurales había dejado por repartir dilatados patrimonios que se adjudicaron con criterios políticos y étnicos, entregando a la minoría árabe los fértiles campos del Guadalquivir y extensos terrenos en Extremadura, mientras los nómadas bereberes tenían que conformarse con los suelos más pobres de Castilla, León y Galicia.

El enfrentamiento entre las dos etnias a ambos lados del Estrecho no tarda en traducirse en una violenta guerra civil, en la que los bereberes se llevan la peor parte. No es fácil poner orden en ese revoltijo de razas y culturas, ni resulta sencilla la convivencia de los árabes con los bereberes, los muladíes o hispanos islamizados, los más numerosos, y los judíos. La grieta abierta por la contienda cuestiona la dependencia peninsular de la metrópoli, ocasión que aprovecha Abd al-Rahman para atraerse a la oposición recién derrotada y marchar sobre Córdoba, donde se proclama emir en el 756, dando lugar a la primera entidad política independiente del mundo musulmán.

Ante el ímpetu inicial del Islam, nobles y eclesiásticos godos, contrarios a la colaboración, descubren en su desbandada el refugio estratégico de los montes del norte. La alianza con sus habitantes, astures, cántabros y vascones, permite el hostigamiento a las tropas enviadas por Córdoba y sirve para cohesionar un área tradicionalmente reacia a toda política unificadora. De esta manera, la semilla visigoda germina en un suelo escasamente latinizado y cristianizado, con la que los resistentes toledanos completan la labor de la difunta Roma en la cordillera Cantábrica. La llegada de los mozárabes del sur con su equipaje de tradición latina y los prodigios de los intelectuales de la corte de Oviedo conseguirán, al fin, restablecer el vínculo histórico que permite al reino astur proclamarse heredero del visigodo. Luego la providencia ratificaría la elección con su «ayuda» en Covadonga y el descubrimiento del sepulcro del apóstol Santiago, con el que los monarcas norteños terminaron por convencer a sus partidas de que Dios estaba de su lado. A partir de ese momento, sólo quedaba iniciar con paciencia la reconquista de las tierras perdidas por los reyes germanos.

Oponiendo cruzada a guerra santa, la península hubo de acostumbrarse a siglos de peleas que dejarían su huella en la naturaleza militar de la sociedad hispana. Sin proponérselo, el poder islámico agrandará la diferencia entre norte y sur, al enriquecer con su tradición oriental la vida urbana de Andalucía, Levante y el valle del Ebro, tan distinta del ruralismo de las grises comunidades del norte del Duero y los Pirineos. A los árabes les gustan las ciudades con sus zocos bullangueros, donde los mercaderes, cargados de joyas, textiles y cerámicas, manifiestan el ímpetu comercial del Islam, que había permitido recobrar la vocación mediterránea desviada por los godos. Córdoba, Almería, Granada, Sevilla, Toledo o Valencia son ciudades muy animadas en las que viven artesanos, tenderos y labradores ricos, poco amigos de la quietud del campo. Por el contrario, en el norte cristiano, en el que fracasó Roma cuando quiso imponer una trama ciudadana, la fisonomía de sus capitales apenas se distinguía de la de los poblados. León, Astorga, Lugo, Pamplona, Gerona o Barcelona no podían compararse con ninguna ciudad de Al-Andalus y apenas cumplían con su función de sedes solitarias de la corte y la jerarquía eclesiástica. Fue en el agro, no obstante, donde se pusieron los cimientos económicos y sociales del lento caminar hacia el sur, que transformaría los diminutos enclaves del norte en las grandes potencias de los siglos XI y XII.

Parnaso andalusí

Atentos a la debilidad de Córdoba, los reinos cristianos programan su expansión y siempre sacan partido de los interregnos provocados por la muerte de los reyes musulmanes. Estallidos de separatismo e intentonas golpistas se aprovechan de la parálisis de la maquinaria política que se reanima bajo la mano fuerte de los soberanos, como Abd al-Rahman III, dispuestos a compensar con su energía la debilidad del Estado. Él recupera, a mediados del siglo x, la idea unitaria de Córdoba, poniendo a los pies del Islam los belicosos principados norteños y deslumbrando a Europa con su poder, reflejado también en el brillo cosmopolita del parnaso andalusí.

LOS HIJOS DEL CORÁN

INVASIÓN Y SAQUEO

Cuando Tariq pasó el estrecho, las tropas de Córdoba salieron a su encuentro, y les enardeció el ver lo reducido de los efectivos musulmanes. Atacaron y tuvo lugar una batalla encarnizada, siendo derrotados los españoles. Tariq no cesó de perseguirles, hasta que consiguieron entrar en Córdoba. Llegó la noticia de la derrota a Rodrigo, el cual salió al encuentro de los invasores desde Toledo. Se avistaron en un lugar llamado Saduna, junto a un río conocido hoy por el nombre de Wadi Umm Ḥakim. El combate fue violento. Dios Poderoso y Grande hizo morir a Rodrigo y a todos los suyos.

Mugit al-Rumi, liberto de Walid b. Abd al-Malik, que iba al frente de la caballería de Tariq, avanzó hacia Córdoba, mientras Tariq marchaba a Toledo, en la cual entró. Preguntó por la Mesa que había pertenecido a Salomón, hijo de David, según creen las «Gentes de la Escritura».

Nos cuenta Yahyà b. Bukayr, según al - Layt b. SaCd: España fue conquistada en favor de Musà b. Nusayr; allí se consiguió la Mesa de Salomón, hijo de David –la paz sea con él–, y también la corona. Se indicó a Tariq que la Mesa estaba en un castillo llamado Firas, a dos días de Toledo, gobernado por el hijo de una hermana de Rodrigo. Envió a decirle Tariq que le concedía protección a él y a los suyos. Él se presentó a Tariq, el cual le concedió el amán y le dio garantías. El jefe árabe le dijo: «Entrégame la Mesa»; y él la dio. Estaba adornada de oro y piedras preciosas sin semejanza. Tariq arrancó una de sus patas, incrustada de joyas y oro, y puso en su lugar otra. Esta Mesa fue valorada en doscientos mil dinares, con todas sus piedras preciosas.

IBN ABD AL-HAKAM,
La conquista de África del Norte y de España

LA DERROTA DE DON RODRIGO

Las huestes de don Rodrigo desmayaban y huían,
cuando en la octava batalla sus enemigos vencían.
Rodrigo deja sus tiendas y del real se salía,
solo va el desventurado, que no lleva compañía;
el caballo de cansado ya mudar no se podía,
camina por donde quiera que no le estorba la vía.
El rey va tan desmayado que sentido no tenía;
muerto va de sed y hambre que de verle era mancilla;
iba tan tinto de sangre que una brasa parecía.
Las armas lleva abolladas que eran de gran pedrería;
la espada lleva hecha sierra de los golpes que tenía;
el almete de abollado en la cabeza se le hundía;
la cara lleva hinchada del trabajo que sufría.
Subióse encima de un cerro el más alto que veía;
desde allí mira su gente cómo iba de vencida;
de allí mira sus banderas y estandartes que tenía,
cómo están todos pisados que la tierra los cubría;
mira por los capitanes que ninguno aparecía;
mira el campo tinto en sangre, la cual arroyos corría.
Él triste de ver esto gran mancilla en sí tenía;
llorando de los sus ojos de esta manera decía:
«Ayer era rey de España, hoy no lo soy de una villa;
ayer villas y castillos, hoy ninguno poseía;
ayer tenía criados y gente que me servía;
hoy no tengo una almena que pueda decir que es mía».

ANÓNIMO,
«Las huestes de Don Robrigo»

ARISTÓCRATAS PACTISTAS

En el nombre de Alá, el misericordioso, el compasivo: éste es el escrito de Abd al-Aziz ibn Musà para Tudmir ibn Gandaris; ya que se ha sometido a la paz, que tenga el pacto de Alá y su confirmación, y no se le retrasen sus noticias y sus enviados, y que tiene la protección de Alá y de su Profeta, de que no se le impondrá a nadie sobre él, ni se rebajará a nadie de sus compañeros para mal, que no serán cautivados, y que no se separará entre ellos y sus mujeres y sus hijos; que no se quemarán sus iglesias, y que no se les forzará en su religión, y que su paz es sobre siete ciudades: Auriola, Mula, Lorca, Balantala, Locant, Iyih y Elche, y que no deje de cumplir lo pactado, y que no deshaga lo acordado, y que cumpla lo que le hemos impuesto y le hemos obligado a cumplir; que no nos oculte noticia que sepa, y que él y sus compañeros tienen el impuesto de las parias, que son: para el hombre libre un dinar, cuatro almudes de trigo, cuatro de cebada, cuatro medidas de vinagre, una medida de miel y una de aceite; y para todos los esclavos, la mitad de esto.

AMBROSIO HUICI MIRANDA,
Historia musulmana de Valencia

LA LEYENDA DE COVADONGA

Y ahora ya el dicho Alkama ordena que se inicie el combate. Toman las armas, se alzan las catapultas, se disponen las hondas, brillan las espadas, se erizan las lanzas, y sin cesar disparan saetas. Pero en esto no faltaron las grandezas del Señor, pues una vez que las piedras habían salido de las catapultas y llegaban a la iglesia de Santa María Virgen, que está dentro, en la cueva, recaían sobre los que las lanzaban y hacían gran mortandad a los musulmanes. Y como el Señor no cuenta las lanzas, sino que tiende las palmas a quien quiere, una vez que de la cueva salieron a combatir, los musulmanes se dieron a la fuga y se dividieron en dos grupos. Y allí fue preso al momento el obispo Oppas y se dio muerte a Alkama. Y en el mismo lugar fueron muertos 124.000 de los musulmanes, y 63.000 que habían quedado subieron a la cima del monte Auseva, y por el lugar de Amuesa bajaron a la Liébana. Pero ni siquiera ésos escaparon a la venganza del Señor. Cuando marchaban por lo alto del monte que está sobre la ribera del río que se llama Deva, junto a la villa que llaman Cosgaya, ocurrió por sentencia de Dios que ese monte, revolviéndose desde sus fundamentos, lanzó al río a los 63.000 hombres, y allí los sepultó diciéndole: «Sé que no se te oculta, hermano, cómo antaño toda España estaba constituida bajo el reino de los godos, y cómo el ejército de toda España se había congregado a una y no fue capaz de resistir el ataque de los ismaelitas, ¡cuánto menos podrás tú defenderte en este hueco del monte! Escucha más bien mi consejo, y apea tu ánimo de ese empeño, para que disfrutes de muchos bienes y en paz con los árabes uses de todo lo que había sido suyo». A eso dijo Pelayo: «Ni me uniré a las amistades de los árabes ni me someteré a su imperio. Pero ¿tú no sabes que la Iglesia del Señor se asemeja a la luna, que sufre un eclipse y luego vuelve por un tiempo a su prístina plenitud? Pues confiamos en la misericordia del Señor, que desde este pequeño monte que tú ves se restaure la salvación de España y el ejército del pueblo godo, para que en nosotros se cumplan aquellas palabras proféticas que dicen: Revisaré con la vara sus iniquidades y con el látigo sus pecados, pero mi misericordia no la apartaré de ellos». CRÓNICA DE ALFONSO III

LOS FRANCOS CONQUISTAN BARCELONA

Sucedido esto, al momento siguiente pareció al rey y a sus consiliarios que se debía marchar a la toma de Barcelona. Y dividido el ejército, en tres partes, una retuvo junto a sí, permaneciendo ciertamente en el Rosellón; a otra le encomendó el cerco de la ciudad, a cuyo frente se situó el conde de Gerona Rotstagno; a la tercera, sin embargo, mandó acampar más allá de la ciudad, no fuese que los enemigos atacasen de improviso a los que sitiaban la ciudad. Entre tanto, los situados en el interior de la ciudad enviaron emisarios a Córdoba, y pidieron insistentemente ayuda. Por su parte el rey de los sarracenos mandó de inmediato un ejército en su ayuda. Al llegar éstos, que habían sido enviados a Zaragoza, se les dio noticia del ejército apostado a su encuentro en el camino. Por la otra parte allí estaba Willelmo, el primer signífero, Hademaro, y con ellos una fuerte tropa. Aquéllos, al oír tal cosa, se volvieron hacia el este, y por sorpresa les infligieron pérdidas, pero recibieron otras mucho más graves. Al retirarse aquéllos, los nuestros volvieron hacia sus compañeros que sitiaban la ciudad; y unidos a ellos, al rodear por completo la ciudad y al no permitir entrar ni salir a nadie, los vejaron, hasta que se vieron forzados por la rudeza de su hambre a arrancar de las puertas sus cueros antiquísimos y convertirlos en alimento miserable. Otros, considerando preferible la muerte a una vida misérrima, se tiraban de cabeza desde las murallas; por su parte algunos se animaban con una vana esperanza, imaginándose que los francos se verían obligados a abandonar el cerco de la ciudad por la dureza del invierno. Pero el consejo de los hombres prudentes les quitó esta esperanza. Ciertamente, aportados materiales de cualquier sitio, empezaron a construir casamatas, como si fueran a pasar allí el invierno. Lo que al verlo los habitantes de la ciudad cayeron de su esperanza, y llegados a la final desesperación traicionaron a su jefe, de nombre Hamur, cuñado de Zaddo, que habían puesto en su lugar, y, concedido permiso de marcharse, se entregaron a sí y a la ciudad del modo que sigue.

ASTRÓNOMO, *Vita Ludovici Pii Imperatoris*

813

CAMINO DE SANTIAGO

MITO HISPANO, LUGAR DE ENCUENTRO EUROPEO

El descubrimiento de un sepulcro en Iria Flavia
a comienzos del siglo IX marcó la historia de
España. Identificado como el del apóstol Santiago,
ese sepulcro se convirtió en el destino
de una oleada incesante de peregrinos,
la última jornada
de un camino de intercambio cultural
y prosperidad económica.

Un caballo de nieve los cielos eléctricos cruza;
las estrellas salpica: galopa, galopa, galopa,
y el jinete –oro y fuego– es el hijo del trueno divino.
Descabalga, Santiago, en el porche de la Catedral eterna,
que, alas abiertas, te aguarda el águila santa,
inmóvil en un dulce éxtasis de Apocalipsis...

GERARDO DIEGO, «Ángeles de Compostela»

Desde comienzos del siglo IX, el primitivo reducto asturiano que había repelido a duras penas las continuas agresiones cordobesas consigue afianzarse de la mano de Alfonso II (781-842) como núcleo político independiente. A su libertad política pronto vino a añadirse la autonomía religiosa, cuando la Iglesia asturiana, con el pretexto del cisma adopcionista, rompió todo vínculo con el metropolitano de Toledo. La ruptura entre hispanocristianos e hispanomusulmanes se hizo aún más honda por obra de los intelectuales alfonsinos que levantaron la bandera de la Reconquista, símbolo del deseo de liberación de la España sometida al Islam y objetivo mesiánico del reino. Empujados por el nuevo espíritu, los pobres labriegos norteños se embarcaban en una empresa que habría de durar siete siglos y cuya finalidad consistía en recuperar la unidad del reino visigodo, del que los monarcas ovetenses y leoneses se consideraban herederos. El rey Alfonso II asumirá el liderazgo de esta tarea de visigotización, que se ve reforzada al erigir en las montañas una capital, Oviedo, al estilo de la añorada Toledo mientras un grupo de clérigos mozárabes emigrados de Al-Andalus reorganiza el enclave asturiano a semejanza del reino godo.

En plena euforia de oposición al Islam, un acontecimiento singular da nuevos bríos y razones a la política del monarca. El 25 de julio del año 813 –así lo relata la tradición– un ermitaño asentado en los últimos confines del reino, aunque cercano a la recién restaurada sede gallega de Iria Flavia, comunica a su obispo Teodomiro la aparición de una estrella milagrosa en un bosque. Tras despejar el lugar quedó al descubierto un sepulcro, que los fieles atribuyeron al apóstol

Santiago y sus discípulos. Con el hallazgo se redondeaba el mito de la evangelización jacobea de Hispania, rescatado cuarenta años antes por el monje cántabro Beato de Liébana. De sus plegarias e invocaciones al santo

> ...Oh muy digno y muy santo apóstol,
> dorada cabeza refulgente de Hispania;
> sé nuestro protector y natural patrono...

a la aparición de las reliquias sólo mediaba un paso y éste se da tras el milagroso parón a las aceifas de Hisham I en Asturias y Galicia. No es de extrañar, por tanto, que, al conocerse la noticia del hallazgo de los sacrosantos despojos, Alfonso II se precipite a visitarlos y ordene levantar en el lugar una sencilla iglesia.

Mientras los monarcas astures ordenan rendir culto a las reliquias, los cronistas trabajan duro para explicar el misterio de la aparición del cadáver en Compostela, tan lejos de Jerusalén, donde fuera decapitado. Pese a las leyendas hagiográficas tardías que justifican el traslado de los restos desde Palestina, no faltan indicios que hacen sospechar un posible trasiego desde Mérida o incluso una confusión entre la tumba del apóstol y la de otro decapitado, éste del siglo IV, el hereje Prisciliano.

Poco importa, no obstante, la autenticidad de los restos para cuanto ocurrirá después al calor de la fe de los creyentes. A mediados del siglo IX, Alfonso III sustituye la vieja iglesia por la primera gran basílica. Tampoco dura mucho este edificio. Ni siquiera un santo tan protector del reino podrá frenar las oleadas normandas que en el 968 saquean la costa. Y, lo que es peor, próximo el final del milenio, de negros augurios en Europa, Almanzor penetra en Galicia y reduce a escombros las iglesias y palacios de la ciudad, llevando las campanas y puertas del templo como señal de victoria.

Los partidarios de la herejía han sabido entonces en el extremo oriente donde están o en el extremo occidente que el fetichismo no era más que mentira en Santiago cuando llegaste con las espadas blancas semejantes a una luna que se pasea por la noche entre sus estrellas.

IBN DARRAY

Pasado el peligro, la catedral recobra su esplendor mientras sus obispos reclutan soldados, construyen barcos y organizan la defensa de la región. Los mitrados gallegos recrean así, personalmente, la imagen del Santiago caballero o Matamoros que se difunde a partir del siglo XI. Una visión del apóstol comprometido activamente en la lucha contra los infieles que debe mucho a la fértil imaginación del arzobispo Rodrigo Ximénez de Rada, el primero en incluir en su crónica la legendaria batalla de Clavijo. El mito resulta, por otro lado, muy rentable para la sede jacobea pues en él se basaría el «voto de Santiago», esto es, la entrega a la Iglesia de una parte de la cosecha y del botín anual del reino, que persistirá hasta bien entrado el siglo XVIII, cuando los eruditos Feijóo y Masdeu desmonten la superchería. La invocación al apóstol se hace perseverante en las arengas militares como talismán de la victoria, pasando por derecho propio a las páginas de Gonzalo de Berceo o los cronistas de Indias.

Fruto del arraigo del culto a Santiago en España y del crecimiento de su ciudad, el papa Urbano II aprueba, en 1095, el traslado de la sede episcopal de Iria a Compostela, que vivirá días de gloria artística a partir del comienzo de las obras de su impresionante catedral románica impulsadas por el obispo Diego Peláez y su conclusión por el principesco Gelmírez que la enriquece con los huesos de nuevos santos y obtiene temporalmente el título de primado.

Camino de estrellas

Pero no sólo en Galicia tendría una influencia notable la aparición del cuerpo del apóstol, sino que la noticia se extendería por el resto de España, tanto cristiana como musulmana, y por Europa. El número de europeos deseosos de venerar el sepulcro y ganar las indulgencias ofrecidas por la Iglesia no deja de crecer hasta el siglo XVI, pese al fatigoso camino que había que recorrer hasta el Finisterre galaico. Santiago, que no podía aspirar más que a ser la tercera meta del peregrinaje cristiano medieval junto a Palestina y Roma, pronto las igualaría gracias al rango adjudicado al apóstol en el escalafón del santoral, a la exaltación producida en Europa por la continua cruzada de los reinos peninsulares contra el Islam y, sobre todo, a causa del grave impedimento que el cisma de Oriente y las guerras siriopalestinas suponían para los viajes a Tierra Santa.

El trasiego de peregrinos de toda condición recibe un gran impulso en el siglo XI con Sancho el Mayor de Navarra y sus sucesores Alfonso VI de Castilla y Sancho Ramírez de Aragón. Gracias a su esfuerzo, el Camino se consolida como el medio idóneo para la repoblación interna de sus respectivos estados y la columna vertebral de la comunicación humana y económica entre sí y con el resto de Europa. No es de extrañar, por tanto, que todos los reyes rivalizaran en la construcción de puentes y caminos, y en la concesión de exenciones fiscales a cuantos campesinos, mercaderes y artesanos se asentasen en las villas surgidas a lo largo del trayecto. En general, estos fueros estaban destinados a atraer pobladores de otros reinos europeos que compensasen la pobreza demográfica de los estados peninsulares. El primero de todos ellos fue el de Jaca, luego extendido a la recién nacida Estella (1090), Sangüesa o Pamplona, mientras el de Logroño (1095) se repetía en las fundaciones de las villas del Cantábrico. Y si los reyes se afanaban por poblar sus ciudades, los monasterios cluniacenses se convertían en los mejores propagandistas del peregrinaje en Francia y Centroeuropa, quedando en sus manos por decisión regia algunas de las más importantes etapas del Camino como Nájera o Sahagún.

A los extranjeros que llegaban por el Camino se les llamaba *francos*, sin que se distinguiera muchas veces al peregrino del feriante. Esta población franca impulsará durante los siglos XI y XII una renovación económica de gran trascendencia para la península al animar el comercio del norte cristiano con Flandes, Francia e Inglaterra y hacer de la ruta jacobea un espacio de producción orientado al consumo de los visitantes y de intercambio entre Al-Andalus y Europa. El Camino de Santiago está en los orígenes de la Europa urbana, en la apertura de mercados y en el nacimiento de una burguesía, enfrentada, pronto, a los nobles y eclesiásticos.

Desde el siglo XI se perfila claramente la que será considerada como principal ruta jacobea o «camino francés», pues aunque los itinerarios seguidos por los peregrinos variaban tenderán siempre a concentrarse junto a las antiguas calzadas romanas conservadas en territorio cristiano. Las primeras noticias del Camino de Santiago –siglo X– hablan de un pasillo por los abruptos pasos de montaña de Guipúzcoa, Vizcaya, las Asturias de Santillana y Oviedo, que evitaba los peligros de las aceifas islámicas de la Llanada alavesa y el norte de Burgos. A medida que prospera la Reconquista y el fortalecimiento defensivo del valle del Ebro y Castilla, los caminos se desplazan hacia el sur. Vuelven a enlazar con la vieja vía romana en Clunia y, ya en el primer tercio del siglo XI, gracias a las repoblaciones de Sancho el Mayor en Logroño y Nájera, restablecerán la antigua comunicación entre el valle del Ebro y Briviesca, para culminar con un nuevo salto merced a los trabajos piadosos de Santo Domingo y San Lesmes en La Calzada y Burgos respectivamente. Puede decirse que ya en el siglo XII queda configurado el Camino de Santiago por todos conocido, descrito con pormenor en la *Guía del peregrino* del «Codex Calixtinus», por el monje francés Aymeric Picaud hacia el 1135. No faltarían tampoco las rutas marítimas, sobre todo desde el norte de Europa –Inglaterra, Irlanda, Noruega– y sur de Francia que tendrían su última meta en Padrón o La Coruña.

Dado el desgaste físico provocado por la marcha, no era raro que algunos de los peregrinos enfermaran, y aun fallecieran, durante el viaje, de la misma forma que tampoco faltaban los asaltos y robos de los delincuentes. En remedio de estos males muy pronto surgen en todos los grandes centros del Camino hospitales benéficos a cargo de instituciones eclesiásticas y laicas encargadas de velar por la salud de los viajeros. De entre ellos sobresalen los de Somport y Roncesvalles, el de Puente la Reina, el Hospital del Rey de Burgos, el de San Isidoro de León o los construidos en Compostela, cuyo número ascendía a quince antes de que los Reyes Católicos ordenaran en 1499 la edificación del bellísimo ejemplar de la Plaza del Obradoiro. Mientras tanto la legislación regia se endurecía contra quienes incomodaban a los viajeros y se constituían, tanto en España como en Francia, numerosas cofradías de Santiago encargadas de ayudar y hospedar a los romeros y colaborar en el entierro de los fallecidos en la travesía.

A pesar de los inconvenientes y peligros, nada lograba desanimar a estos atletas de la fe que, en número cercano al medio millón, llegaban en algunos años a Galicia:

Quand nous partîmes de France,
nous dîmes adieu à nos femmes,
et à nos petits enfants,
à Dieu je les recommande,
et à Saint Jacques le Grand,
nous prions la Vierge Marie
et son cher enfant,
qu'il nous fasse la grace
de voir Saint Jacques le Grand...

TROYES, *Cancionero de los peregrinos*

('Cuando partimos de Francia / dijimos adiós a nuestras mujeres / y a nuestros pequeños hijos / a Dios yo les encomiendo / y a Santiago el Grand / rogamos a la Virgen María / y a su querido hijo / que nos haga la gracia / de ver a Santiago el Grande...')

Con los peregrinos, también discurrieron por la ruta jacobea nuevas formas e ideas, modernos lenguajes artísticos y literarios. En el ámbito arquitectónico, el Camino se vestirá del románico más puro de inspiración francesa que deslumbra en las portadas de San Salvador de Leyre, la catedral de Jaca,

San Isidoro de León, San Martín de Frómista o la monumental catedral de Santiago de Compostela, en la que el maestro Mateo, un siglo después (1188), deja su Biblia pétrea en el Pórtico de la Gloria. Y en tanto su cincel desbasta el granito gallego, el románico abandona los monasterios y las rutas de peregrinación para acompañar a los conquistadores por la meseta castellana, donde despliega sus recursos en gran número de iglesias rurales y urbanas de Segovia, Soria, Ávila, las catedrales de Zamora, Salamanca y Toro, y buena parte de los monasterios meseteños (Arlanza, Silos) y catalanoaragoneses (Gerona, San Cugat del Vallès). El arte prende en los claustros, cuyos capiteles profusamente decorados reclaman la atención del visitante con sus escenas bíblicas, guerreras o de la vida cotidiana.

Si de Europa llegaban a la península sus creaciones artísticas, también ésta sabría corresponder con la exportación de algunas de sus producciones más personales, a menudo de clara ascendencia hispanomusulmana. Los motivos andalusíes se extienden por las iglesias de Aquitania, Auvernia o Borgoña mientras el arte mozárabe de los Beatos se refleja en las iluminaciones de los monasterios del suroeste de Francia y muchos de los cantares de gesta –ciclo de Carlomagno y de Roldán– reproducen el ambiente exaltado de las peregrinaciones y las cruzadas peninsulares del siglo XII. A su vez, Santiago exportará el modelo más elaborado de iglesia de peregrinación: edificio muy amplio, apto para grandes muchedumbres, con naves alargadas y tribunas. Su antecedente directo se encuentra en Francia –catedrales de Orleans y Chartres–, pero mejorado por Galicia vuelve otra vez a suelo galo donde deja su firma en el mejor románico.

LA PEREGRINACIÓN EUROPEA

AL FINAL DEL CAMINO

En la referida y venerable catedral yace honoríficamente, según se dice, el venerado cuerpo de Santiago, guardado en un arca de mármol, en un excelente sepulcro abovedado, trabajado admirablemente y de conveniente amplitud, bajo el altar mayor, que se levanta en su honor. Y también se considera que este cuerpo es inamovible, según testimonio de San Teodomiro, obispo de la misma ciudad, quien en otro tiempo lo descubrió y en modo alguno pudo moverlo. Ruborícense los envidiosos trasmontanos, que dicen poseer algo de él o reliquias suyas. Pues allí está entero el cuerpo del apóstol, divinamente iluminado con paradisíacos carbunclos, constantemente honrado con fragantes y divinos aromas y adornado con refulgentes cirios celestiales y diligentemente festejado con presentes angélicos. Y sobre su sepulcro hay un pequeño altar, que, según se dice, hicieron sus mismos discípulos y que, por amor del apóstol y de sus discípulos, nadie ha querido demoler después. Y sobre él hay un altar grande y admirable, que tiene cinco palmos de alto, doce de largo y siete de ancho. Así lo medí yo con mis propias manos. Así, pues, el altar menor está encerrado bajo el mismo altar grande por tres lados, a saber: por la derecha, por la izquierda y por atrás, pero abierto por delante de forma que puede verse claramente el altar viejo quitando el frontal de plata. Y si alguien quiere mandar, por devoción a Santiago, un mantel o un lienzo para cubrir el altar apostólico, debe enviarlo de nueve palmos de ancho y veintiuno de largo. En cambio, si alguien enviare por amor de Dios y del apóstol un palio para cubrir el altar por delante, procure que su anchura sea de siete palmos y su longitud de trece.

AYMERIC PICAUD, «Códice Calixtino»

EL PEREGRINO

El Viernes de indulgencias vistió una esclavina,
gran sombrero redondo, mucha concha marina,
bordón lleno de imágenes, en él la palma fina,
esportilla e cuentas para rezar aína.

Los zapatos redondos e bien sobresolados,
echó un gran doble sobre sus costados.
Gallofas e bodigos lleva allí condensados:
destas cosas romeros andan aparejados.

Debajo de su sobaco va la mejor alhaja:
calabaza bermeja, más que pico de granja:
bien cabe un azumbre e más una miaja:
non andarían romeros sin esta sufraja.

ARCIPRESTE DE HITA, *El libro de Buen Amor*

LOS PELIGROS DE LA RUTA

Mas ¿qué decir de los malos mesoneros que con tantos fraudes engañan a los peregrinos?... Se condenan, pues, los que malamente tratan en los albergues del Camino de Santiago, explotando con innumerables engaños a los peregrinos... Hospedándolos en sus casas, les prometen todos los bienes y les hacen todos los males... muestran una medida grande y si pueden venden por la pequeña. Otros, desde Santiago, fingiendo desempeñar cualquier misión, salen por el camino en busca de peregrinos para ofrecerles sus casas como a buenos amigos y, luego, les engañan: el cambista tramposo tiene distintas pesas, grandes y pequeñas. Los médicos no temen adulterar inicuamente los electuarios, potingues y los jarabes y los demás antídotos con otros ingredientes. Mezclan las cosas buenas con las malas y venden las adulteradas por especies de gran precio... Los negociantes, unos compran los paños con lana grande y los venden con pequeña..., más caros a los peregrinos que a sus vecinos... Los cobradores de portazgos... se condenan del todo. No hay lengua que pueda decir las injurias que les hacen a los peregrinos... Dichos malhechores, a saber: los mesoneros, cambistas, negociadores y cobradores de puertas, han de ser amonestados que se arrepientan...

Liber Sancti Jacobi

SANTIAGO MATAMOROS

El rey don Ramiro despertó luego que el apostol se tiró delante, e hizo luego llamar a los obispos y a los abades y a todos los altos hombres de su hueste, y díjoles aquella visión que viera. Ellos, cuando lo oyeron, dieron gracias a Dios y alabaron su nombre, e hicieron todo del modo como les era mandado por el apóstol, y luego entraron en la hacienda y lidiaron con los moros. También el apóstol Santiago fue con ellos, tal como les prometiera, y esforzábalos a la batalla, y hería él mismo muy de recio a los moros, de modo que a ellos semejaba. Los cristianos, cuando vieron a Santiago, fueron muy esforzados, y fiando en la ayuda de Dios y del apóstol Santiago, comenzaron a herir a los moros muy de recio, dando grandes voces y diciendo: «¡Dios, ayuda, y Santiago!». Los moros fueron luego vencidos; y murieron allí bien setenta veces mil de ellos, como cuenta la historia. Y de los otros que escaparon, huyeron todos los que pudieron huir. Y el rey don Ramiro, después que hubo librado la hacienda y finco con el campo, fue luego adelante, y tomó de esa vez Calahorra y otros castillos de esa tierra.

ALFONSO X EL SABIO,
«Primera Crónica General de España»

CUANDO NO TODOS SON PEREGRINOS

Sabed que, por cuanto por experiencia se ha visto y entendido, muchos hombres, así naturales de estos reinos, como de fuera de ellos, andan vagando sin querer trabajar, ni ocuparse de manera que puedan remediar su necesidad, sirviendo o haciendo otros oficios y ejercicios necesarios en la república con que se puedan sustentar, y andan hurtando, robando y haciendo otros delitos y excesos, con gran daño de nuestros súbditos y naturales; y que para poder hacer con más libertad lo susodicho, fingen que van en romería a algunas casas de devoción diciendo haberlo prometido, y se visten, y ponen hábitos de romeros y peregrinos, de esclavinas y sacos de sayal y otros paños de diversas colores, y sombreros grandes con insignias y bordones, de tal manera que con esto engañan a las justicias: las cuales viéndolos con semejantes hábitos, los dejan pasar libremente creyendo son verdaderamente romeros y peregrinos. Y porque al servicio de Dios nuestro señor y mío, y por bien y beneficio de estos Reinos conviene poner remedio [...]

Por la cual ordenamos, mandamos y prohibimos que de aquí en adelante ninguna persona de estos nuestros reinos, de cualquier calidad que sea, no pueda traer el dicho hábito de romero, ni peregrino, aunque sea con ocasión y para efecto verdadero de ir a alguna romería de estos nuestros reinos y fuera de ellos; sino que qualquier persona que quisiese ir a alguna romería vaya en el hábito ordinario que tuviere y suele y acostumbra llevar por los que andan de camino. Y que no pueda ir a hacer las dichas romerías, si no fuere llevando licencia para ello de la justicia ordinaria del lugar de donde fuere vecino. PRAGMÁTICA DE FELIPE II, 1590

1031

EL ADIÓS A CÓRDOBA

LA CAÍDA DEL CALIFATO

La guerra contra el infiel se basó no sólo en argumentos religiosos y culturales, sino también en intereses económicos, estratégicos y políticos. A comienzos del siglo XI, el final de la hegemonía musulmana modificó definitivamente el panorama de la península ibérica.

¡Oh excelso muro, oh torres coronadas
de honor, de majestad, de gallardía!
¡Oh gran río, gran rey de Andalucía,
de arenas nobles, ya que no doradas!
¡Oh fértil llano, oh sierras levantadas
que privilegia el cielo y dora el día!
¡Oh siempre gloriosa patria mía,
tanto por plumas cuanto por espadas!
¡Si entre aquellas ruinas y despojos
que enriquece Genil y Dauro baña
tu memoria no fue alimento mío,
nunca merezcan mis ausentes ojos
ver tu muro, tus torres y tu río,
tu llano y sierra, oh patria, oh flor de España!

LUIS DE GÓNGORA, «A Córdoba»

La llamada a la oración de los almuecines, que resonaba como un eco en todo el califato de Córdoba, era una mezcla de desesperación y llanto mal disimulado. Nada fue igual desde la muerte del último representante de la dinastía de caudillos fundada por Almanzor. A comienzos del siglo XI, la anarquía reinaba en el imperio islámico y el fin de la hegemonía musulmana en la península ibérica se acercaba. Las plegarias de los reyes cristianos habían sido por fin escuchadas. Los notables del califato se reúnen en el año 1031 para firmar el acta de defunción del Estado fundado por Abd al-Rahman III. En esos días nadie era amigo de nadie en Córdoba y todos eran sospechosos de traición, al tiempo que la nueva moral impuesta desde las mezquitas ordenaba romper con la tradicional tolerancia religiosa de judíos y cristianos. El avance del feudalismo entre las clases dirigentes y los gobernadores de las provincias más alejadas de la capital fomentaba estúpidas reyertas locales que mermaban el poderío militar del califato. En fin, la ausencia de un monarca fuerte facilitaba sus ambiciones de poder y gloria.

Tentados por un deseo de independencia, nace un mosaico de principados o reinos de taifas, cuyas piezas no terminaban de encajar. Algunas, demasiado pequeñas para sobrevivir ante el lento pero continuado avance de las tropas cristianas, fueron presa fácil de las renacidas monarquías de la cristiandad. En pleno desmoronamiento, la mayoría de los feudos musulmanes preferirá pagar fuertes tributos o parias anuales a los reyes del norte comprando su benevolencia a perecer ahogados en el olvido de la Historia. Nada impide a los pendones de la cruz su expansión por la Meseta y regiones limítrofes del valle del Ebro, al ritmo de la decadencia del Islam.

Es el tiempo de los aventureros. Mercenarios aguerridos que, como el Cid, sirven igual a cristianos que a musulmanes hasta lograr amasar enormes fortunas o convertirse en señores de reinos y regiones. Ellos fueron los primeros en descubrir que Dios y Alá son las dos caras de una misma divinidad. A cambio de oro, sedas y orfebrería, los reyezuelos islámicos contratarán los servicios de los ejércitos cristianos, prolongando su vida en un mundo muy inestable. El asalto cristiano, no obstante, se estrelló contra los estados cercanos a las fronteras del reino cordobés que aún conservaban su organización militar, y la maquinaria defensiva seguía engrasada, dispuesta a revolverse contra cualquier ataque. Las taifas de Zaragoza, Toledo y Badajoz fueron algunos de los enclaves que no sólo actuaron de dique contra la marea cristiana, sino que incluso lograron conservar intacta la extensión de sus territorios.

Espíritu de cruzada

En muchas ocasiones, sin embargo, los propios recelos de los nuevos monarcas del Islam evitaron que sus fuerzas se unieran de forma coordinada contra el cristiano invasor. Pero no estaba ahí sólo la raíz del fracaso de la España musulmana. Había algo más, no detectado por los sabios y reyes del Corán. Esta España se estaba quedando vieja y los ejércitos de Alá no conocían las nuevas estrategias militares, basadas en el uso indiscriminado de la caballería pesada. Pronto los juglares compondrán tristes poemas que hablarán de derrotas acontecidas en noches de media luna. Cantos nostálgicos sobre ciudades y jardines que se perderán para siempre.

Mientras tanto, los pueblos cristianos sí estaban cambiando. La renovación religiosa alentada desde Roma y Cluny alumbra el espíritu de cruzada, un ideal que empuja a Europa a ensancharse precisamente en un momento en que el empuje demográfico del norte peninsular exigía encontrar nuevos suelos donde acomodar la abundancia humana que se desparrama por la antigua «tierra de nadie», entre el valle del Duero y la sierra de Guadarrama. Son guerreros y campesinos obligados a viajar por la falta de trabajo y la rapiña de la nobleza y la Iglesia, cada día más envalentonadas con el triunfo del feudalismo hecho ley en los *Usatges* de Ramón Berenguer I de Barcelona. Los solares vacíos al sur del Duero significaban para ellos una salida y la esperanza de alcanzar su liberación. De esta manera se adelantan a sus reyes Fernando I y Alfonso VI que, una vez ocupado el Duero, proyectan la conquista de la región sureña del Trasduero, en la que sus súbditos ya se habían establecido.

Capital cultural

El poder político y militar de los reinos de taifas se apaga con lentitud. La vida ciudadana, no obstante, palpita con fuerza en muchos lugares, que no han dejado languidecer su comercio ni trivializar su cultura. A lo largo del siglo XI, el Toledo de Al-Mamun brilla como el centro erudito más importante de España y es el refugio predilecto de los sabios huidos de Andalucía al caer el califato. El castellano Alfonso VI alcanzará a respirar sus aires de cosmopolismo y refinamiento en su exilio dorado de la capital del Tajo.

La caída del reino cordobés beneficiará, en particular, a León-Castilla por su posición geográfica y potencial humano, después de que un inicial amago de Navarra con Sancho III el Mayor se malograse. Su hijo Fernando I y, sobre todo, su nieto Alfonso VI, conservarán su herencia y sabrán obtener ventajas de su posición de vanguardia en las fronteras islámicas y de su cercanía a las principales rutas de comunicación entre norte y sur. Mientras tanto, los principados pirenaicos de Navarra, Aragón, Urgel y Barcelona se estrellaban contra la barrera urbana del valle del Ebro islámico, más infranqueable por la vigilancia de sus parientes castellanos, interesados guardianes de la taifa zaragozana en su guerra contra Aragón. En juego estaban las ricas tierras del valle y las parias que la corte de la Aljafería pagaba anualmente al monarca leonés en reconocimiento de su vasallaje.

Si el asalto al sur se retrasa unos años es debido en parte al negocio redondo que suponía el cobro de estos tributos y también a las querellas continuas de los protagonistas cristianos. Circunstancias como el reparto patrimonial del reino de Navarra entre los vástagos de Sancho III o las luchas por centímetros de tierra entre Castilla, Navarra y Aragón entorpecieron la alianza en la batalla contra el infiel. Y la nueva partición de León y Castilla a la muerte de Fernando I, junto con la guerra civil que se desencadenó después, fueron balones de oxígeno para los temerosos reinos moros. Al final, y tras el asesinato de su hermano Sancho en Zamora, recreado con prodigalidad por la literatura, Alfonso VI lograría apaciguar el territorio.

La unión de los estados paternos y las ambiciones de los magnates le impulsarán a desarrollar una política militarista de robustecimiento de la corona, cuyo prestigio venía acrecentándose por sus relaciones con el tándem Cluny-Santa Sede y los enlaces matrimoniales con estirpes francesas. En el sur se encontraban las fuentes de riqueza, necesarias a la monarquía castellana para mantener su preeminencia sobre la Iglesia y los nobles y pagar sus ejércitos. Allí era donde Castilla debía superar al resto de las monarquías cristianas haciendo realidad su espíritu «misionero» y demostrando la verdad de su goticismo, heredado de las cortes leonesa y asturiana.

En este ambiente propicio, la agresividad de la monarquía de Alfonso no tarda en apuntar a la Meseta y al valle del Ebro con la urgencia de sujetar a Sancho Ramírez de Aragón. El asesinato de Sancho García IV de Navarra en 1076 abrió las puertas de la rica huerta riojana al conseguir, mediante el apoyo de aristócratas como Diego Álvarez o Lop Jiménez, conde de Álava y Vizcaya, el reparto del viejo reino con el eterno competidor aragonés. Castilla absorbía ahora las tierras al este del Ebro, La Rioja, Álava, Vizcaya y parte de Guipúzcoa; Aragón, por su parte, se hacía con Pamplona y las comarcas del noroeste. Es el ocaso definitivo de Navarra en la península pues, aunque vuelva a recuperar su independencia en el siglo siguiente, siempre se sentirá enclaustrada entre las dos superpotencias cristianas.

Consolidado el viejo sueño del Ebro, el interés expansionista de los cristianos se traslada a la región situada entre el valle del Duero y el Sistema Central. Estas tierras habían sido abandonadas en el pasado, a pesar de su importancia como pasillo hacia el sur, por los ataques islámicos desde Badajoz y Toledo. Un espacio en el que el dominio de Toledo resultaba esencial. De momento, la alianza entre Alfonso VI y el emir toledano impedía cualquier tentativa y resultaba beneficiosa a los dos reinos, pues permitía la expansión de ambos hacia Córdoba y la «tierra de nadie». Pero el asesinato de al-Mamun rompió el equilibrio por la escasa habilidad de su sucesor Alcadir para mantener la quietud de la taifa y frenar a sus enemigos. Episodios como la secesión de Valencia obligaron a Castilla a inmiscuirse en los asuntos de su vasallo en tanto impulsaba la repoblación de la Extremadura castellanoleonesa buscando afianzar su poder en el área.

Con el deseo de ofrecer seguridad a los nuevos moradores, entretenidos en la guerra y las actividades ganaderas y forestales, la corona promovió su concentración en núcleos semiurbanos que explotaban el abrigo ofrecido por la geografía: Sepúlveda, Coca, Arévalo, Olmedo, Medina, Iscar, Cuéllar. En la construcción de las defensas se aprovecharon las ruinas de las viejas poblaciones romanas y godas, resucitándolas después de siglos de abandono. Se creaba de este modo una avanzadilla hacia Toledo que espiaba en su interior e intervenía en los momentos claves. Con ánimo de hacer más atractivo el traslado de pobladores, Alfonso exageró su largueza en la concesión de privilegios o fueros a los asentados. El de Sepúlveda, en 1076, es el más madrugador: ofrecía inmunidad fiscal, derecho de asilo, consideración social, autonomía de gobierno y un amplio alfoz a cambio de ayuda militar en la defensa del reino.

Gracias a la cuña de los colonos cristianos, Castilla evitó que al-Mutamid de Sevilla se apoderase de Toledo como lo había hecho con otras taifas, en la mitad meridional de España. La definitiva ocupación del reino toledano se forjará a través de los avances estratégicos sobre Coria o Zorita, las exigencias vasalláticas cada vez más imposibles y una campaña de propaganda orientada a los pobladores indígenas. El primer destierro del Cid por sus excesos en la represión de los hijos de Alá es un buen ejemplo del lavado de imagen. Con tales maniobras se construyó el caballo de Troya que se coló como sin querer en el centro de la plaza toledana. Al día siguiente, cuando los musulmanes se despertaron, sus posesiones y su vida pertenecían a un rey cristiano.

LA DISOLUCIÓN DEL CALIFATO

CÓRDOBA, LA CAPITAL DE OCCIDENTE

En verdad se aseguraba que, durante la administración de Al-Mansur, fue tal el crecimiento de la población con los innumerables extranjeros que llegaban de todas partes del mundo mahometano para vivir en ella bajo la sombra de su justicia, con las pintorescas tribus de los berberiscos que trajo de África y con los desdichados vestigios de las naciones cristianas que redujo al último extremo, que los límites de Córdoba fueron insuficientes para contener a todos, y muchos tuvieron que vivir acampados en tiendas en las afueras de la ciudad.

Un autor fidedigno que vivió en Córdoba en esa época, nos dice: «Una vez conté todas las casas de la ciudad y sus suburbios y encontré que sumaban 213.077, incluyendo, solamente, en esa cantidad, a aquellas de la población común, artesanos y labradores, sin incluir las cámaras altas alquiladas, las hosterías, baños y tabernas. Los palacios de los nobles, visires, oficiales de la casa real, jefes de las tropas y otros ciudadanos adinerados, los cuarteles, hospitales, colegios y otros edificios públicos ascendían a 60.300». El número de los comercios en esta época es calculado por el mismo autor en 80.455. Otro calcula que el número de mercados era de 4.300 y que dentro de las murallas de la fortaleza había arriba de 430 casas, habitadas por los oficiales de la casa real y funcionarios públicos. El número de casas en la ciudad y los suburbios pertenecientes a la población común o a los ciudadanos adinerados es calculado por el mismo autor en 113.000, incluyendo los palacios habitados por los visires, nobles y jefes militares.

AL-MAQQARI, *Nafh al-Tib*

EL TRIUNFO DEL INTEGRISMO

Entonces se arrogó la administración de sus dominios en Al-Andalus su chambelán Abu Amir Muhammad ben Abi Amir. Éste, apenas se apoderó [del gobierno], acudió a la biblioteca del padre del califa, Al-Hakam, que contenía los libros ya mencionados y otros más. En presencia de los principales teólogos se hizo traer todas las obras de todas clases [que allí había] y les ordenó sacar del conjunto los libros de ciencias pretéritas que versaban sobre lógica, astrología y otras disciplinas de los antiguos [excepto los libros de medicina y matemáticas]; de modo que cuando quedaron aquellos separados de las obras escritas sobre gramática, poesía, historia, medicina, tradiciones proféticas y otras ciencias y estudios [cultivados] por la gente de Al-Andalus, dispuso, con exclusión de lo que se dejó –y que fue la menor parte [del total de los libros]–, que fueran destruidos y quemados. Unos fueron incinerados y otros fueron arrojados a los pozos del palacio, siendo [luego] cubiertos de tierra y piedras. [Tales libros] fueron reemplazados por otros de diversas clases.

Hizo aquello [Ben Abi Amir] para demostrar su simpatía hacia la masa popular de Al-Andalus y como repudio de la actitud del califa Al-Hakam, puesto que aquellas ciencias habían sido abandonadas por sus predecesores y vituperadas por el dicho de sus autoridades; y el que las leyera era acusado de hereje y sospechado de heterodoxia.

SAID DE TOLEDO, *Tabaqat al-Uman*

CAUDILLOS VICTORIOSOS

Entonces la guerra sigue sofocando con su veneno de fuego que estalla de las espadas
Y el sol está perplejo en el cielo como viendo en el mundo detrás de uno que tiene una inflamación en los ojos
Y los jinetes tocan el polvo de la tierra como si quisieran lograr las estrellas del Zodíaco

En la batalla tú no puedes ver allí más que el movimiento rápido de una espada que bate
Y el hueco de las espadas afiladas, claras como estrellas y se siente la muerte de las almas que producen
Corre contra ellas el león del bosque que no va ni vuelve más que para la gloria
No estás de acuerdo sino viendo tu espada hundida en la espalda de los enemigos
Y has abandonado San Esteban de Gormaz bien arrasada por tus espadas
Lo has destruido en un momento y desde entonces tu gloria grande está asegurada para siempre
Y has dejado a García aterrado en pleno desierto saboreando el fruto de la traición
Así tú has consolidado el honor de los musulmanes, destruyendo lo que la infidelidad ha construido
Aterrado por tus espadas pasa todo el día afligido y queda despierto por la noche
Porque se siente humillado después de que has quemado sus casas y su país
Engañó a sus valientes soldados sin asegurarles su protección y él ha desviado a los partidarios de la mentira, sin que puedan encontrar el buen camino
Oh hijos de Almanzor, alma nuestra, almas de occidentales y de orientales se entregan en sacrificio por vosotros
Vuestra victoria actual sobrepasa en grandeza a todas las victorias que le han precedido y a las que seguirán

IBN DARRAX, «Loa a Abd al-Malik»

EL FINAL DE LOS OMEYAS

Los notables de la ciudad le intimaron [...] Muttad se despidió de los suyos y se retiró al castillo de Muhammad ben al-Xur, en la sierra de Córdoba; y allí permaneció hasta que [Al-Xur] pereció víctima de la traición de sus partidarios. Encarcelaron éstos a Muttad en otra fortaleza, pero el príncipe logró huir de noche cerca de Sulayman ben Hud Chuchami, que le recibió bien y le guardó consigo hasta que la muerte arrebató al último de los príncipes Omeyas de Al-Andalus, en Safar del 328 [noviembre-diciembre de 1036]. Fue enterrado en los alrededores de Lérida.

Umayya, al principio, permaneció oculto en Córdoba; pero en los mercados y arrabales de la misma se leyó una proclama ordenando que ningún miembro de la familia Omeya podía permanecer en la ciudad ni recibir hospitalidad de ningún ciudadano, y entonces salió de la población en unión de varias otras personas. Se perdieron sus huellas durante algún tiempo, después volvió a Córdoba movido por el deseo de residir en ella. Pero los jefes cordobeses le impidieron realizar su proyecto y se dice que fue muerto secretamente en Chumada II del 324 [mayo de 1033]. Después se aflojaron los lazos del gobierno republicano y se produjo el fraccionamiento del país. BEN AL-ATHIR, *Kamil fi-l-Tarij*

LA NOSTALGIA DE LOS INTELECTUALES

En cuanto a lo que me habéis consultado acerca de la guerra civil actual y de lo engañadas que están las gentes respecto de ella, poniendo, al parecer, su esperanza unos en otros, es en verdad una prueba a que Dios nos somete y de la cual le pedimos nos libre, porque realmente es una tentación al mal, que por muchas maneras, cuya enumeración sería prolija, destruye la vida religiosa en todos, salvo aquellos a quienes Dios con su gracia los preserva. La causa fundamental de ello es que todo el que gobierna una ciudad o una plaza fuerte en cualquier región de este nuestro país de Al-Andalus, desde el primero al último, es un salteador de caminos, que por Dios y su Profeta guerrea y siembra el desorden en el país, haciendo, como lo veis con vuestros mismos ojos, continuas incursiones o algaras contra los bienes de los musulmanes, súbditos de cualquier príncipe que le sea hostil, permitiendo a sus ejércitos que los asalten por los caminos de las regiones contra cuyos habitantes están en guerra, imponiendo contribuciones indirectas y personales sobre los cuellos de los muslimes, dando a los judíos jurisdicción para que en las más frecuentadas vías de los muslimes les cobren el impuesto de capitación y el tributo, con la excusa de que a ello les obliga una necesidad que (en ningún caso) puede hacer lícito aquello que Dios mismo ha prohibido, aparte de que con tales tributos aspiran sólo a robustecer su autoridad en cuanto mandan y prohíben. No os engañéis, pues, ni os dejéis extraviar por los malvados, que arrogándose el título de alfaquíes se revisten con pieles de corderos sobre corazones de fieras, y doran con apariencias de bien la maldad de los malos y les prestan su apoyo para ejecutar sus maldades. El modo, a nuestro juicio, de escapar de esta seducción está en reprimir por completo la lengua, salvo para cumplir con el deber del celo religioso y para censurarlos a todos ellos. BEN HAZM, *Epístola*

1085

LA CONQUISTA DE TOLEDO

ALFONSO VI ENTRA EN EL ALCÁZAR

Tras la rendición de Alcadir,
el rey castellano promete respetar el mosaico
cultural y religioso de Toledo,
aunque favoreciendo la repoblación cristiana.
Comenzaban a delinearse por entonces
las señas de identidad de la futura
monarquía española.

Estaba puesta en la sublime cumbre
del monte, y desde allí por él sembrada
aquella ilustre y clara pesadumbre,
de antiguos edificios adornada.
De allí con agradable mansedumbre
al Tajo va siguiendo su jornada
y regando los campos y arboledas
con artificio de las altas ruedas.

GARCILASO DE LA VEGA,
«Égloga tercera»

Era algo más que una ciudad. Toledo era un puente hacia el pasado, un título de legitimidad para quienes se vanagloriaban de llevar la misma sangre de aquellos linajes visigodos, que desde su refugio en las montañas cantábricas esperaban regresar un día a la capital de sus nostalgias. La ruptura de hostilidades exigió, sin embargo, un largo expediente. Conquistar Toledo suponía quedarse sin sus parias y que la economía y estabilidad castellanas renqueasen. También obligaba a la repoblación de un territorio extenso y a gobernar con mano dura la región del Trasduero, que separaba ambos estados. Comprometía a dirigir una gran urbe de veintiocho mil habitantes con una economía desconocida y, lo que es peor, con una sociedad tan heterogénea que podía ocasionar graves tropiezos al mejor gobernante. Se trataba de una comunidad compleja con un alto porcentaje de musulmanes, el 70%, y de judíos, el 15%, que era preciso respetar, junto con sus organismos e instituciones, a fin de salvarla del colapso. Por otra parte, había que prevenir la intranquilidad y alarma que la toma de la capital supondría en los otros reinos, roto ya el equilibrio entre ellos. Antes de embarcarse en cualquier aventura se hacía necesario, por tanto, consolidar las fronteras más frágiles. Así, La Rioja y los Señoríos Vascongados fueron puestos bajo la tutela de familias fieles como García Ordóñez o Lop Jiménez, auténticos reyes sin corona. Las comarcas occidentales leonesas, zamoranas y portuguesas, ante el éxito de la maniobra, adoptarán la misma fórmula y vivirán en manos de poderosas estirpes, cuya autonomía fomentará, con el paso del tiempo, sentimientos de rebeldía contra el monarca.

Mientras tanto, Alfonso VI pisa a fondo el acelerador de la reforma eclesiástica en una carrera por llegar primero a la cohesión de su reino y, como ya hiciera su padre, mantendrá fuertes lazos con el movimiento cluniacense que aportaba una aureola santa a la tarea de combatir y matar musulmanes. El rey tendrá en la abadía borgoñona de Cluny un amigo condicional, que se cobra sus favores ideológicos con monasterios y donativos que le convierten en el principal vehículo de infiltración de la Santa Sede en Castilla-León. Con semejantes padrinos, los monjes franceses se apoderarán fácilmente de las mejores mitras.

Si las relaciones con Cluny fueron fluidas, no puede decirse lo mismo de las establecidas con Roma en las décadas anteriores a la toma de Toledo, viciadas por el deseo de la monarquía de seguir confundiendo al clero con los pajes de su corte y por el afán pontificio de controlar hasta las telarañas de las iglesias locales. El papa Gregorio VII se siente Dios tras su victoria sobre el emperador en la «guerra de las investiduras», además de jugar con cartas marcadas al haberse asegurado con los *Dictatus Papae* de 1075 facultades sobrenaturales que le impedían errar o ser juzgado. Pero el monarca castellano responderá a la arrogancia papal prohibiendo la entrada del legado pontificio en sus tierras y autoproclamándose *Imperator totius Hispaniae*, un título que reafirmaba su independencia y soberanía en el más puro estilo goticista. Con cara de pocos amigos, se diseñaban las futuras señas de identidad de la monarquía española, muy celosa de su autonomía respecto de la Santa Sede y nada condescendiente con sus intromisiones en los asuntos de la península.

Para que nada faltase, las divergencias entre el monarca y el pontífice alcanzaban también a la liturgia, que en España obedecía a una tradición anterior al reino visigodo. Su originalidad se debía al influjo del África latina y al trabajo de los centros espirituales de Tarragona y Sevilla con sus cultos obispos, los santos hermanos Leandro e Isidoro, y, después de la conversión goda, del de Toledo con la terna integrada por Eugenio, Ildefonso y Julián también en los altares. La liturgia ya estaba prácticamente estructurada en el IV Concilio de Toledo, en cuanto a las formas de la misa, los sacramentos y el año litúrgico, derivando con el aislamiento de la invasión árabe hacia dos tradiciones, la toledana y la sevillana. La Santa Sede calificaba esta liturgia de desviacionista y la acusaba de estar contaminada por el virus del arrianismo y la teología musulmana. Las primeras amonestaciones de Gregorio VII exigiendo la instauración del rito romano –ya existente en Cataluña– no tuvieron eco ni en la corte castellana ni en la jerarquía, molestas por la injerencia del Papa. Sin embargo, la expansión de los modelos latinos en Aragón animó a Alfonso VI a tomar la iniciativa de adoptar la reforma gregoriana, empujado asimismo por el cambio de actitud del pontífice, ahora más propenso al acuerdo. Finalmente, el Concilio General de Burgos decretaba en 1080 la abolición del rito mozárabe en Castilla, en tanto al cluniacense Bernardo d'Agen se le nombraba abad del poderoso monasterio de Sahagún, primer peldaño de una carrera fulgurante que le conducirá a la restaurada sede toledana, poco después de la conquista.

En 1085 Alfonso VI decidía dejar de actuar en una farsa basada en las nuevas relaciones existentes entre su reino y Toledo. El monarca castellano quería sentarse en un trono que ya era suyo gracias a un cada vez más humillante vasallaje. Anhelaba pasear por el alcázar, visitar las fortalezas y, sobre todo, disfrutar de los bienes de un títere con corona llamado Alcadir. Para ello, devasta las tierras circundantes a la capital e inicia su asedio. Tras el simulacro de negociación, último acto de una obra tantas veces interpretada, Toledo no tiene más remedio que rendirse a las tropas invasoras.

> Ese buen rey don Alfonso
> de la mano horadada
> después que ganó a Toledo
> en él puso su morada,
> de do ganó los lugares
> de moros que ende fincaban…

Castilla se compromete a instalar cómodamente a Alcadir en Valencia, además de respetar a la población musulmana que reconociera a Alfonso VI como señor. Todos ellos permanecerían libres, conservarían sus bienes y podrían practicar su religión a cambio de un tributo anual. Los caminos estarían expeditos para aquellos que decidiesen seguir la dirección del exilio pudiendo transportar consigo sus pertenencias, mientras la corona tomaba a su cargo la defensa de la mezquita mayor y se conformaba con los bienes de la extinta dinastía.

Con capitulaciones tan generosas, Alfonso VI esperaba sacar el máximo provecho de las viejas instituciones, cuyo buen funcionamiento conocía y que reforzaban la posición del rey por encima de la aristocracia. Tampoco podía dejar de lado a la influyente comunidad mozárabe, educada en la convivencia y acostumbrada a manisfestar su singularidad durante el gobierno de Córdoba. Por el contrario, su poder se incrementaría con la compra de bienes de los emigrados y el favor del nuevo gobernador Sisnando Davidcz, mozárabe de Coimbra, que les tranquilizaba al ofrecer garantías para la práctica de su liturgia tradicional. Aunque la corte tuvo gran empeño en regular el asentamiento de castellanos en la ciudad tratando de evitar roces, no tuvo más remedio que aceptar los hechos consumados, así como premiar con tierras a sus compañeros de conquista y con franquicias a las ciudades cooperantes.

La caída de Toledo estimula la pretensión alfonsina de hacer de Castilla la cabeza del mosaico de reinos peninsulares. Su sentimiento de considerarse heredera del reino visigodo y su control de la mayor ciudad existente en campo cristiano, legitimaban, *a posteriori*, la adopción del título imperial por la cancillería años antes. Y hasta los intelectuales y burócratas islámicos aceptarían este estatus, asignando a Alfonso VI la dignidad de «emperador de las dos religiones», tras el sometimiento vasallático de los reyes de Sevilla y Zaragoza. A pesar del reflujo de Zalaca, las pretensiones imperiales quedarían en pie gracias a la resistencia de Toledo y se verían reconocidas por la restauración de la capitalidad eclesiástica de la ciudad. De Alfonso VI pasarían a su yerno, Alfonso I el Batallador de Aragón y a su nieto Alfonso VII de Castilla, que en el año 1135 sería coronado emperador en presencia de los reyes de Zaragoza y Navarra y los condes de Barcelona.

No contento con la ocupación de Toledo, Alfonso VI manda a sus tropas a importunar la vida tranquila de las taifas de Murcia, Zaragoza y Sevilla, cuyos dirigentes orientan sus peticiones de socorro hacia el emir almorávide Yusuf. Este servidor del Islam, que paladeaba su imperio cocinado en el norte de África, decide emprender una cruzada mora y bajar los humos del rey castellano. El último día de junio de 1086 los ejércitos almorávides desembarcan en Algeciras en ayuda de sus hermanos de religión y obligan a las mesnadas cristianas a multiplicarse para salvar la amenazada Toledo. Los sueños expansionistas de Alfonso VI terminaron en una pesadilla de sangre y lágrimas tras la derrota de sus guerreros en Zalaca.

Reducido a mera provincia del imperio norteafricano, al ser absorbidos todos los pequeños estados de taifas, la victoria almorávide supuso un cambio profundo en el Islam peninsular y un nuevo equilibrio de fuerzas entre los musulmanes y los reinos cristianos. Durante los cuarenta años siguientes, Castilla juega al ajedrez de la guerra defensiva tratando de preservar su joya toledana de los ataques almorávides. La única pieza que tomó vida propia en el tablero fue un caballo montado por el Cid, el guerrero de leyenda, que se apodera de Valencia en nombre de su señor castellano. Al esfuerzo reconquistador de Castilla se suma pronto Aragón, que ocupa Zaragoza en 1118 y se erige en la segunda gran potencia de la España cristiana. No conjurado aún el peligro africano, Alfonso VI decidió copiar las estrategias del enemigo y pidió ayuda a los nobles del sur de Francia. Algunos aceptaron con entusiasmo enrolarse en la cruzada hispánica y la mayoría de ellos se estableció definitivamente en Castilla, con gran disgusto de la aristocracia local que ya había visto alarmada el afrancesamiento de los rentables cargos eclesiásticos.

El avance almorávide tiene otras consecuencias insospechadas en Castilla. Al secarse las fuentes de ingresos, la corona perdió fuerza a la par que la convivencia entre la minoría árabe y la mayoría cristiana se malogró por la esperanza de unos y el miedo de otros.

El éxodo de las muchedumbres musulmanas con la ilusión de un regreso victorioso empujará a Alfonso VI y al obispo Bernardo a convertir la mezquita toledana en catedral, proporcionando un símbolo a las tropas cristianas, prestas a la defensa de la ciudad. La consagración del templo en diciembre de 1086 reafirmaba el programa de la Santa Sede, que se vuelca en la diócesis restaurada con el reconocimiento, mediante la Bula *Cunctis Sanctorum*, de su primacía sobre todos los obispos de España, como ya tuviera en el pasado. Nada anecdótico; las jurisdicciones eclesiásticas lograban sobrepasar las fronteras medievales recuperando el sentido de unidad peninsular de los tiempos de Roma y Toledo.

Luego en ganando el lugar,
de cristianos le poblaba,
luego le hace su iglesia,
luego le pone campanas;
dejólos fortalecidos
y a Toledo se tornara.
Elegido ha un arzobispo,
Don Bernardo se llamaba,
hombre de muy santa vida,
de letras muy buena fama
y desque lo hubo elegido,
por nombre lo intitulaba
arzobispo de Toledo,
primado de las Españas...

«ROMANCE DEL REY DON ALFONSO
QUE GANÓ A TOLEDO»

En respuesta al peligro musulmán en el sur, el rey castellano multiplica la tarea repobladora en la región del Trasduero con la ayuda de su yerno Raimundo y el magnate Pedro Ansúrez. La idea del monarca era construir una línea defensiva, en conexión con las fortalezas de Zamora, Toro, Tordesillas y Valladolid. Este cortafuegos a los alfanjes norteafricanos cerraría como un embudo la región de la Guinea y la vía Mérida-Zamora-Astorga de tal forma que la eventual pérdida de Toledo no supondría la desaparición de todo el reino castellano. El asentamiento fue muy lento por la dificultad de encontrar hombres disponibles, llegando a tanto la escasez que hubo de echarse mano de la población mozárabe valenciana que huía, a principios del siglo XII, de una ciudad dominada de nuevo por los ejércitos almorávides. En aquellos días de finales inesperados, una buena defensa era tan importante como un buen ataque. Por ello los nuevos pobladores buscaron la sombra de grandes recintos urbanos bien protegidos y con un amplio alfoz, donde únicamente se podían llevar a cabo explotaciones ganaderas. En compensación, los habitantes estaban obligados a enrolarse en las poderosas milicias urbanas, que permanecían activas con incursiones por su cuenta en tierras musulmanas a la caza de botín. Al desarrollarse así la repoblación, no hubo lugar al despliegue de grandes dominios monásticos y nobiliarios y, en consecuencia, pudo actuar libremente el poder real.

En las aguas revueltas de Toledo, los cristianos ocupan con el descaro de los vencedores los puestos influyentes de la administración, que se prolonga ahora en la burocracia eclesiástica del renacido arzobispo. El avance cristianizador, unido a la huida o conversión forzosa de numerosos musulmanes, haría necesario un nuevo acuerdo que se plasma en el fuero de los mozárabes, por el que se reconoce a cada etnia su derecho particular y se regula la inmigración castellana y franca. La llegada de una clase superior de terratenientes y guerreros provocó cambios apreciables, consagrando el interés de los mozárabes por las actividades rurales como fórmula de promoción social. No desaparecerá, sin embargo, la rica vida artesana y comercial, apoyada en el consumo suntuario de la corte y la Iglesia y en los contactos entre el norte cristiano y el sur islámico en los momentos de distensión.

Tras la pugna entre dos religiones, dos filosofías del mundo, dos extraños obligados a compartir el mismo suelo, la confianza parece adueñarse de los castellanos a finales del siglo XI. La nueva centuria traería, no obstante, nuevos problemas, nuevas tensiones y nuevos campos de batalla. La pérdida de Valencia, la derrota de Uclés, la muerte del heredero Sancho Alfónsez y el auge de Portugal y Galicia, entre otras incidencias, debilitarán la mano que sostiene a duras penas el cetro real. Pudo aguantar Alfonso VI, pero, a su muerte, el engranaje se vino abajo, empujado por los problemas de alcoba de su hija Urraca y Alfonso de Aragón.

LA RECONQUISTA ALCANZA EL TAJO

ALFONSO VI ASEDIA AL-ANDALUS

Este año se puso en marcha Alfonso con un ejército innumerable de cristianos, de francos, vascones, gallegos y otros y cruzó a Al-Andalus, deteniéndose ante cada una de sus ciudades, devastando, arruinando, matando y cautivando, para ir luego a otra. Acampó ante Sevilla y permaneció allí tres días, asoló su región y la deshizo, arrasando en el Ajarafe muchas aldeas. Hizo lo mismo en Sidonia y su región; luego, llegó hasta la isla de Tarifa, metió las patas de su caballo en el mar y dijo: «Éste es el final del país de Al-Andalus, y lo he pisado». Luego, volvió a la ciudad de Zaragoza, la sitió y juró no levantar su cerco hasta que la tomase, o que la muerte se interpusiese entre él y su propósito; era la ciudad que más quería ganar de todo Al-Andalus. Su emir, al-Musta ibn. Hud, le envió todo el dinero que pudo, pero no se lo recibió y dijo: «La ciudad y el dinero son míos». Envió a todas las capitales de Al-Andalus tropas que las estrechasen con asedio. Apoderóse de la ciudad de Toledo el año 477 [10 de mayo de 1084 a 28 de abril de 1085]. Cuando los emires de Al-Andalus vieron esto, convinieron en que pasase el Estrecho Yusuf b. Tachfin, y le escribieron todos, pidiéndole ahincadamente socorro y que impidiese al enemigo ahogar a Al-Andalus; que ellos serían con él una sola mano en la guerra santa contra los infieles.

IBN ABI ZAR, *Rawd al-Qirtas*

¡POR FIN, TOLEDO!

Aunque encumbrada en las rocas y enormemente poblada,
rodeándola el Tajo, repleta de las mejores cosas,
vencida por la falta de alimento se entregó a su invicto enemigo.
Aplaudan a éste Medinaceli, Talavera, Coimbra,

Ávila, Segovia, Salamanca, Sepúlveda,
Coria, Coca, Cuéllar, Iscar, Medina, Canales,
Olmos y Olmedo, Madrid, Atienza, Riba,
Osma con Río de Piedras, Valeránica, Mora,
Escalona, Hita, Consuegra, Maqueda, Buitrago.
Entre júbilo canten por siempre a su vencedor:
«Alfonso, que tus triunfos resuenen sobre las estrellas».

Así tomó Toledo en la era 1123, fijándose muchas condiciones, a saber, que los sarracenos conservarían de pleno derecho sus casas, tierras y todo lo que poseían, y quedarían en poder del rey la fortaleza de la ciudad y los jardines de más allá del puente; las rentas que los agarenos estaban obligados a pagar desde antiguo a sus reyes se las pagarían a él, y además, la mezquita mayor les pertenecería a perpetuidad. Y así el rey, tras hacerse cargo de la fortaleza y del control de la ciudad, permaneció en ella para asegurarla, exponiéndose a un grave peligro. Toledo fue tomada en la festividad de San Urbano, Papa y mártir, el 24 de mayo, en el año vigésimo de su reinado; y como el dominio de la ciudad no ofrecía aún una garantía completa, se dejó para más adelante la elección de un obispo. El rey decidió entonces fijar su corte en la ciudad regia hasta que dispusiera de una poderosa fortaleza y la repoblara con creyentes y éstos fueran mayoría [...] Comprendiendo el rey la ayuda de Dios en sus éxitos, llamó a capítulo a las gentes más poderosas en su reino, a obispos, abades y demás religiosos, y se reunieron en Toledo el 18 de diciembre. Y tras un fructífero cambio de impresiones, eligieron por unanimidad como arzobispo a don Bernardo, hombre muy piadoso y prudente; y seguidamente hizo el rey generosa y magnífica donación a la Iglesia; le entregó Brihuega, que la conservaba desde los tiempos de Almemón, Barciles, Cabañas de la Sagra, Coveja, Rodillas, Alcolea, la que está al sur de Talavera, Acecuch, que ahora se llama Melgar, Almonacid y Alpuebrega, y, dentro de la ciudad, todos los establecimientos que llamamos vulgarmente tiendas, y además, casas, molinos, hornos, jardines, viñedos y huertas, en agradecimiento por todo lo cual aún hoy venera la iglesia de Toledo su recuerdo y aniversario, y le concedió muchos otros privilegios de inmunidad. RODRIGO XIMÉNEZ DE RADA, *Historia de los hechos de España*

HÉROES CASTELLANOS

Lo echasteis de tierra, no tiene vuestro amor;
aunque en tierra ajena, con su deber cumplió:
ha ganado Jérica y a Onda por nombre,
tomó a Almenar y a Murviedro que es mejor,
así hizo con Cebolla y después con Castellón,
y Peña Cadiella, que es una peña fuerte;
con estas todas de Valencia es señor,
obispo hizo de su mano el buen Campeador,
hizo cinco lides campales y todas las ganó.
Grandes son las ganancias que le dio el Creador,
he aquí las pruebas, la verdad digo yo:
cien caballos gruesos y corredores,
con sus sillas y frenos y toda la guarnición,
bésaos las manos, que los aceptéis vos;
se manifiesta vuestro vasallo y a vos tiene por señor.
Alzó la mano diestra, el rey se santiguó:
«De tan fuertes ganancias como ha hecho el Campeador,
así me valga San Isidro, pláceme de corazón,
y pláceme de las nuevas de lo que hace el Campeador;
acepto estos caballos que me envía como don».

ANÓNIMO, *Poema de Mío Cid*

ESTALLIDOS DE XENOFOBIA

En Toledo la noble, que es arzobispado,
un día de gran fiesta por agosto mediado,
fiesta de la Gloriosa Madre del buen criado,
aconteció un milagro grande y muy señalado.

Estaba el arzobispo, un leal coronado,
en medio de la misa ante el altar sagrado,
oyéndola gran pueblo, pueblo bien adobado,
la iglesia bien llena y el coro bien poblado.

La gente muy devota estaba en oración
como hombres que quieren ganar de Dios el perdón:
oyeron una voz de gran tribulación
por quien perturbaba toda la procesión.

Habló una voz del cielo doliente y querellosa:
«Oíd –dijo– cristianos, una extraña cosa:
esa gente de judía, que es sorda y cegajosa,
nunca contra don Cristo estuvo más porfiosa».

[...] Moviéronse los pueblos, toda la clerecía,
fuéronse con gran prisa para la judería,
guiólos Jesucristo y la Virgo María,
fue luego descubierta toda su alevosía.

Hallaron en la casa del rabí más honrado
un gran cuerpo de cera, como hombre formado
como don Cristo fue, era crucificado,
con grandes clavos preso, y gran llaga al costado.

[...] Fueron bien recaudados los que prender pudieron,
diéronles yantar malo, cual ellos merecieron;
allí hicieron Tu autem, mala muerte tuvieron,
entendieron al cabo el mal que hubieron.

GONZALO DE BERCEO,
Milagros de Nuestra Señora, XVIII

LA GIRALDA DE SEVILLA

Dice el autor: Este alminar, que sobrepasa a los expositores y cuya novedad deja atrás a los historiadores de los alminares de todas las mezquitas de Al-Andalus, por la altura de su mole, el cimiento de su base, la solidez de su obra de ladrillo, lo extraordinario de su arte y lo admirable de su vista, que se eleva en el aire y se alza en el cielo, pareciendo al que lo mira a [varias] jornadas de Sevilla, que está entre las estrellas del Zodíaco. Mandó construirlo el Amir al-Muminin Abu Yacqub, hijo del Amir al-Muminin [Cabd al-Mumin], cuando llegó a Sevilla, para su campaña contra Santarem, el 13 de Safar del año 580 [26 de mayo de 1184]. Acampó fuera de Sevilla en la Buhayra, en el Maysar de Maylin. Cuando se puso en marcha de Sevilla para la citada expedición, mandó a su gobernador, Abu Dawud Yalul b. Yaldasan, que se ocupase, durante su ausencia por la campaña, en construir una muralla fuerte en la alcazaba de Sevilla que pasase desde el principio de su construcción por delante de la explanada de Ibn Jaldun, dentro de Sevilla, y levantar el alminar de la mezquita, que estuviese en la unión de la muralla con la mezquita dicha y edificar una atarazana para las naves, que llegase desde la muralla de la alcazaba que da sobre el río en la puerta Bab al-qatay [de las naves] hasta el pie, el nivel más bajo, contiguo a la puerta de al-Kuhl.

IBN SAHIB AL-SALA, *Al-Man Bil-Imana*

1188

LAS PRIMERAS CORTES DE EUROPA

CUANDO EL REY FUE SÚBDITO DE SUS SÚBDITOS

Los reyes se alían con los comerciantes de los burgos para resistir la presión de los aristócratas. Es el nacimiento de las Cortes, precursoras de los modernos parlamentos. A partir de la asamblea de León, a la que asistió Alfonso IX, los representantes de las ciudades irán acrecentando su poder.

Hace el rey sus Cortes, vienen sus caballeros;
y vienen de ciudades, de villas mensajeros;
todos dan grandes voces, quieren ser justicieros,
dicen: dadnos, Señor, merinos a nosotros primeros.
Las Cortes son ya hechas; las leyes ordenadas,
los merinos nombrados, hermandades firmadas;
durante unos meses serán muy bien guardadas:
de ahí en adelante, a robar a manadas.

CANCILLER AYALA, *Libro rimado de Palacio*

Hubo un momento, llegado el siglo XII, en el que las fuerzas cristianas contemplaban las poblaciones musulmanas como fortalezas inexpugnables que hacían pensar en el parón forzoso de la Reconquista y debilitaban a las monarquías hispanas. Ante el malestar interno y la escasez de botines, los reyes van a depender cada vez más de las riquezas que el comercio atesora en las ciudades, mientras confían en éstas para frenar las exigencias de los aristócratas. Los burgos atenderán gentilmente las demandas del señor de señores, aunque impondrán unas sencillas condiciones. La primera de todas exigía que los órganos de consulta de la corona contasen con representantes de las ciudades, una colaboración que tuvo un precedente en León y Castilla, fruto del renacimiento urbano del siglo XI.

Hasta que se produce una asistencia regularizada de procuradores urbanos con capacidad para discutir con la monarquía, no puede hablarse de verdaderas Cortes. La asamblea celebrada en León en 1188 es la predecesora de todas, ya que en ella Alfonso IX pondera la presencia de ciudadanos elegidos y les ratifica usos, garantías procesales y su voluntad de no alterar el valor de la moneda. Con la actitud del rey, se confirmaba la progresiva importancia de las ciudades, si bien la consolidación definitiva de este tipo de reuniones en toda la península tendrá lugar en el siglo XIII.

Sucesoras de la curia real, las Cortes heredaron la función de asesoramiento, pero lentamente fueron absorbiendo otras prerrogativas. En los casos más flagrantes de debilidad de la corona, el Parlamento llegó a imponer la teoría del «pacto» entre el rey y sus súbditos como fuente de legitimación del poder monárquico, obligando a éste a gobernar con el consentimiento de la asamblea. Sin embargo, su implantación y posterior desarrollo en los distintos reinos cristianos serían muy diversos. Las cesiones de Alfonso IX no tendrían continuidad en León y Castilla, aunque no faltaron intentos de sujetar a la corona en las frecuentes guerras civiles y minorías. Sólo la falta de acuerdo entre la nobleza y las ciudades impidió que la asamblea adquiriese un mayor poder. Por el contrario, en Navarra, la unión de los tres estamentos y, sobre todo, la coronación de reyes franceses, permitieron a las Cortes acrecentar su protagonismo hasta desempeñar en el siglo XIV una función constitucional sin paralelo en Europa. Su poder es tan grande que el galo Teobaldo I debe jurar las viejas leyes como condición indispensable para acceder al trono, recordando el Fuero Antiguo de Navarra el carácter electivo de la monarquía.

Y si en Navarra la ausencia del monarca alentó la independencia del Parlamento, en la Confederación Aragonesa serán las perennes dificultades impuestas por la ambiciosa aventura mediterránea las que debilitarán la posición de la corona frente a sus súbditos. Desde la ocupación de Sicilia por Pedro el Grande, los catalanoaragoneses se atreverán a regatear los impuestos con su rey, que además tendrá que soportar sus constantes amenazas de sublevación. La pugna entre ellos beneficiará a las Cortes, que irán acaparando mayor autoridad. En Aragón, la conquista mediterránea no colmaba ninguna de las aspiraciones de la aristocracia regional, por lo que sus negativas consecuencias estrecharán las filas de los descontentos. Para calmar los ánimos, el rey tendrá que conceder en 1283 una cascada de prerrogativas, que conformarán el Fuero General de Aragón. Superando en generosidad a sus primos peninsulares, el rey se obliga a consultar todos los asuntos relacionados con la política exterior y confirma la inmunidad de los señoríos. Tampoco pondrá reparos a que los pleitos entre la corona y los infanzones pasen a manos del Justicia de Aragón, guardián de los derechos de la nobleza en el pasado y renacido defensor del pueblo aragonés en la España de las autonomías.

Es el comienzo de la caída en picado de la autoridad regia que, a finales del XIII, debe aceptar como hechos consumados la posición de privilegio de los dirigentes aragoneses y la plena validez de ordenamientos tradicionales de carácter feudal. Cataluña, la gran favorecida por la expansión imperialista, preferirá la negociación antes que el riesgo de un enfrentamiento con el rey. De ella obtiene el compromiso regio de reunir periódicamente la asamblea, reconocida su capacidad legislativa, y no tomar medidas de carácter general sin consulta.

A pesar de su poder, las Cortes no disponían de reglamento alguno. De hecho ni tan siquiera su convocatoria obedecía a una periodicidad fija, por lo que el rey conservaba en sus manos el medio para eludir fiscalizaciones indeseadas. Esto en la teoría, pues en la práctica los agobios de dinero obligaron a los monarcas a prepararlas aun a riesgo de ser recortados en sus prerrogativas. Por no tener, no disponían ni de un sitio estable donde celebrarlas, reuniéndose de ordinario en el lugar en que se hallaba el monarca. La convocatoria se realizaba conforme a la división social de nobles, clérigos y pecheros, asumiendo cada grupo la representación completa de su estamento. No obstante esta supuesta representatividad del sistema, sólo el 1 % de la población estaba representada en Cataluña. El dominio de las asambleas por la oligarquía explica que confundan el bien común con sus intereses privativos, de tal forma que la insistencia de los historiadores periféricos en las querellas entre las Cortes y el rey por los fueros deja en un plano secundario los perjuicios ocasionados a las mayorías por los privilegios de los oligarcas.

En el caso de la Confederación, el pacto rey-reino de 1283 descubre en toda su crudeza cómo las conquistas políticas alcanzadas venían acompañadas por el sometimiento de los siervos y el monopolio en los gobiernos municipales de la alta burguesía.

Beneficiados por la deserción de los nobles y eclesiásticos durante la Baja Edad Media, los representantes urbanos se convertirán en el brazo más importante de las Cortes castellanas y portuguesas. Las ciudades participaban de forma muy irregular en las reuniones, y su número tendió a reducirse en Castilla y León hasta estabilizarse en diecisiete en el siglo XV, a las que se añade Granada tras su conquista.

Aunque existía una cierta desproporción en favor de la Meseta, entre todas sumaban los centros neurálgicos del reino y las villas importantes. Aragón resultó algo más liberal al fijar el número en veinticuatro, capitaneadas por Zaragoza. Lo más significativo en el reino de Valencia sería la exigencia de la capital, que llegó a pedir el mismo número de votos que sus compañeras juntas. Por último, Cataluña pasa de trece a cuarenta y dos concejos representados en el siglo XIV, a cuya cabeza se sitúa Barcelona con cuatro enviados y el privilegio de la presidencia del grupo.

Tampoco la clerecía puede alardear de democracia, al reunir únicamente a las cabezas más destacadas de la jerarquía, los maestres de las grandes órdenes militares y los delegados de algunos cabildos catedralicios. Su presencia en los órganos de dirección de los reinos era una muestra inequívoca del respeto a la tradición de los concilios toledanos y a las asambleas de «tregua y paz» catalanas, en las que también habían intervenido. La asistencia de los señores de la Iglesia fue muy alta en Cataluña y escasa en Castilla y Portugal, donde los eclesiásticos que asisten lo hacen en calidad de asesores o funcionarios del rey. La Iglesia utilizó las Cortes como altavoz en defensa de privilegios y como arma para arrancar a la monarquía el fuero eclesiástico. Al final, el clero ganó la partida en Castilla al obtener de Alfonso XI la exención del pago de impuestos y la inmunidad. Nada comparable al poder de los obispos portugueses que logran la destitución de Sancho II, empeñado vanamente en recuperar el patrimonio regio y poner límite a las ambiciones de la Iglesia. En Cataluña los grupos eclesiásticos colaborarán desde las Cortes en la política imperialista, sin hacer caso a la excomunión papal lanzada contra su rey. No sólo el clero abusó de las Cortes en su obsesión por dejar clara su preeminencia. También la nobleza las utilizó, procurando comunicar una imagen de unidad poco acorde con las enormes diferencias económicas existentes entre los grandes y los hidalgos. Disparidad de fortunas que se refleja en la formación de dos brazos nobiliarios en Navarra y Aragón, mientras que en Castilla la pequeña aristocracia se aliaba con los delegados urbanos frente a los abusos de los magnates. Con todo, las luchas intestinas no impidieron que se uniesen los esfuerzos nobiliarios para obtener de la monarquía diversas prerrogativas, que tendrán en el Parlamento su mejor notario. En Castilla se alcanza una difícil plusmarca en las Cortes de Alcalá de 1348, al sentirse obligado Alfonso XI a aprobar la «renovación» de un supuesto fuero nobiliario anterior. Tras la victoria de los Trastámara sobre Pedro I, los señores aprenderán a engrandecer sus privilegios por medios ajenos al Parlamento, lo que provocará que este grupo social se aleje progresivamente de las sesiones de Cortes desde principios del siglo XIV.

Las Cortes medievales hispanas van a ser testigo, asimismo, de los progresos de la unificación peninsular. En los territorios meseteños, la tendencia a la fusión dará un gran paso cuando en 1325 Alfonso XI, luego de muchas vacilaciones, decida unir en una única asamblea a los representantes castellanos y leoneses. Una verdadera cohesión de todos los territorios de la corona necesitaba cuanto antes la unidad parlamentaria. Con la ayuda de un derecho común sobre la base del Código de las Siete Partidas de Alfonso X y del envío de corregidores a las principales ciudades, se terminaba de escribir el primer episodio de la estrategia integradora.

Salió de Valladolid
con todos sus naturales,
en la villa de Madrid
hizo Cortes muy reales.
Como lo usan los reyes
por más comunal provecho,
publicó muy bien sus leyes
otorgadas en su derecho.

«POEMA DE ALFONSO XI»

Muy al contrario, la Confederación no logró derribar las fronteras físicas, psicológicas e institucionales que separaban a sus distintos miembros. Unas barreras puestas por las oligarquías locales en defensa de sus privilegios y sostenidas por la insistencia en considerar la Confederación una mera unión personal en la figura del príncipe. Mientras éste hizo de la Reconquista peninsular el principal propósito de su gobierno, la cohesión entre los diversos estados permaneció firme. Pero a medida que prevalecen los intereses de Barcelona en la política exterior, las tensiones «nacionalistas» colapsarán cualquier proyecto de fusión. A las amenazas secesionistas de la Unión Aragonesa para conseguir la ampliación del fuero aragonés a Valencia, contestarán los catalanes retirando de la documentación del Principado el título del rey de Aragón. Así, Pedro el Grande será denominado conde de Barcelona. En este ambiente de desconfianza, los intentos del Ceremonioso por profundizar en la unión amigable de sus estados estaban condenados al fracaso. De ahí que resultara imposible nombrar cargos comunes para todos los territorios o convocar unas Cortes conjuntas. La dificultad de alcanzar un mínimo consenso se pondrá de manifiesto a la muerte de Martín I en 1410, cuando no pudo reunirse una asamblea común para elegir a su sucesor, circunstancia que aprovechó Aragón para imponer el Compromiso de Caspe.

Precisamente en las cuestiones relativas a la sucesión del trono y a la jura de los herederos, las Cortes medievales tuvieron un papel decisivo. La reminiscencia del antiguo carácter electivo de la monarquía se dejará sentir en Aragón y Navarra, donde incluso se atrevieron a designar, en 1328, a Juana II para alcanzar la completa independencia de la corona francesa. En Portugal, el nombramiento del maestre de Avís tuvo como finalidad conjurar el peligro de absorción por Castilla.

Supervisar la política exterior de los distintos monarcas será otra de las funciones más comunes de las Cortes. En pleno apogeo imperialista, Cataluña recordará a su rey que antes de declarar nuevas guerras debía consultar a la asamblea y le exigirá firmar presto la paz con Génova. Eran conscientes los catalanes de que una nueva peripecia bélica no haría sino aumentar la crisis económica y restringir los beneficios de su aventura mediterránea. Otro tanto ocurrirá en Navarra, Portugal y Castilla, cuyos monarcas pagaron con las injerencias de las Cortes su voluntad de eliminar conflictos.

Desde finales del siglo XIII, las Cortes van a ser campo de batalla por el manejo de las funciones judicial y legislativa, teniendo como rivales a las monarquías. Con disgusto de la asamblea, Alfonso X de Castilla unificará la legislación existente en el Código de las Siete Partidas y se enfrentará a revueltas nobiliarias y urbanas, que a la postre hacen fracasar su tarea renovadora. Antes de concluirse el siglo XIV, las ciudades impondrán a Juan I el Consejo Real, órgano político con cierto poder decisorio. En la Confederación catalanoaragonesa, la guerra semipermanente dará origen a las diputaciones, que al principio tendrán la misión de recaudar y controlar los impuestos con total independencia del monarca para luego asumir competencias políticas de defensa de los fueros y diseño de la estrategia internacional.

En otros ámbitos, las Cortes intentarán estabilizar la moneda y luchar contra el alza de precios, viéndose a los representantes urbanos pelear por la fijación de salarios, así como por el establecimiento de una política proteccionista, que fomentase la artesanía. Aunque encargadas de cobrar los impuestos, las Cortes castellanas fueron cediendo su cometido al monarca, que arrienda el negocio a los prestamistas judíos. En Aragón, sin embargo, supieron hacerse valer hasta conseguir en el XIV fijar la cuantía exacta de los ingresos y designar a los encargados de recaudarlos. La creación de la tasa conocida como «las generalidades» y la capacidad de emitir deuda pública reforzarán el poder de las diputaciones, al dotarlas de libertad y fuerza suficiente para imponerse a la monarquía.

NACEN LAS CORTES

LOS REYES PIDEN CONSEJO

«...Andarán mis porteros por todo mi reino,
para hacerla en Toledo pregonarán mi corte,
que allá me vayan condes e infanzones:
mandaré que ahí vayan los infantes de Carrión,
porque den su derecho a mío Cid el Campeador,
y que no tenga queja pudiendo evitarlo yo.
Decidle al Campeador, en buen hora criado,
que dentro de siete semanas se prepare con sus vasallos,
y que venga a Toledo, esto le doy de plazo.
Por amor de mío Cid esta corte yo hago.
Saludádmelos a todos, que queden consolados:
de esto que les vino aún bien saldrán honrados.»
Despidióse Muño Gustioz, con mío Cid ha regresado.
Así como lo dijo, suyo era el cuidado:
no lo detiene por nada Alfonso el Castellano,
envía sus cartas a León y a Santiago,
y a los portugueses y a los galicianos
y a los de Carrión y a los varones castellanos,
que corte hacía en Toledo aquel rey honrado,
al cabo de siete semanas que ahí estaban convocados;
quien no viniese a la corte que no se tuviese por su vasallo.

ANÓNIMO, *Poema de Mío Cid*

LAS PRIMERAS CORTES

En nombre de Dios. Yo, don Alfonso, rey de León y Galicia, celebrando curia en León con el arzobispo y los obispos y los magnates de mi reino, y con ciudadanos elegidos de entre cada una de las ciudades, decidí y confirmé mediante juramento conservar a todos los de mi reino, tanto clérigos como laicos, las buenas costumbres que de mis predecesores tienen establecidas.

Prometí asimismo no hacer la guerra, ni la paz, ni pacto a no ser de acuerdo con la asamblea de los obispos, nobles y hombres buenos por cuyo consejo debo regirme.

CORTES DE LEÓN DE 1188. ACTAS DE LAS CORTES DE LOS ANTIGUOS REINOS DE LEÓN Y CASTILLA

LA CONVOCATORIA

Don Enrique, por la gracia de Dios Rey de Castilla, de León, de Toledo, de Galicia, de Sevilla, de Córdoba, de Murcia, al concejo, y alcaldes, y alguacil, caballeros, y escuderos, y otros oficiales cualesquiera de la muy noble ciudad de Toledo: salud y gracia; bien sabéis, por esta mi Carta que os envié mandar, que, en algunas cosas que cumplían mucho a mi servicio y en pro de los mis reinos, fue mi merced mandar llamar ciertos Procuradores de algunas ciudades y villas de los mis reinos; por ende, que enviaseis un hombre bueno suficiente entre vosotros, y que fuese de los oficiales de esa dicha ciudad; y me los enviasteis luego, donde quiera que yo fuese, con vuestra procuración cierta y bastante para ello, en tal manera que fue conmigo al fin del mes de octubre que ahora pasó; para que con ellos, y con los otros Procuradores yo ordenase algunas cosas que tenía de ordenar que cumplen a mi servicio, y a pro y honra de los dichos mis reinos, y hasta ahora.

CONVOCATORIA A LAS CORTES DE SAN ESTEBAN DE GORMAZ, 1394

LOS PRIVILEGIOS ARAGONESES

Hecha esta proposición, se levantó el obispo de Tarazona, don Jorge de Bardají, y en nombre de la Corte respondió de esta manera: «Muy alto y muy excelente señor. Según fuero y libertad del reino de Aragón, no pueden ni deben ser convocadas ni celebradas Cortes con los del dicho reino sino es con la presencia del señor rey. Y ya sea por la convocación ahora hecha por mandamiento de vuestra senoría como lugarteniente del dicho señor, los del dicho reino, salva vuestra clemencia no fuesen tenidos comparecer delante de vuestra señoría como convocados a Cortes». Pero considerando la larga ausencia del sobredicho señor, de la cual se sigue gran daño a sus reinos y tierras de este lado del mar, en especial a este reino, y que la celebración de las presentes Cortes le placerá a nuestro señor Dios para dar alguna causa a la recuperación de su real persona..., por tanto los que aquí son ajustados por el dicho reino por servicio del señor rey y vuestro, y por bien avenir de la cosa pública del dicho reino, consienten por esta vez tan solo que las presentes Cortes sean celebradas por la vuestra gran señoría como el lugarteniente del señor rey, y loan y aprueban la convocación de las dichas Cortes y los actos que por aquélla se son seguidos en la forma y con las protestaciones y salvedades contenidas en esta cédula, la cual, señor rey excelente, los que aquí son llegados por el dicho reino suplican a vuestra señoría quiera mandar leer y después hacer insertar y continuar allí en el proceso de las Cortes.

CORTES DE ZARAGOZA DE 1451

SIEMPRE PIDIENDO DINERO

Desde que el rey hubo ordenado su casa por la manera que contado hemos, habló con todos los de su reino que eran allí con él ayuntados, prelados y ricos hombres y caballeros y procuradores de los concejos, y díjoles como bien sabían como él reinaba aun de poca edad, y contóles todos los mudamientos que Dios tuvo por bien que hubiese en sus tutorías y dijo: «Puesto que Dios quiso que a esta edad llegase, quiero andar por mis reinos para cumplir la justicia y ordenar algunas cosas que cumplen a mi servicio y a pro de los reinos. Y como quiera que la tierra era en afincamiento de los muchos pechos que habían pechado, y que él no tuviera de ellos ninguna cosa, ni tuviera con que salir de allí tal como le pertenecía, había menester que le diesen algo con que se pudiese mantener, y además que pudiese enviar mantenimiento y abastecimiento a los castillos fronteros de moros, pues de las rentas del rey no había ninguna cosa hasta entonces». Y los del reino le respondieron que tenían a Dios en merced porque el rey su señor era llegado a aquella edad que ellos deseaban tiempo hacía, y que podía andar por el reino y hacer justicia en los malhechores, y también defender su tierra de los moros enemigos de la fe con quienes había guerra. Y otorgáronle todos los prelados y ricos hombres y caballeros hidalgos y procuradores y los concejos de las ciudades y villas y lugares cinco servicios y una moneda; y pidiéronle que les diese y otorgase y confirmase todos los fueros y privilegios y franquezas y libertades que tenían de los reyes donde él venía. Y el rey otorgóselos.

CRÓNICA DE ALFONSO XI

1273

NACE LA MESTA

DE CÓMO EL SOLDADO SE HIZO PASTOR

El período pacífico que siguió al final de la Reconquista permitió la consolidación de la actividad ganadera. El pastor trashumante se convirtió en una figura esencial de la economía; cada año, millones de cabezas de ganado peregrinaban largamente en busca de pastoreo.

¡Castilla, España de los largos ríos
que el mar no ha visto y corre hacia los mares;
Castilla de los páramos sombríos,
Castilla de los negros encinares!
Labriegos transmarinos y pastores
trashumantes –arados y merinos–,
labriegos con talante de señores,
pastores del color de los caminos.

ANTONIO MACHADO, «Desde mi rincón»

La Edad Media, tantas veces idealizada, fue mucho más que una sucesión de gestas realizadas por caballeros y cantadas por trovadores. Cuando la Reconquista permitió dejar de pensar sólo en la guerra, algo tan prosaico como la ganadería pasó a ocupar las mentes y los brazos de los castellanos del medievo. Sin el agobio de la pelea, ovejas, cabras, caballos y cerdos, animales todos de naturaleza pacífica, podían ser trasladados de los pastos al interior de los castillos y se amoldaban con rapidez al hábitat ecológico cantábrico o pirenaico, menos fértil que el de sus hermanos mediterráneos. Desde el resurgir de la economía en el siglo XI, los rebaños permiten a los grandes concejos sacar partido de sus términos municipales, en una época de mano de obra escasa, que hacía impensable roturaciones a gran escala del campo. Doscientos años más tarde la ganadería será la explotación ideal con la que los señores obtendrán magníficas ganancias de sus concesiones en tierras de Extremadura, la Mancha y Andalucía.

Obligada por los rigores del clima, la ganadería peninsular se acostumbra pronto al desplazamiento estacional de la cabaña entre pastizales, de modo que el discurrir de los rebaños, una copia de las técnicas de pastoreo de origen bereber, se repite cada año siguiendo la fórmula trashumante al pie de la letra. Pioneras de la peregrinación anual, las ovejas eran conducidas desde los valles hasta los terrenos montañosos cuando los reinos cristianos aún no habían roto el corsé islámico. Después, ocupada Toledo y puesto el pie los aragoneses en Soria y Teruel, las tierras castellanoleonesas y del valle del Ebro se comunicarían con las serranías de los sistemas Central e Ibérico y con las dehesas de Extremadura y la Mancha a través de una amplia red de cañadas, cordeles y veredas.

> Conmigo vais, campos de Soria,
> tardes tranquilas, montes de violeta,
> alamedas del río, verde sueño
> del suelo gris y de la parda tierra,
> agria melancolía...

Ante el éxito de la ganadería y la natural revalorización del forraje, los nobles y los monasterios lucharán por tomar cuanto antes las riendas de una actividad tan próspera. Sin escrúpulo alguno, arrebatan a las comunidades campesinas los ricos prados comunales pensando en la libre circulación de sus rebaños o en el arriendo de los pastos a otros ganaderos, como ocurre en el sur de la península, donde las órdenes militares, el arzobispado de Toledo y los magnates compiten por hacerse con los mejores pastizales en los repartos de la corona. Unos se conformarán con la holganza, fruto de las rentas, y otros, más emprendedores, constituirán sus propios rebaños, exigiendo de la corona políticas favorables a las merinas.

Durante la Baja Edad Media surgen pequeñas asociaciones de pastores de carácter local, impulsadas por la necesidad de poner orden en las actividades trashumantes. Son las mestas castellanas, las *meztas* navarras y los *ligallos* aragoneses que en 1273 unificó Alfonso X de Castilla en un organismo de carácter «nacional» denominado Honrado Concejo de la Mesta de Pastores. En sintonía con la política proteccionista del monarca, la Mesta tuvo a su cargo el fomento de la producción ganadera, el mantenimiento de las rutas y el control de las leyes de marca. Además se le otorgó el papel de mediadora en los cada vez más frecuentes conflictos entre campesinos y ganaderos.

Motor del negocio pecuario, la vida de la Mesta estuvo siempre acompañada de polémica. Unas veces, con los ayuntamientos, que sintieron sus campos amenazados por el apetito de los rumiantes, otras con los agricultores, quejosos de no poder disfrutar de mayores espacios para sus cosechas. Gracias a los privilegios concedidos por Alfonso X, las cañadas se convirtieron oficialmente en las vías de comunicación más importantes del reino; de hecho todas las redes secundarias se concentraban en torno a las cañadas reales leonesa, segoviana y manchega. Su conservación será motivo de continuos enfrentamientos, las más de las ocasiones por el deseo de los campesinos de aprovechar al máximo la superficie fértil a base de roturaciones clandestinas en las lindes. Al final, el enorme interés de la monarquía por los rebaños hará que los Reyes Católicos amplíen en 1489 las penas contra los invasores, al tiempo que se volvía a garantizar los desplazamientos del ganado, señalando las rutas por los comunales de los pueblos y otras zonas despobladas.

Con tales apoyos, cerca de tres millones de ovejas lograrán, concluido el siglo XV, emprender cada año su peregrinaje, que en algunos casos superaba distancias de ochocientos kilómetros. De ahí que la vida pastoril trashumante tuviera tan notable influencia en la superación de las fronteras medievales, al ampliar los canales de comunicación y promover los intercambios. Los privilegios acumulados por la Mesta favorecieron el libre comercio de sus productos en los mercados de tránsito, impulsando de esta forma la temprana integración del mercado ganadero y lanar castellano, y abriendo caminos a una exportación de gran calado. En pago de sus servicios, la corona concedió al colectivo de pastores plena protección de sus vidas y haciendas, exenciones fiscales y la dispensa de compromisos militares.

> Es hijo de una estirpe de rudos caminantes,
> pastores que conducen sus hordas de merinos
> a Extremadura fértil, rebaños trashumantes
> que mancha el polvo y dora el sol de los caminos.

La suerte de la ganadería ovina se consolida definitivamente en el siglo XIV, cuando se organiza el comercio lanero que unirá los centros productores de la Meseta con los consumidores de Inglaterra y Flandes, a través de los puertos norteños de Santander, Bilbao y San Sebastián. El aumento de la demanda de vellones castellanos anima a los propietarios de tierras que, tras la oleada de peste de 1348, prefieren no cultivarlas para dedicarse al negocio seguro de la cría de rebaños. A impulsos de la nueva orientación económica, Castilla pasa de un millón de cabezas en 1400 a los tres de los comienzos del siglo XV. Del crecimiento ganadero resulta beneficiada la Mesta, que se aprovecha de la debilidad de Enrique IV y de sus buenas relaciones con Isabel y Fernando para conseguir el arriendo a bajo precio de los pastos de realengo de La Serena y los Montes de Toledo o la prohibición de la labranza en los comunales, sin importarle el perjuicio ocasionado a la agricultura. En 1501 remata su escalada de privilegios con la ley de Posesión, que le garantizaba el disfrute a perpetuidad de cualquier campo arrendado, a cambio de pagar la renta del primitivo contrato.

Frente a estos regalos de la corona, las Cortes mantendrán una actitud ambivalente, pues si bien ponen obstáculos a la salida de ganado con la intención de evitar su arraigo en tierras extranjeras, también fijan cupos máximos de exportación de lana a fin de mantener abastecida la industria pañera autóctona, tras el empujón dado al comercio en tiempo de los Reyes Católicos. Durante su reinado, la llegada de comerciantes flamencos e italianos solucionará el caos provocado por la expulsión de los intermediarios judíos, en tanto se reorganiza el mercado interno con la creación de los consulados de Burgos y Bilbao, que canalizan los envíos desde las ferias de Medina.

Por medio de distintas ordenanzas, los Reyes Católicos diseñaron la estructura interna de la Mesta, que a partir de ahora tendría dos asambleas anuales a las que se obligaba a acudir a todos sus miembros. Bajo la fachada democrática se escondía, sin embargo, el dominio absoluto de la nobleza, que se refuerza con la creación del cargo de presidente de la Mesta, adscrito al miembro más antiguo del Consejo Real. Toda una legión de funcionarios estratégicamente repartidos por las localidades ganaderas le ayudaba en la aplicación de las leyes y el cobro de impuestos, a la que se unirían los «alcaldes entregadores», oficiales ambulantes encargados de la protección de los pastores y rebaños y del mantenimiento de las cabañas. Hasta los años de Felipe II, su poder irá en aumento pero sus excesos provocarán la indignación de las Cortes, que abusan de la debilidad de la corona en el siglo XVII y cercenan las prerrogativas mesteñas con la inestimable ayuda de las cancillerías.

No tenían nada de altruista las concesiones de la monarquía a la Mesta, pues el ganado ovino constituyó pronto el ingreso más saneado de las haciendas locales y reales. En un principio, sus recursos provenían del pago de multas para dar paso luego a otros arbitrios como las tasas de tránsito o del consumo de hierbas y los impuestos a la lana exportada. Fueron tales el número de puntos de cobro y el volumen de las exacciones, que empujaron a la Mesta a perseguir sin desaliento la alianza con la corona, a fin de suavizar las exigencias de los notables y las ciudades. Con los Reyes Católicos de su parte, se ordenó a los corregidores inventariar todos los impuestos municipales, eliminando aquellos que atentaban contra los privilegios de la Mesta que fueron arrancados en horas bajas de la monarquía.

A pesar de que los monarcas ya se beneficiaban del comercio lanar, no será hasta 1476 cuando en un golpe de audacia Isabel imponga la absorción del maestrazgo de Santiago por la corona, con lo que revierten a la monarquía las rentas de las ovejas castellanas, hasta entonces disfrutadas por las órdenes. Gracias a una eficaz labor de ordenación fiscal, la ganadería trashumante se convirtió en uno de los principales pilares del Imperio, al lado de la alcabala, el diezmo de los puertos secos o los almojarifazgos, todos ellos ingresos seguros de la monarquía, obtenidos sin necesidad de pedigüeñar a las Cortes. Más aún, la misma Mesta se vio obligada, durante los siglos XVI y XVII, a conceder numerosos préstamos a la corona mientras que bienes tan codiciados como los maestrazgos se ofrecían en garantía a los acreedores del Estado. Con inversiones en deuda pública y compraventas de bienes inmuebles, los mesteños capearán el temporal de la crisis, pero su tesorería no podrá resistir el final de siglo, al compartir los platos rotos de las bancarrotas de Felipe IV y Carlos II.

Y si en el ámbito económico su situación se degrada, en el político no le iría mejor. Acosada por el alza de los alimentos, que anima el cultivo de nuevas tierras, y por la quiebra del mercado lanero europeo, la cabaña trashumante disminuye en torno a un tercio. Su espacio sería ocupado por los rebaños estabulados o los de corto radio de desplazamiento. Pese al compromiso alcanzado con los reyes en apoyo de los pastos, la actividad cada vez mayor de las ciudades y los terratenientes hará crecer el número de tierras cercadas y roturadas, mientras se eleva el tono de las críticas contra la Mesta, a la que se acusa de comprar la voluntad de las Cortes y ser una rémora para la agricultura. Llegado el siglo XVII, la organización ganadera vivirá una gran paradoja. Con los decretos de 1633 alcanzaba en teoría su máximo poder al abarcar su jurisdicción todo el medio ganadero; en la práctica se sentiría absolutamente incapaz de hacerlos efectivos. A los ataques y presiones tributarios sólo podrá responder ya con una hábil campaña de propaganda, destinada a convencer a la población española del esfuerzo ganadero por generar riqueza, aun en medio de la bancarrota.

LAS OVEJAS DE LA MESTA

PASTORES PRIVILEGIADOS

Don Alfonso, por la gracia de Dios, Rey de Castilla [...] Sabed que por hacer bien y merced a todos los pastores de los ganados de mis reinos, tuve por bien que no paguen portazgos de los paños que trajesen para su vestir, ni de la vianda, ni de las otras cosas que llevasen para cumplimiento de sus cabañas. Y ahora los pastores querelláronseme, y dicen que les tomáis portazgo de las cosas que llevan así como sobredicho es; y además que se lo tomáis por descaminado, ya que lo llevan por los montes, y por las cañadas, y por aquellos lugares donde sus ganados van; y que no entran en las villas con ello, por aquellas puertas señaladas donde os tomáis el derecho de portazgo. Y esto no tengo yo por bien, por lo que os mando que no toméis portazgo ni a los pastores por descaminados por razón de las cosas que llevaren que han menester para despensa de sus cabañas, y no hagáis pues eso.

Además, se me querellaron, y dicen que cuando llevan algún ganado a vender a los mercados de las villas para las cosas que han menester para sus cabañas, que se lo portazgáis; de donde os mando que a los pastores que llevaren a los mercados a vender de cada cabaña hasta sesenta cabezas, que no les toméis de ellas por portazgo, ni otro derecho ninguno; y no hagáis pues eso. Pues cualquiera que lo hiciese, al cuerpo y a cuanto hubiese me tornaría por ello. PRIVILEGIO DE ALFONSO X EL SABIO, 1273

REBAÑOS EN MOVIMIENTO

En estos coloquios iban don Quijote y su escudero, cuando vio don Quijote que por el camino que iban venía hacia ellos una grande y espesa polvareda; y, en viéndola, se volvió a Sancho y le dijo:

–Éste es el día, ¡oh Sancho!, en el cual se ha de ver el bien que me tiene guardado mi suerte; éste es el día, digo, en que se ha de mostrar, tanto como en otro alguno, el valor de mi brazo, y en el que tengo de hacer obras que queden escritas en el libro de la Fama por todos los venideros siglos. ¿Ves aquella polvareda que allí se levanta, Sancho? Pues toda es cuajada de un copiosísimo ejército que de diversas e innumerables gentes por allí viene marchando.

–A esa cuenta, dos deben de ser –dijo Sancho–, porque desta parte contraria se levanta asimismo otra semejante polvareda.

Volvió a mirarlo don Quijote, y vio que así era la verdad; y, alegrándose sobremanera, pensó, sin duda alguna, que eran dos ejércitos que venían a embestirse y a encontrarse en mitad de aquella espaciosa llanura; porque tenía a todas horas y momentos llena la fantasía de aquellas batallas, encantamentos, sucesos, desatinos, amores, desafíos, que en los libros de caballerías se cuentan, y todo cuanto hablaba, pensaba o hacía era encaminado a cosas semejantes. Y la polvareda que había visto la levantaban dos grandes manadas de ovejas y carneros que, por aquel mismo camino, de dos diferentes partes venían, las cuales, con el polvo, no se echaron de ver hasta que llegaron cerca.

MIGUEL DE CERVANTES, *Don Quijote de la Mancha*

EL DOMINIO DE LOS PASTOS

...bien sabíamos por información por nuestro mandado, habida acerca del desorden que había, de las muchas roturas y enajenaciones que estaban hechas y se hacían en las cañadas reales y en los otros pasos por donde los ganados de nuestra Cabaña real van y vienen a los extremos y sierras y están estantes en ellos, de las que era la causa la poca pena de los trescientos maravedíes que estaba puesta por nuestras cartas y provisiones. Habíamos mandado que, por cada entrada o rotura u otra cosa que estuviese tomada y ocupada de las dichas cañadas hasta media fanega, incurriesen en pena de quinientos maravedíes, y hasta una fanega mil maravedíes, y si aquello se tornase a arar y romper o ocupar, fuese la pena doblada y esto se repartiese en cierta forma y que los panes y sembrados se talasen y comiesen por cualesquiera personas de grado, sin pena alguna, y que así lo cumplieséis... REAL PROVISIÓN DE 1554

MERCANCÍA DE CAMBIO

Así como los ganados de estos reinos son diferentes en calidad y cantidad, unos grandes y otros pequeños, unos finos y otros groseros, conforme a las provincias, pastos, aguas y tierras donde se crían y nacen, así también las lanas tienen diferentes precios, y por lo general se distinguen de esta manera:

Las lanas de Segovia son más finas y ventajosas a las demás, y esta nobleza les viene a aquellas lanas por los agostaderos de que gozan en las sierras de León e invernaderos en las extremaduras bajas de Alcántara y Trujillo, y lo mismo sucede a otras cabañas que pastan en las mismas hierbas, como la cabaña de Fernando Rodríguez y otros. De manera que consiste en los dichos pastos que comen y agua que beben el ser tan finas las dichas lanas, y no en la naturaleza de las provincias, porque los ganados de Cuenca y Soria si pastaran en los mismos extremos también se refinarían dentro de ocho o diez años, como las de Segovia. Estas lanas llevan de ventaja a las de Soria y Cuenca de diez a once reales.

Las lanas de Soria y Cuenca corren parejas, y si hay alguna diferencia es tan poca que no son cuatro reales por arroba, más preciosas las de Soria que las de Cuenca, especialmente las cabañas cuantiosas de aquella ciudad, como son las de Juan Caxa, don Gaspar de Guzmán, Don Alonso Muñoz, Eugenio Román, y otros de la dicha ciudad y su serranía y Molina que tienen los pastos en el valle de Alcudia y campo de Calatrava junto a los de la cuadrilla de Soria, de la cual pastan muchos en las dehesas que pastan los de

Cuenca, y lo mismo hacen algunos de Segovia y León, como son don Antonio la Cruz, don Juan de Mansilla y otros; y como los pastos son unos las lanas también lo son, y en los agotaderos es poca la mejoría, que sólo las montañas de León son ventajosas, como se ha dicho.

ARCHIVO HISTÓRICO NACIONAL,
CONSEJOS, LEG. 7.133, 1615-1627

LOS OTROS BENEFICIOS DE LA OVEJA

Por esta uña se puede rastrear con la imaginación (ya que es incomprensible de otra manera) la pérdida que se ha seguido de este despojo a las Rentas fiscales y al bien público, el daño emergente, y el lucro cesante de derechos, portazgos, diezmos, sisas, tributos, pechos, alcabalas, y las demás gabelas, que de la crianza de los ganados reciben crecimiento. ¿Quién contará los oficios, los tratos, granjerías, bastimentos, y mercaderías que toman de ella materiales? De esta quiebra procede la carestía general de todas las cosas. Cuyo suplemento se ha comprobado a peso de plata y oro, y no ha bastado a llenar el vacío cuanto de las Indias ha entrado [...]

He ponderado esto para que se conozca que la causa de tanto número de labradores que en estos tiempos vemos mendigando por los caminos y poblados, es que, como no tienen ganados que guardar, después de que han perdido las fuerzas para el arado y azada, en llegando a los cuarenta y cinco, o cincuenta años, cuando se hallan quebrantados y envejecidos del trabajo de la labranza, son forzados a salir de sus aldeas a mendigar por no morir de hambre en ellas. Y sucesivamente esta ocasión ha multiplicado las camas de los hospitales, donde raras veces se veía en otros tiempos morir a alguno de este género de gente, y esto aún sucede ahora a los que tienen heredades, por lo que dijimos en otra parte, no a los que tienen ganados, que por mínimo que sea el número es báculo de su vejez, arrimo de su fatiga, socorro de sus necesidades, y alivio de sus miserias, y el cebo que mantiene a los hombres en población aun en las sierras más ásperas y desapacibles, que allí como haya pastos están atraillados con el cariño y usufructo de sus ganados.

También es efecto de esta causa las bandadas de muchachos mendigos y desnudos que salen de los lugares grandes y pequeños a pedir limosna a los pasajeros, y el ejército de esportilleros, que hay en la Corte, y otras partes. Porque no saben los padres en qué ocupar a sus hijos. Y éstos, que antes eran la mayor riqueza de un padre de familia (porque les repartía la guardia de sus ganados encargándole a cada uno la especie acomodada a sus fuerzas y edad), ahora es el mayor peso y embarazo que los labradores tienen.

MIGUEL CAXA DE LERUELA,
Restauración de la abundancia de España

[illegible]

[illegible] que

tuvo lugar [illegible] con el [illegible]

genio.

[illegible]

[illegible] de [illegible]

[illegible]

1492

UN MUNDO NUEVO

LOS REYES CATÓLICOS Y EL AVENTURERO GENOVÉS

Tras la conquista de Granada,
la euforia impulsaba a los castellanoaragoneses
a respaldar nuevas empresas.
En cuanto a Colón, algo parecía anunciarle
que su destino pasaba por la península ibérica.
Era el comienzo de una de las mayores aventuras
de la historia de la humanidad.

...por los claveles
de la tierra andaluza y la Alhambra del moro;
por la sangre solar de una raza de oro;
por la armadura antigua y el yelmo de la gesta;
por las lanzas que fueron una vasta floresta
de gloria y que pasaron Pirineos y Andes;
por Lepanto y Otumba, por el Perú, por Flandes,
por Isabel que cree, por Cristóbal que sueña
y Velázquez que pinta y Cortés que domeña...;
por el león simbólico, y la Cruz, gracias, Sire.
¡Mientras el mundo aliente, mientras la esfera gire,
mientras la onda cordial aliente un sueño,
mientras haya una viva pasión, un noble empeño,
un buscado imposible, una imposible hazaña,
una América oculta que hallar, vivirá España!

RUBÉN DARÍO, «Al rey Óscar»

Hay fechas en que los acontecimientos se precipitan como si la Historia tuviese más prisa en hacer correr el tiempo. El 1492 es uno de los años más inolvidables en el itinerario de la humanidad, porque un conjunto de sucesos comenzaron a transformar el mundo conocido en un universo sin límites. Surge una nueva realidad impensable hasta entonces, construida a través de los relatos sobre playas desconocidas, pueblos extraños y tierras vírgenes de egoísmo. Un continente ignorado emergía desde el confín de los océanos a modo de una Atlántida perdida, y la vieja Europa, con España a la cabeza, no estaba dispuesta a quedarse en casa renunciando a la utopía.

Desde 1469 el matrimonio de Isabel de Castilla y Fernando de Aragón había prefigurado la unión de las dos coronas más poderosas de la península ibérica. Para hacer realidad el viejo sueño castellano, la princesa Isabel tuvo que vencer no pocas resistencias dentro de la corte y ganar su acceso a la corona en una cruenta guerra civil contra los partidarios de su sobrina Juana, apoyada por Portugal. Afianzada la paz gracias al apoyo de las ciudades, los esfuerzos se encaminan ahora a renovar las estructuras políticas y a consolidar el poder de la monarquía, unos objetivos irrealizables si antes no se estrechaban los lazos entre los dos grandes territorios peninsulares. Por el momento, la unidad tiene un mero carácter dinástico y patrimonial con el resguardo de la identidad de ambas coronas, pero con la previsión de compartir un monarca común en el futuro. Tras los Reyes Católicos, la convivencia y los intereses compartidos reforzarían los vínculos de castellanos y aragoneses, que gozan del viento a favor del renacer económico traído por la paz. No obstante, la España nacida entonces es todavía un puro proyecto y como tal no puede evitar las constantes recaídas ocasionadas por la desigualdad de los estados, con sus elites a la defensiva. Frente a la dividida y exhausta Confederación aragonesa, Castilla ofrecía una imagen de unidad, robustecida por su pujanza demográfica y sus buenas expectativas de desarrollo. De ahí que el país alumbrado habría de ser eminentemente «castellano» y su política se diseñaría en la Meseta, aunque sin descuidar algunos objetivos de sus socios peninsulares.

Deseosos de ofrecer una salida a la nobleza recién sometida, Isabel y Fernando derivan toda la agresividad de la vieja sociedad militarista sobre las vegas de Granada, combinándose, de esta forma, los anhelos castellanos de rematar la Reconquista con la estrategia política de la monarquía.

> Si tú quisieses, Granada,
> contigo me casaría;
> daréte en arras y dote
> a Córdoba y Sevilla.
> Casada soy, rey Don Juan
> casada soy, que no viuda;
> el moro que a mí me tiene,
> muy grande bien me quería.
>
> «Romance de Abenámar»

No faltaba tampoco el sentimiento de cruzada heredado de la Edad Media que suministraba a la empresa un contenido religioso pero contaminado ahora por el ansia renacentista de gloria y promoción social que había prendido entre los nobles. Desde 1480 la victoria sobre el último bastión musulmán en la península deja de ser una cuestión interna castellana para convertirse en un asunto de Estado, apoyado por los súbditos de ambos monarcas.

Sobre el solitario reino de la media luna se abalanzaron unas tropas feudales que a lo largo de once años de campañas se transformarían en un ejército moderno, pieza indispensable en la apuesta por el poder continental de los Reyes

Católicos y sus sucesores los Habsburgo. Curtido en Granada, donde adquiere experiencia bajo el mando de Gonzalo Fernández de Córdoba, el ejército «español» de Isabel y Fernando se configura como el más temible de Europa. Su eficacia no tardaría en ser padecida por los franceses en Italia o por los navarros en 1515, cuando Fernando decida hacerse con el reino pamplonés gracias a los buenos oficios del duque de Alba.

Imposible de detener la marea cristiana, Ronda cae en 1485 y en dos años les llega el turno a Marbella, Vélez-Málaga y Málaga. Más tarde se rinde Baza después de un largo asedio, ornamentado por la melancolía del poeta:

Sobre Baza estaba el rey,
lunes, después de yantar;
miraba las ricas tiendas
que estaban en su real,
miraba las huertas grandes,
y miraba el arrabal,
miraba el adarve fuerte
que tenía la ciudad,
miraba las torres espesas
que no las puede contar.

«Romance del cerco de Baza»

Con la conquista de los territorios sureños, la pinza bélica de la cristiandad logra en 1491 atenazar la capital. Frente a la Alhambra, los Católicos harán edificar una ciudad-campamento, Santa Fe, con el fin de hacer comprender a sus enemigos la inutilidad de la resistencia. El rey Boabdil entiende el mensaje, firma la rendición de Granada bajo el reclamo de un generoso acuerdo, y el 2 de enero de 1492 entrega las llaves de la ciudad en una cuidada representación escénica en la que participa toda la corte castellana. Con ese último gesto de sometimiento, se extinguen para siempre los ecos de la España islámica, mientras los embajadores hispánicos expanden la noticia a través de Europa. En Roma, el cardenal Rodrigo Borja celebra el triunfo de sus paisanos y mentores sorprendiendo a los habitantes de la urbe con una corrida de toros. Pese a su vida alegre, nadie se escandalizó cuando en agosto el cónclave le eligió Papa entre sospechas de simonía. Otro regalo de ese mágico 1492, el nuevo Alejandro VI estaría siempre del lado de los Reyes Católicos, bendiciéndolos en su despliegue por Europa y América.

La toma de Granada levanta una oleada de entusiasmo entre los súbditos de los Católicos, dispuestos en seguida a emprender nuevas audacias. En plena euforia, los reyes reciben en Santa Fe al aventurero genovés Cristóbal Colón, muy bien recomendado por el preceptor principesco Diego de Deza y el tesorero del rey Fernando, Luis de Santángel. Los monarcas se reencontraban con el viajero tras haber rechazado unos años antes su proyecto de expedición a Asia a través del océano Atlántico, debido a las alegaciones de varios expertos, al considerar que ningún barco podría cubrir tamaña distancia, mucho mayor, según sus cálculos, que la adelantada por el futuro almirante. Colón obtuvo una respuesta similar en un Portugal a punto de conquistar el comercio oriental rodeando África. El plan del marinero italiano exigía situar una base en Canarias, propiedad de Castilla, y Juan II no estaba dispuesto a enfrentarse a su poderoso vecino peninsular por atender los sueños de un navegante.

Pero Cristóbal Colón seguía empeñado en emprender viaje hacia lo desconocido bajo bandera portuguesa o castellana. Su obsesión por la península se relaciona con los adelantos técnicos de ambos reinos, pioneros en instrumental náutico y dueños de una flota adaptada a largas distancias. También la geografía jugaba a favor de España y Portugal, al poderse beneficiar de los vientos alisios, que facilitaban el viaje al nuevo continente, como en seguida descubriría el genovés.

Ajenos a la sorpresa que les preparaba el futuro, el proyecto presentado por el navegante italiano ofrecía a los Reyes Católicos la posibilidad de acceder a las vías de abastecimiento de oro, especias y esclavos sin el costoso gravamen de los intermediarios musulmanes y venecianos. Después de unas duras negociaciones, Colón y los monarcas españoles rubrican en abril de 1492 las Capitulaciones de Santa Fe. Con los títulos de almirante de la Mar Océana y virrey de la tierra descubierta, el contrato concede al marino una dote desorbitada, que sería fuente de pleitos inacabables entre sus herederos y la corona. El reino castellanoaragonés no deseaba dejar escapar una posición de ventaja respecto de Portugal en la carrera asiática, un hipotético triunfo a cambio de un modesto desembolso con dos de las tres naves necesarias en manos de la corona y una financiación a cargo de la Bula de Santa Cruzada en Badajoz. Sin saberlo, los campesinos extremeños pagaban el sueño real, que luego atraería a los más grandes conquistadores de su tierra como Pizarro o Cortés.

Conseguidos los barcos y los recursos monetarios, quedaba la parte más difícil: reclutar hombres dispuestos a arriesgar sus vidas en una aventura por un mar extraño, objeto de leyendas tenebrosas. Gracias a la nada desinteresada ayuda de los hermanos Pinzón, se movilizó la marinería de Niebla, Sevilla y alrededores, hasta lograr componer las tres tripulaciones sin que faltase una buena representación de vascos y montañeses. Todo estaba preparado para que Colón, buen conocedor de las ciencias cartográficas y experimentado marino, se convirtiese en adelantado de la empresa americana al llevar a la práctica una idea que flotaba en el ambiente intelectual europeo de finales del siglo XV.

Las tres naves comandadas por el descubridor, sin ningún religioso a bordo al tratarse de un viaje exploratorio, se hacen a la mar el 3 de agosto y, tras realizar una corta escala en Canarias, afrontan el tránsito hacia lo desconocido. Inquietos con la travesía y la escasez de víveres, los vascos exigen bajo amenazas de muerte el regreso a España organizando un motín que sólo el prestigio de Martín Alonso Pinzón conseguiría sofocar. Por fin, el 12 de octubre de 1492, los vigías avistan tierra y los marinos españoles desembarcan en un pequeño islote de las Lucayas, escenario del primer encuentro con los pobladores del Nuevo Mundo, los pacíficos taínos. Con la decepción de no haber encontrado oro, Colón y sus hombres emplean el resto del año en buscar el mítico Cipango, convencidos de haber arribado al litoral de Asia. Por contra, descubrieron las islas caribeñas de Santo Domingo y Cuba, aunque a costa de la pérdida de una de las embarcaciones, parte de cuya tripulación se quedará en el territorio recién descubierto. Inmediatamente, el resto del cuerpo expedicionario emprende el camino de regreso, y en abril de 1493 los navegantes se trasladan a Barcelona, donde se encontraba la corte, para mostrar algunos presentes recogidos en las islas, defraudando el escaso botín a los monarcas.

Dioses venidos del cielo

Visto con la perspectiva de los siglos, el encuentro americano supone la culminación de todas las teorías y avances científicos que certifican el tránsito renacentista de la Edad Media a la Moderna. Es también el triunfo absoluto de la experiencia ante el saber académico y, sobre todo, la puesta en contacto dc dos humanidades que se ignoraban. A los ojos de los indígenas, los españoles aparecían como dioses venidos del cielo, con sus misteriosos animales y mágicos instrumentos, entrando por derecho propio en la cosmogonía amerindia, donde se anunciaba la visita de unos hombres de tez blanca. Podrían aprovecharse así los conquistadores de la credulidad indígena para someter imperios con unas fuerzas militares ridículas en comparación con las de los nativos. Los españoles, por su parte, acuñarán el mito del «buen indígena», hombre pacífico e inocente, y su contrario, el violento y antropófago, al que había que exterminar o esclavizar. Son las dos miradas de un espíritu paternalista y colonizador que no tiene ningún escrúpulo en reducir a los aborígenes a la servidumbre hasta provocar la intervención de la reina Isabel prohibiendo la venta de sus nuevos súbditos caribeños.

Descubridor de un continente que revelará el rostro atlántico de España, después de siglos de preocupaciones mediterráneas, Colón muere convencido de haber arribado a las costas asiáticas. No sólo el genovés estaba en la inopia; la mayor parte de los españoles de la época permanecerían ajenos a la aventura colombina y en Europa la noticia alcanzó una discreta difusión si se la compara con la toma de Granada. El secretismo de la corte tenía su motivo, pues los Reyes Católicos debían solucionar primero sus derechos sobre el territorio antes de dar publicidad al acontecimiento. Con el papa Borja de su parte, Isabel y Fernando reciben en 1493 el regalo de las bulas alejandrinas que les erigían en soberanos de todas las tierras descubiertas o por descubrir. Un año más tarde, el Tratado de Tordesillas dividía el mundo entre las dos potencias peninsulares, dejando a Portugal mano libre en Brasil.

A pesar del bloqueo informativo, las elites intelectuales conocerán la existencia del hallazgo gracias a una campaña de propaganda orquestada por el propio rey Fernando, mientras los pensadores españoles comienzan a sospechar la existencia de un continente desconocido. No obstante, hasta el reinado de Carlos V no se produce el verdadero descubrimiento europeo de América, cuando llegan las remesas de oro y plata de los recién conquistados imperios azteca e inca. Oleadas de trabajos de exploradores y publicistas presentan a las cortes continentales el rostro de las nuevas Indias, y las cartas geográficas del florentino Americo Vespuci serán tan valoradas que el mundo encontrado se llamará América, olvidándose del nombre del almirante genovés.

Encargada de soportar la carga de conquistar y colonizar las tierras ultramarinas, Castilla recibe el oro y la plata que enriquecerán el país, pero dañarán su economía al someterla a tensiones monetarias y a constantes alzas de precios. También América asiste impotente al fin de una época. El brutal choque epidemiológico provocado por la importación de numerosas enfermedades europeas reducirá hasta casi el exterminio las populosas poblaciones del Caribe, los valles mexicanos o las altiplanicies peruanas. Como réplica, las Indias lanzarían sobre Europa la pecaminosa sífilis, que contamina el continente por medio de las prostitutas y la movilización de los ejércitos españoles y franceses en Italia.

Junto a las epidemias, el abuso de los conquistadores y la destrucción de los modos de vida indígenas debilitan la capacidad de los nativos para adaptarse a la nueva situación. Las leyes de Burgos resultaron un vano intento de frenar los atropellos, pues las buenas intenciones de la corona serían anuladas por el ardor de unos aventureros entregados a la búsqueda de primacía social y riqueza. Cruza el Atlántico la España guerrera, hija de la Reconquista, decidida a tomar por la fuerza el nuevo continente, y una América legendaria toma el camino de vuelta para alimentar los sueños de los desheredados y segundones de la península. Mientras las tribus milenarias se extinguen, nace una nueva humanidad mestiza de peninsulares e indias, que se adorna a partir de 1509 con los aportes africanos del tráfico esclavista.

Los españoles llevan su idioma, religión y cultura, que harían del continente americano un apéndice de la vieja civilización europea, pasada por el tamiz árabe y semita de la cultura ibérica. El viejo continente envió también sus animales domésticos acompañando al trigo, el arroz, la cebada, la vid y el olivo, que tomarán las ricas tierras mexicanas y argentinas. Más tarde, la caña de azúcar y el café conquistan el Caribe, México y Brasil. Bueyes, ovejas, cerdos y caballos se aclimatan con inusitada rapidez hasta erigirse en pilares de la economía colonial. América compensa sobradamente estas aportaciones al salvar la economía del norte de España con el maíz en el XVII y la vida de no pocos pobres en el XIX con la patata. Para los más pudientes quedan el cacao y el tabaco, que pronto permitirán lucrativas transacciones de los comerciantes hispanos en Amsterdam y Londres. Plantas tintóreas, como el índigo o el palo campeche, mejorarán los acabados de la industria textil europea, y judías, tomates y frutos tropicales ampliarán la dieta.

Y mientras Colón y sus compañeros preparan su viaje a América, otros españoles también se aprestan a viajar hacia lo desconocido, al ser obligados a abandonar su patria por orden expresa de los Reyes Católicos. La noticia había circulado por la península a finales de abril de 1492: un decreto real disponía la expulsión de todos los judíos de los reinos de Isabel y Fernando. Concluida la Reconquista y en pleno clima de exaltación política, los monarcas se disponían a soldar las relaciones entre sus súbditos, separados en tantas otras cosas, mediante la unidad religiosa.

EL AÑO EN QUE SE ACELERÓ LA HISTORIA

LA META DE UN PROYECTO HISTÓRICO

Venido pues el día señalado, en el cual el rey moro había de hacer la entrega de la ciudad, que fue el primer domingo del año de noventa y dos, los Reyes Católicos vinieron del real con todos sus ejércitos puestos en orden, y fueron la vía derecha de Granada; y no entraron por la ciudad, sino por el río Genil arriba y por los puertos de los molinos y por el Realejo. Y de allí subieron hasta la puerta principal de la Alhambra, donde salió el rey Chiquito a ellos, y porfió por apearse, y el Rey por medio de su faraute le dijo que no lo hiciese. Y así el rey moro fue cabalgando a ellos, y porfió por besarles las manos; y como ellos no se las quisiesen dar les besó en el hombro.

Y dio las llaves de la Alhambra y de las otras fortalezas y ciudad al rey, y el rey se las dio a la reina, y la reina se las dio al príncipe don Juan, su hijo, y el príncipe don Juan las dio al conde de Tendilla.

Hecho esto, los Reyes Católicos entraron en la Alhambra, y don Fernando de Talavera, obispo de Ávila, que ya estaba electo arzobispo de Granada, se subió en la más alta torre de la Alhambra y mostró la bandera de la Cruz, la cual todos devotamente adoraron. Y después mostraron la de Santiago, y la de sus armas reales. Y el rey de armas dijó tres veces «¡Castilla!»; y así tomó la posesión de la ciudad, como ellos acostumbraban.

ALONSO DE SANTA CRUZ,
Crónica de los Reyes Católicos

EL OCASO DE SEFARAD

Por ende nos, con consejo y parecer de algunos prelados y grandes y caballeros de nuestros reinos y de otras personas de ciencia y conciencia de nuestro Consejo, habiendo habido sobre ello mucha deliberación, acordamos mandar salir todos los dichos judíos y judías de nuestros reinos y que jamás tornen ni vuelvan a ellos ni a algunos de ellos. Y sobre ello mandamos dar esta nuestra carta, por la cual mandamos a todos los judíos y judías de cualquier edad que sean que viven y moran y están en los dichos nuestros reinos y señoríos, así los naturales de ellos como los no naturales que en cualquier manera y por cualquier causa hayan venido y estén en ellos, que hasta en fin del mes de julio primero que viene de este presente año, salgan de todos los dichos nuestros reinos y señoríos con sus hijos e hijas, criados y criadas y familiares judíos, así grandes como pequeños, de cualquier edad que sean, y no sean osados de tornar a ellos ni estar en ellos ni en parte alguna de ellos de vivienda, ni de paso, ni en otra manera alguna, so pena que si no lo hiciesen y cumpliesen así y fueren hallados estando en los dichos nuestros reinos y señoríos y viniendo a ellos en cualquier manera, incurran en pena de muerte y confiscación de todos sus bienes para la nuestra cámara y fisco, en las cuales penas incurran por ese mismo hecho y derecho sin otro proceso, sentencia ni declaración.

PROVISIÓN DE LOS REYES CATÓLICOS, 31-3-1492

LA UNIDAD DE LA LENGUA CASTELLANA

Y porque mi pensamiento y gana siempre fue engrandecer las cosas de nuestra nación, y dar a los hombres de mi lengua obras en que mejor puedan emplear su ocio, que ahora lo gastan leyendo novelas o historias envueltas en mil mentiras y errores, acordé ante todas las otras cosas reducir en artificio este nuestro lenguaje castellano, para que lo que ahora y de aquí adelante en él se escribiere pueda quedar en un tenor, y extenderse en toda la duración de los tiempos que están por venir, como vemos que se ha hecho en la lengua griega y latina, las cuales por haber estado debajo de arte, aunque sobre ellas han pasado muchos siglos, todavía quedan en una uniformidad.

Porque si otro tanto en nuestra lengua no se hace como en aquéllas, en vano vuestros cronistas e historiadores escriben y encomiendan a immortalidad la memoria de vuestros loables hechos, y nosotros tentamos de pasar en castellano las cosas peregrinas y extrañas, pues que este no puede ser sino negocio de pocos años. Y será necesaria una de dos cosas: o que la memoria de vuestras hazañas perezca con la lengua; o que ande peregrinando por las naciones extranjeras, pues que no tiene propria casa en que pueda morar.

ANTONIO DE NEBRIJA,
Gramática castellana

NUEVOS HORIZONTES

A las dos horas después de media noche apareció la tierra, de la cual estarían a dos leguas. Amainaron todas las velas, y quedaron con el treo, que es la vela grande, sin bonetas, y pusiéronse a la corda, temporizando hasta el día viernes que llegaron a una isleta de los lucayos, que se llamaba en lengua de indios Guanahaní. Luego vieron gente desnuda, y el almirante salió a tierra en la barca armada, y Martín Alonso Pinzón y Vicente Anes, su hermano, que era capitán de la Niña. Sacó el almirante la bandera real y los capitanes con dos banderas de la Cruz Verde, que llevaba el almirante en todos los navíos por seña, con una F y una I, encima de cada letra su corona. Puestos en tierra vieron árboles muy verdes y aguas muchas y frutas de diversas maneras. El almirante llamó a los dos capitanes y a los demás que saltaron en tierra, y a Rodrigo de Escobedo, escribano de toda la armada, y a Rodrigo Sánches de Segovia, y dijo que le diesen por fe y testimonio cómo él por ante todos tomaba, como de hecho tomó, posesión de la dicha isla por el rey y por la reina sus señores, haciendo las protestaciones que se requerían, como más largo se contiene en los testimonios que allí se hicieron por escrito.

CRISTÓBAL COLÓN, *Diario del primer viaje*

DESLUMBRADOS POR ITALIA

Y de allí el Gran Capitán fue sobre Nápoles y asentó su real en un lugar que se llama La Terra, y desde allí envió a sus embajadores a Nápoles, al regimiento y señores, a les rogar y requerir que se diesen y alzasen banderas por España. Y la ciudad acordó luego enviar allí a sus embajadores, y envió a decir que les placía darles y entregarles la ciudad en cuanto les confirmasen sus privilegios. Y el Gran Capitán se fue al Gandelo, que está a ocho millas de Nápoles, y allí salieron a contratar con él el conde de Matrera y los síndicos de Nápoles, y asentaron su capitulación para entregarle la ciudad, y confirmóles los privilegios de la ciudad. Y a quince de mayo entró en la ciudad el Gran Capitán, con todo su campo, y le hicieron muy noble recibimiento los de la ciudad, con toda la clerecía, y fue metido debajo de un muy rico paño de brocado, en sus cetros que elevaban los mayores de la ciudad. Y fueron así hasta donde se aposentó, que fue en las casas del conde de Matalon, que están en el colegio de Capuana. Y luego esa tarde se le dio el castillo de Capuana, y puso un alcaide que luego alzó banderas por todas las torres, diciendo: «¡España, España!».

ANDRÉS BERNÁLDEZ,
Memorias del reinado de los Reyes Católicos

[illegible]

[illegible] de [illegible] Castilla [illegible] el rey [illegible]
[illegible] la [illegible] de la [illegible]
[illegible]

[illegible] de la [illegible]
[illegible]
[illegible] de los [illegible] y [illegible]
[illegible] que [illegible]
Por el contrario [illegible]
[illegible] de [illegible] y [illegible]
[illegible]
[illegible] de la [illegible]
[illegible] del [illegible]
[illegible] de la [illegible]
[illegible] que [illegible]
[illegible]
[illegible]
[illegible] de la [illegible]
[illegible] de Portugal [illegible]
[illegible] de los [illegible]

1520

LOS COMUNEROS

EL PRECIO DE UN TRONO

Las ciudades castellanas se sublevaron
contra Carlos I, a quien veían más interesado
por conquistar el trono de Alemania
que por atender los problemas de España.
Luego seguirían las protestas de
las germanías, verdadera cristalización
del descontento popular.

¡Oh libertad preciosa,
no comparada al oro,
ni al bien mayor de la espaciosa tierra,
más rica y más gozosa
que el precioso tesoro
que el mar del sur entre su nácar cierra;
con armas, sangre y guerra,
con las vidas y famas,
conquistando el mundo;
paz dulce, amor profundo,
que el mar apartas y a tu bien nos llamas;
en ti sola se anida
oro, tesoro, paz, bien, gloria y vida!

LOPE DE VEGA, «Canción a la libertad»

Tras largos siglos en que los españoles buscaron ser algo más que una mera provincia en el catálogo de imperios ajenos, al fin podían vanagloriarse de vivir en uno de los países más poderosos de la tierra. El sueño imperial es poco dado a dejar sobrevivir utopías; por ello España debía acostumbrarse a dejar de ser una mezcolanza de reinos, trabados por matrimonios de conveniencias, para construir entre todos una verdadera unión. Tan cercana la Edad Media, a los nobles se les hace muy cuesta arriba su fidelidad a la corona, para la que no hay marcha atrás en su programa de fortalecimiento monárquico. Una dura lección que terminó por entrar en las mentalidades de los hombres del XVI con ayuda de la sangre.

> Ya se acerca, señor, o ya es llegada
> la edad gloriosa en que proclama
> el cielo
> un pastor y una grey sola en el suelo
> por suerte a vuestros tiempos
> reservada.
>
> HERNANDO DE ACUÑA, «Al emperador»

A pesar de sus problemas de cohesión interna, la sociedad española que divisa la Edad Moderna poseía un carácter tranquilo, si se la compara con sus vecinas europeas. Cada cierto tiempo, la ira de la desigualdad explotaba mediante revueltas populares acompañadas de conspiraciones contra el poder real, pero, aunque aparatosas, fueron breves y aisladas. Uno de estos episodios de violencia se produjo a la proclamación de Carlos I como rey de Castilla y Aragón. Al morir

Fernando, el cardenal Cisneros pide al príncipe que se traslade urgentemente a la península, ya que su madre se encuentra incapacitada para gobernar. Una parte de la nobleza se desplazará a Flandes, donde trata de ganarse los favores de un rey que todavía no sabe hablar castellano. En realidad, lo que pretendía era dejar de lado al regente, empeñado en organizar la milicia y sanear las arcas públicas a su costa.

Una vez Carlos comprueba que existe un ambiente favorable, desembarca en Castilla. Sin embargo, el recibimiento no será de su agrado. Las Cortes de Valladolid se dedican a recordarle que su madre, doña Juana, seguía siendo su señora, y las de Barcelona y Zaragoza le exigen que guarde respeto a los usos y costumbres de cada reino. Asimismo demandan que el monarca se aleje de cualquier influencia extranjera, sobre todo de la de sus cortesanos flamencos, acusados por los frailes de robar al país, a los que se le aconseja devuelva a su tierra.

> Guárdeos Dios, ducado de a dos,
> quc monsieur de Chèvres no topó con vos.

Haciendo oídos sordos, Carlos se permite incluso responder a la solicitud de rebaja de impuestos con la supresión del encabezamiento de las alcabalas y su subasta al mejor postor, lo que hace aumentar la presión fiscal. A la muerte de su abuelo Maximiliano, el monarca convoca en 1520 nuevas Cortes de Castilla en Santiago con el fin de solicitar el dinero necesario para entrar en la puja final a la corona del imperio alemán, remate de sus posesiones europeas en el Franco-Condado, Flandes, Luxemburgo y Austria. En Salamanca, un documento elaborado por teólogos y alcaldes constituye un programa revolucionario, ya que aparte de su rechazo a la aventura imperial, se exige en él la participación de las ciudades en el gobierno del reino. Como era de esperar, los asistentes a la reunión no estarán dispuestos a sufragar los gastos de un antojo personal que no les reportaba beneficio alguno. Ante el temor de que Castilla fuese esquilmada por la codicia extranjera, impedirán al monarca que se ausente de España sin su autorización. Finalmente exigirán a Carlos I que ponga al frente de su gobierno a políticos nativos. Los castellanos no estaban acostumbrados a soportar los modos autoritarios traídos de Europa por Carlos I, ni el monarca las cortapisas de los parlamentos hispanos. Por ello, traslada las Cortes a La Coruña y soborna a los delegados ciudadanos que aprueban su capricho. Con el dinero recaudado ya en su poder, abandona la península a la búsqueda de su corona alemana, dejando como gobernador a su preceptor flamenco, el cardenal Adriano, en seguida Papa, que será el blanco de las iras de la alta y mediana nobleza.

La lista de agravios contra el gobierno del holandés es interminable. Arrecian las protestas por la primacía extranjera en los cargos públicos. Los patricios urbanos se quejan de la escalada de los impuestos, los campesinos combaten a los recién llegados por su rapiña de bienes del realengo, los pequeños artesanos deploran la prepotencia de los ricos comerciantes. En definitiva, abundan los ingredientes necesarios para preparar el potaje de la insurrección popular. Así, en Toledo, una muchedumbre ardorosa expulsa al corregidor y se alza en hermandad. La ausencia de un monarca que parecía preferir Alemania provocará la subida de tono de las reclamaciones castellanas. A la protesta de la ciudad del Tajo se suman Segovia, Zamora, Salamanca, Ávila, Madrid y otras muchas más, constituyendo la Junta Suprema, que levanta la bandera del pacto entre el rey y las urbes en réplica al credo absolutista del emperador Carlos. Con tropas toledanas, salmantinas y madrileñas, Juan de Padilla entra en Tordesillas, residencia de doña Juana, y recoge para la Santa Junta su cetro abandonado por la enfermedad. De todas las grandes ciudades, tan sólo Burgos guardará fidelidad a Carlos I por las concesiones a los comerciantes laneros y sus vínculos con Flandes.

Como ya ocurriera en las sublevaciones catalanas y gallegas del siglo anterior, la nobleza asustada comienza a dudar de su alianza con los rebeldes desde el momento en que toman las riendas de la insurrección los campesinos y artesanos progresistas llenos de aspiraciones igualitarias. Era la ocasión esperada por Adriano, que no tiene más que llevar al consejo de regencia al condestable Íñigo Velasco y al almirante Fadrique Enríquez para terminar de atraérsela. El fracaso del plan comunero de poner a la reina Juana al frente del movimiento y su indecisión ante Valladolid, sede de la regencia, malogran la ventaja de las ciudades rebeldes. Después de varias acciones militares, en abril de 1521 las milicias ciudadanas son derrotadas en la villa vallisoletana de Villalar por las tropas reales y sus líderes Padilla, Bravo y Maldonado son degollados. Casi un año resiste Toledo por el ánimo y la entereza de la viuda de Padilla. Aplastada la insurrección, Castilla, primera víctima del Imperio, aguanta indefensa la pérdida de sus libertades y la completa inoperancia de sus Cortes, donde la hacienda encuentra campo libre en su demanda abusiva de recursos.

Por las mismas fechas del alzamiento castellano, el virus de la protesta se propaga en el reino de Valencia a través del movimiento urbano de las germanías. Motivos de descontento no faltaban. Moriscos maltratados por los terratenientes, ciudades en manos de oligarquías comerciales y gremios sin voz en los municipios. Este mosaico de gentes desconectadas pide a Carlos I participación directa en el gobierno de sus ayuntamientos, pero no tiene más respuesta que el envío del conde de Mélito como virrey, lo que provocará un levantamiento armado en Valencia, luego extendido a Játiva, Alcoy, Castellón, Elche y Mallorca. Al principio, las demandas de los agermanados se ceñían al ámbito urbano, pero en seguida, con el radicalismo del bajo clero, afectaron a los impuestos o la administración. Al igual que en Castilla, la aristocracia, el alto clero, los comerciantes y los moriscos se unirán en 1522 a las tropas del rey para acallar las voces de libertad levantinas y al año siguiente las mallorquinas.

La represión hará correr la sangre por los surcos de las huertas valencianas, mientras que en Castilla Carlos I se contentará con ajusticiar a los cabecillas más destacados. En la voluntad regia pesó, sin duda, el carácter popular de las Germanías, bien distinto del seminobiliario de las comunidades, así como el temor a que rebrotaran las revueltas sociales de la Baja Edad Media. No obstante, a las ciudades castellanas se las castigó con un impuesto especial durante quince años y, para evitarse problemas con sus súbditos, el rey permaneció en la península una larga temporada, casándose en 1526 con una princesa portuguesa como era el deseo de Castilla. Ante el riesgo de nuevos conflictos, las elites de todos los reinos vuelven sus ojos a la corona, a la que empiezan a considerar la mejor garantía de la paz interna y el orden socioeconómico establecido. La monarquía recompensa su fidelidad y, aunque apartadas de la administración del Estado, gozan de diversos privilegios y del reconocimiento de una estratificación honorífica con la figura del Grande de España en la cúspide.

LA REVOLUCIÓN COMUNERA

LLEGA CARLOS I

A la hora de esta resolución estábamos alrededor de seis leguas lejos del puerto, aunque no parecía que hubiese más de una por la gran altura de las montañas que vimos ante nosotros. En ese momento fueron los marineros a poner fuera del barco del rey la gran barca por medio de máquinas y a fuerza de gente, la cual fue levantada en el aire, como hacen en las bodegas con las cubas, pues pesaba más de diez toneles llenos de vino de tan grande, fuerte y sólida que era, no empleando más que dos horas de tiempo en hacer eso. Cuando esa barca fue bajada al agua, bien limpia y revestida con tapices, cojines y banderas blasonadas con las armas de dicho señor rey, y llegados a unos dos tiros de ballesta cerca de tierra, los furrieles se pusieron en las pinazas de velas y remos para ir con toda diligencia a reservar y preparar el alojamiento; después fueron a echar las anclas en la mar para parar los barcos y bajar las velas. Y hecho esto, el rey, su señora hermana, todas las damas y doncellas y también los grandes dignatarios y señores entraron en esa gran barca y, entonces, a fuerza de remos, siguieron hacia la tierra. Y, aunque a un cuarto de legua había un pueblo y puerto llamado Tazones, esto no obstante no fueron allí a causa de que era un lugar demasiado malo para alojarse en él tanta gente principal, y a causa de que, a dos leguas cerca de allí, había una buena villita, donde estarían mucho mejor alojados que en dicho Tazones. Entonces, a fuerza de remos, llevaron a dicho señor rey por un río de agua dulce que entraba en tierra, entre dos altas montañas que se perdían de vista, llegando este río hasta esa villita llamada Villaviciosa.

LAURENT VITAL,
Relación del primer viaje a España de Carlos I

FLAMENCOS AVAROS

La privanza de monsieur de Chèvres era tanta, que más parecía ser Chèvres el rey, y el rey su hijo, que no ser Chèvres vasallo y criado como lo era. No había puerta ni oído en el rey, más de para quien Chèvres quería. Lo que se despachaba bien, decía Chèvres que él lo hacía, y para sí solo quería el agradecimiento; lo que salía mal cargábalo al rey, y que el rey lo había querido así. Y a la verdad ésta fue la primera ocasión por donde el inocente príncipe comenzó a ser mal quisto [...]

Chèvres vendía cuanto podía: mercedes, oficios, obispados, dignidades; el chanciller, los corregimientos y otros oficios. De manera que faltaba la justicia y sobraba la avaricia. Sólo el dinero era el poderoso y lo que se pesaba; que méritos no se conocían. Todo se vendía, como en los tiempos de Caterina en Roma.

Estaban encarnizados los flamencos en el oro fino y plata virgen que de las Indias venía, y los pobres españoles, ciegos en darlo por sus pretensiones. Que era común proverbio llamar el flamenco al español «mi indio». Y decían la verdad, porque los indios no daban tanto oro a los españoles como los españoles a los flamencos. Y llegó a tanta rotura y publicidad, que se cantaba por las calles:

Guárdeos Dios, ducado de a dos,
que monsieur de Chèvres no topó con vos.

FRAY PRUDENCIO DE XANDOVAL,
Historia de la vida y hechos del emperador

ADULADORES DEL PODEROSO

Y desde allí el emperador se fue a Alemania, donde recibió la corona. Y en tanto que Su Majestad allí estaba, muchas gentes bárbaras, así caballeros como oficiales con sobrada codicia, pensando tener parte en el reino lo alborotaron, acaudillando las más gentes que pudieron. Y la razón que daban en todo ello era «muera el que dijere mal de la mula del corregidor»; y con estas necesidades y otras tales hicieron gran daño y estrago en la tierra, matando y robando a muchas gentes, quemando los lugares, deshonrando a las mujeres casadas y doncellas. FRANCESILLO DE ZÚÑIGA,

Crónica burlesca de Carlos V

EL COMIENZO DE LA REVUELTA

De balde se hecha la medicina cuando la dolencia es hecha incurable: tan reciamente crecen en estos reinos las malas sediciones, que si presto no se atajasen ningún remedio parece que aprovecharía. Madrid del todo se ha confederado con Toledo, así el pueblo como los nobles, con tanta pertinacia que no quieren leer ni recibir las cartas que se les han enviado por los del Consejo de vuestra majestad y han forzado al que tiene la fortaleza que jurase que no hará cosa alguna contra la villa y que no recibirá en aquella fortaleza más gente ni municiones, pero dice Vargas que esto solamente es para cierto tiempo hasta en tanto que el teniente principal su pariente haya venido a Madrid. Los de Toledo tientan los ánimos de todos los del reino y dicen que por utilidad de la república desean tener cortes o ayuntamientos de las ciudades y universidades y tienen tal manera de persuadir y exhortar a esto que inducen las otras ciudades que aún están en obediencia de vuestra majestad, e inclínanlas a hacer lo mismo que ellos. Temo que finalmente será imposible impedirlo.

CARTA DEL CARDENAL DE TORTOSA AL REY, 6-7-1520

LA DEFENSA DE LAS VIEJAS LIBERTADES

Capítulos de lo que ordenaban de pedir los de la Junta

Sucesión

La primera, que después de él no pueda suceder mujer ninguna en el reino; pero que no habiendo hijos, que puedan suceder hijos de hijas y de nietas siendo nacidos y bautizados en Castilla, pero que no puedan suceder sino fueren nacidos en Castilla.

Consejo

La otra, que en el Consejo haya de haber tantos oidores como obispados hay en estos reinos de Castilla, en esta manera: que en cada obispado elijan tres letrados de ciencia y conciencia y de edad de cada cuarenta años, y que el rey o su gobernador escoja uno de ellos y que éste sea oidor por aquel obispado toda su vida; y cuando éste falleciere elijan otros tres por la misma manera: y que de esta forma elija cada obispado uno, y que éstos sean los oidores del Consejo, y que el rey no pueda poner otros, ni quitar éstos, ni pueda impedir ni suspender las sentencias ni mandamientos que éstos dieren.

Procuradores

La otra, que cada vez que se hubieren de hacer Cortes, los lugares realengos de cada obispado y arzobispado elijan dos procuradores que vayan a las Cortes, el uno de los hidalgos y el otro de los labradores, y que éstos no puedan haber merced ninguna ni el rey se la pueda dar, y que de cada uno de los obispados elijan un clérigo para que vaya a las Cortes, y de los caballeros elijan dos caballeros, y de las órdenes de los observantes dos frailes, el uno francisco y el otro dominico, y que sin todos éstos no se puedan hacer Cortes; y que de los obispados del reino de Galicia no haya más de dos procuradores porque son pequeños; y que si alguno se quejare del rey en Cortes, que le sea hecha justicia antes que se acaben las...

Gobernador

La otra, que si el rey fuere muerto, o se ausentare del reino, que los procuradores de Cortes y los del Consejo se junten en Cortes y elijan un gobernador del estado de los caballeros, y éste y los del Consejo gobiernen el reino y provean de tutor y curador al menor o mentecato y de oficiales de su casa, y que éstos puedan amoverse, quitar a los tutores, y curadores y oficiales cada y cuando les pareciere, y poner otros.

Beneficios

Lo otro a condición que los beneficios, y dignidades, y abadías, priorazgos, obispados, y arzobispados y fortalezas se hayan de dar y den cuando vacaren a personas que sean nacidos y bautizados dentro de los límites de los obispados y arzobispados donde vacaren, y que no se puedan dar a otras personas; pero si el rey tuviere hijos o nietos o hermanos, que los pueda proveer a donde él quisiere con tal de que sean nacidos y bautizados en estos reinos de Castilla.

COLECCIÓN DE DOCUMENTOS INÉDITOS
PARA LA HISTORIA DE ESPAÑA

VILLALAR: EL TRIUNFO DE LA CORONA

A dieciocho del presente escribí a Vuestra Majestad Altísima como al recibir ésta creo que lo habrá visto. Lo que después se ha ofrecido es que en el día del glorioso San Jorge, XXIII que eran de éste, salieron Joan de Padilla y los otros capitanes con todo el ejército y artillería de las comunidades, en el cual había seis mil hombres, o pocos más, aunque otros dicen que llegaban a siete mil, que eran cuatrocientas lanzas y mil escopeteros y todo el resto piqueros, e iban en sus escuadrones hechos y tan bien ordenados, según me ha dicho el Comendador mayor de Castilla, el cual con la gente que traía trabajó mucho de romperles, y jamás pudo entrarles en espacio de dos leguas que anduvieron los unos cerca de otros, pero en fin llegando muy cerca de un lugar que se dice Villalar que es a dos leguas y media de aquí, obra de quinientos o seiscientos de caballo del ejército de Vuestra Majestad Altísima rompieron del todo al ejército de las comunidades y prendieron casi a todos los capitanes de ellas y a toda la artillería, y el otro día siguiente que eran veinticuatro de éste, yo llegue al dicho lugar para verme con el condestable, y degollaron allí con sentencia y pregón público a Joan de Padilla, a Joan Bravo y a Francisco Maldonado, lo que cierto fue una grandísima jornada; y esperamos que con esto el reino se apaciguara por algunos días, más todos los de acá y yo con ellos, tememos y recelamos que si Vuestra Majestad Altísima no viniese como ha prometido, estos reinos no estarán mucho tiempo sin recaer y que entonces sería peor la recaída que la dolencia principal.

CARTA DEL CARDENAL DE TORTOSA A CARLOS I, 25-4-1521

1561

MADRID, CAPITAL DEL IMPERIO

LA ATRACCIÓN DEL CENTRO

La ambición de Felipe II de dar al Imperio una burocracia acorde con su envergadura, sumada a otras más caprichosas aficiones y fobias, favorecieron la elección de la pequeña villa del Manzanares como nueva sede de la corte. Madrid crecería a un ritmo vertiginoso.

En Madrid está la corte, la corte
de las Españas, que Valladolid la vieja
cayó del rey en desgracia.
Por eso, en la antigua villa
cesó la paz y la calma...

VERGARA MARTÍN, *Refranero*

Mientras Flandes e Inglaterra embellecían sus capitales con imposibles monumentos, el mayor imperio conocido no disponía del escenario adecuado para una monarquía deseosa de representar su papel de primera figura. La carencia de un núcleo urbano desde el que pudiera extender su poder y administración venía de atrás. Si se repasan las páginas de la memoria, se advierte una tradición castellana huérfana de tales urbes y sólo las cabezas musulmanas de las taifas o León podían servir de modelo histórico a seguir por el rey. La corte estaba acostumbrada a coger sus enseres y trasladarse a los palacios meseteños o andaluces, según los caprichos del soberano de turno, al igual que las oficinas administrativas que habían terminado por adaptarse a una monarquía viajera. En Aragón tampoco se pudo contar con una capital debido a los constantes roces entre los estados de la Confederación e incluso hubo monarcas como Alfonso V que establecieron su corte fuera de la península, concretamente en Nápoles.

Durante la Reconquista, el lugar del soberano era el frente de batalla o los castillos de invernada. La situación cambia cuando los Reyes Católicos consiguen expulsar a los siervos de Alá del país y emprenden un conjunto de reformas. Sin embargo, en su programa no se incluyó la creación de un centro estable, debido, con toda seguridad, a los recelos que podía provocar la medida en la mezcolanza de estados que componían el patrimonio de la corona. Idéntica circunstancia se vive en tiempos de Carlos V, por más que la corte acostumbrase a hacer de Valladolid y Madrid residencias casi oficiales. El emperador encontraba dificultades a la hora de poner de acuerdo a todos los integrantes de su herencia europea y a menudo tenía que desplazarse a los campos del continente en defensa del Imperio y la religión católica. Su hijo Felipe II, el rey burócrata por antonomasia, sería el que habría de decidir, finalmente, la ubicación de la capital de España.

Las candidatas tenían que cumplir ciertos requisitos. La capital debía asentarse en la Meseta, pues Castilla desde siempre funcionaba como corazón de la monarquía y, además, había de estar bien comunicada con todos los reinos de la península. En el centro geográfico del país, Madrid reunía estas condiciones y otras que la habían hecho merecedora de largas estancias de los monarcas. Sus reservas de caza, propiedad de la corona, atrajeron a Carlos V y al propio Felipe II, buscando los montes de El Pardo para sus batidas. Junto a las razones personales, existían también las de índole política. La elección de la pequeña urbe manchega significaba dejar de lado Toledo y Valladolid, grandes ciudades con más prestigio, riquezas e infraestructuras. Ambas parecían destinadas por la Historia a ser cabezas del Imperio, sin embargo tenían en su contra algunas peculiaridades que disgustaban a la monarquía. La antigua capital goda era casi un feudo del arzobispo y durante el estallido de las comunidades se había alineado contra Carlos V. En el caso de Valladolid, se daba el agravante de las veleidades luteranas de una parte de la población, descubiertas por los autos de fe de 1559, a las que el piadoso Felipe II se mostró muy sensible. Sevilla podía haber sido la tercera en discordia, por ser la mayor y la más rica urbe hispana, pero su lejanía del centro meseteño y su tradición de epidemias, de cuerpo y espíritu, la privaban de toda oportunidad.

Otra ventaja que ofrecía Madrid era su proximidad al futuro monasterio de El Escorial, la niña de los ojos de un monarca que con ambas realizaciones trataría de demostrar la superioridad del poder real, por encima de cualquier atadura histórica o religiosa. Sólo Segovia pudo haber hecho sombra a la candidatura de Madrid por su buena comunicación con el Guadarrama y su imponente alcázar real, pero también ella había quemado sus opciones durante la rebelión comunera. La villa del Manzanares ofrecía, por añadidura, infinitas posibilidades de urbanización, estaba situada dentro del realengo, y los sanos aires de la sierra alejaban las pestilencias que a menudo visitaban otras ciudades.

En el verano de 1561 Felipe II decide el traslado de la corte desde Toledo a Madrid. Al no establecer con rigor el carácter permanente de la medida, la capital nace con una cierta interinidad que habría de durar cincuenta años. Así, antes de que la monarquía se acostumbrase a tener una residencia fija, Felipe II vuelve a Valladolid por un largo tiempo, hasta su definitivo regreso en 1606. El aposentamiento de la familia real y el gobierno trajo un cambio de fisonomía de la urbe, ya que con ellos se desplazaba toda la máquina burocrática. Los consejos, la Inquisición, la hacienda, las embajadas... arrastran tras de sí a innumerables servidores del Estado y sus familias. Y eso que el rey había dejado en sus primitivos centros instituciones tan populosas como la chancillería vallisoletana, que la ciudad no dispuso hasta el siglo XIX de universidad y que tampoco tuvo la nutrida vida catedralicia fruto de un obispado.

De resultas de la mudanza, la población crecerá de forma aparatosa, pasando de poco menos de treinta mil habitantes en 1561 a los ciento cincuenta mil de 1621, después de haber ganado la partida a Sevilla, víctima del hundimiento económico. A comienzos del siglo XVII, las viviendas se apiñaban en torno al Alcázar, situado en el mismo emplazamiento donde los Borbones edificarán el actual Palacio Real, y quedaban rodeadas por la muralla que pronto resulta pequeña ante tanta demanda. Las construcciones empiezan a extenderse de manera arbitraria, a partir de los ejes marcados por los caminos que comunicaban con pueblos de la Meseta como Atocha, Hortaleza, Alcalá o Fuencarral. A fin de poner freno a los desaguisados de la especulación, Felipe II toma cartas en el asunto decretando la ampliación de las murallas, con lo que se ofrecen extensos solares que ayudan a diseñar nuevas plazas y ampliar la anchura de las calles principales.

De sus proyectos viviría Felipe III, que encargó a Gómez de Mora la Plaza Mayor, centro de la vida social de la ciudad y hermoso escenario de los más barrocos espectáculos al servicio de la monarquía, ya fueran corridas de toros, procesiones cívicas y religiosas o los inevitables autos de fe descritos por las pinturas de Mateo Ricci.

Los planes de Felipe II incluían la construcción de una vía de representación del poder, en cuyos extremos se situaban el Alcázar y los Jerónimos. La ciudad real daba paso a la teatral, indispensable para deslumbrar a los visitantes, si bien la falta de dinero impidió rellenar la ruta con edificaciones de calidad. Felipe III la dignificaría un poco al añadir una nueva fachada al viejo alcázar, más acorde con su carácter residencial. A su sombra y enfilando hacia el monarca, se levantarían los palacios de los Uceda, Oñate, Lerma, Arcos, Laguna, los Grandes de mayor patrimonio. Esta ciudad de bambalinas quedaría realzada en 1630, cuando Felipe IV y el conde-duque de Olivares dispongan la construcción del palacio del Buen Retiro, muestra expresiva del esfuerzo por hacer del arte un medio de propaganda de la monarquía en sus horas de declive. Frente a la opulencia palaciega, la mayor parte de la Villa estaba constituida por casas de adobe, de un solo piso, cuya pésima construcción obligaba a restaurarlas continuamente.

Traslado a la corte

A pesar de sus incomodidades, la ciudad se convierte en destino de la peregrinación de cuantos buscaban fortuna. Oleadas de jóvenes campesinos castellanos, asturianos y gallegos vieron en la capital su oportunidad de conseguir un trabajo en la construcción o en el servicio de los aristócratas. Gracias a la avalancha de inmigrantes pudo crecer la ciudad, ya que durante los siglos XVI y XVII el número de nacimientos nunca superó al de fallecidos, explicándose esta aparente anomalía por la dificultad de formar nuevas familias, a causa de los bajos salarios, y las prohibiciones de matrimonio dentro del servicio doméstico.

No sólo trabajadores llegan a la capital, sino que ejércitos de vagabundos y pícaros, tentados por la miel de las limosnas, aparecen en todas las esquinas. Sus excesos levantaron las críticas de los arbitristas contra una caridad hipócrita, que no hacía sino incrementar las trapacerías de muchos falsos leprosos, ciegos y tullidos. La abundancia de gentes de mal vivir tendría como resultado la formación de mafias, dominadoras de los lucrativos negocios del juego, la caridad o la prostitución. En el anonimato de la gran ciudad pululaban también los galeotes huidos de la justicia, el hampa del Imperio y los prófugos de la milicia contra quienes nada podrían hacer las continuas rondas de alguaciles, alcaldes de noche y soldados en activo.

Desaparecido Felipe II y una vez confirmada la seguridad de la capital madrileña, los nobles acuden en tropel, ansiosos de incorporarse a la vida palaciega, de la que esperan obtener buenos beneficios. Su obsesión principal es poseer un palacio en la ciudad y llenarlo con obras de arte, costumbre que ayudará al inminente renacimiento cultural del Siglo de Oro. El traslado a Madrid de los nobles, caciques en sus feudos provinciales, favorecerá una mayor compenetración de los intereses locales y «nacionales» y un avance en el proceso de fusión de los reinos peninsulares. Ofreciendo un lugar de encuentro de las elites españolas, Madrid pone los cimientos de la futura unidad nacional sin necesidad de forzar el calendario. No se hace de rogar la Iglesia, que acude presta al pastoreo de tan insignes almas, llenando la ciudad con sus templos, claustros y tapiales.

La atracción del centro es tan grande que todas las demás ciudades castellanas languidecen, desmanteladas por la huida de sus artesanos y los vecinos más pudientes. En Madrid, mientras tanto, echa raíces el clientelismo real y nobiliario, que atrae a un gran número de hidalgos, muchos de ellos con estudios universitarios. A su trabajo se debe el que la maquinaria imperial se mantuviera en pie aun en los momentos de mayor debilidad, siendo especialmente activa la poderosa colonia de vizcaínos, muy introducida, por otra parte, en los ambientes comerciales y bancarios. A través de los hidalgos se estrecharán los lazos de la capital con el resto de los territorios de la monarquía, pues a pesar del cambio de domicilio se mantendrá su comunicación familiar, interesados los provincianos en disponer de alguna influencia en la corte. Camino de ida y vuelta, éstos habrían de ser los mejores apoyos de la administración y la corona en la periferia.

El consumo de la Villa y la creación de una red pública de abastecimiento necesaria para la paz social animarán la economía de las dos Castillas, estrechando la dependencia del ámbito rural y favoreciendo una cierta integración económica y el nacimiento de un mercado unificado de escala reducida. Al concluir el siglo XVII, Madrid es mucho más que un simple centro administrativo y cortesano compuesto de casas y personas que se desparraman por la llanura manchega. En sus entrañas, la monarquía ha situado el corazón de su Imperio, pero a su lado se ha ido construyendo aprisa una compleja red de dependencias sociales, sostenidas por el incesante ir y venir de hombres y mercancías que hacen de la capital el espejo en el que se mira toda Castilla. Y no sólo ella sino que la península entera también se esfuerza por encontrar acomodo en el engranaje y sentirse representada, al menos lo suficiente para poder influir en su destino. Es el camino por el que avanza la unidad de España mientras el Estado logra extender sus tentáculos a todo el territorio.

FELIPE II ELIGE MADRID

EL CENTRO DEL IMPERIO

El Rey Católico, juzgando incapaz la habitación de la ciudad de Toledo, ejecutando el deseo que tuvo el emperador su padre de poner su corte en la villa de Madrid, y con este intento hizo palacio el alcázar iusique en edificio agradable y saludable en sitio a que sube por todas partes, determinó poner en Madrid su Real asiento y gobierno de su monarquía, en cuyo centro está. Tenía disposición para fundar una gran ciudad bien proveída de mantenimientos por su comarca abundante, buenas aguas, admirable constelación, aires saludables, alegre cielo y muchas y grandes calidades naturales, que podía aumentar el tiempo y arte, así en edificios magníficos como en recreaciones, jardines, huertas...

LUIS CABRERA DE CÓRDOBA, *Historia de Felipe II*

LA CASA DEL REY

El Palacio Real, en el que sólo viven Su Majestad, el príncipe, la infanta y el cardenal de Austria, no es un edificio de gran relieve para ser la residencia de un monarca tan poderoso. Tiene dos grandes patios con series de magníficas columnas que llegan hasta la techumbre. Saliendo de la escalera, tiene bellos corredores, pero las estancias son pequeñas. No vi ninguna de esas habitaciones que se extienden ininterrumpidamente unas tras otras, pues todo el palacio se revuelve en galerías. En su interior pueden verse muchos cuadros bellos. El edificio tiene delante una plaza al final de la cual está la caballeriza, que es muy hermosa. Muchos alabarderos vestidos de negro con la calza entera montan la guardia del palacio. Custodian al rey, al príncipe, la infanta y al cardenal.

CAMILLO BORGHESE

SÓLO MADRID ES CORTE

Víneme poco a poco acercando a Madrid y, cuando me vi en Alcalá de Henares, me detuve ocho días, por parecerme el lugar más gracioso y apacible de cuantos había visto después de que de Italia salí. Si la codicia de la corte no me tuviera puestas en los pies alas, bien creo que allí me quedara, gozando de aquella fresquísima ribera, de su mucha y buena provisión, de tantos agudísimos ingenios y otros muchos entretenimientos. Empero, como Madrid era patria común y tierra larga, parecióme no dejar un mar por el arroyo. Allí al fin está cada uno como más le viene a cuento. Nadie se conoce ni aun los que viven de unas puertas adentro. Esto me arrastró, allá me fui.

Estaba ya todo muy trocado de como lo dejé. Ni había especiero ni memoria de él. Hallé poblados los campos; los niños, mozos; los mozos, hombres; los hombres, viejos, y los viejos, fallecidos; las plazas, calles y las calles muy de otra manera, con mucha mejoría en todo.

MATEO ALEMÁN, *Guzmán de Alfarache*

A LA SOMBRA DEL ALCÁZAR

Aunque Madrid está muy poblado, hay en él, sin embargo, poca burguesía. La casa del rey, los cortesanos, el gran número de consejos, de tribunales y de personas que de ellos dependen, una cantidad extraordinaria de conventos del uno y del otro sexo, es lo que compone la mayor parte de la ciudad. Fuera de eso no hay más que algunos obreros para las cosas necesarias y algunos comerciantes. Es la ciudad del mundo más llena de carrozas en proporción a su tamaño; a causa de la suciedad que allí se encuentra, en invierno los barrizales son en Madrid horribles, y el polvo en verano insoportable. No se observa policía ninguna para limpiar la ciudad; no hay agua en el río para arrastrar las inmundicias, que permanecen en las calles durante todo el año. Sólo la bondad del aire puede remediar las consecuencias que debería causar esa infección; por eso se puede decir que el aire y el agua son las únicas cosas buenas que hay en Madrid. Lo que depende del cuidado de los hombres está allí en un desarreglo extremado; las cosas necesarias a la vida llegan allí desde muy lejos, en coches de mulas y en carros, que las traen con grandes gastos y en pequeña cantidad; las entradas y los otros derechos son inmensos; el monopolio de los magistrados se extiende a todo, y desde el descrédito de la moneda de cobre, la carestía ha llegado a tal punto que excede en dos veces la de la ciudad más cara de Europa. P. VILLARS, *Mémoires de la Cour d'Espagne*

COSTUMBRES NOBILIARIAS

Las gentes de la primera calidad que están en la corte siguen casi la misma manera de vivir. Se levantan muy tarde, no ven al rey más que cuando le acompañan a misa, es decir, los que son grandes; y por la noche, a las comedias, adonde asisten cubiertos, pero no sentados, y no le hablan jamás más que por audiencia, cuando la necesidad de sus negocios les obliga a pedirla. Las comedias y el paseo son toda su diversión: y de tal modo están sometidos a su costumbre, que no van más que en ciertos tiempos señalados al paseo del río, que es el sitio más agradable que se pueda imaginar, y abandonan ese lugar en el excesivo calor del verano (donde tienen un paseo de una legua de largo, bajo los árboles, sobre arena firme que el río Manzanares riega por cincuenta pequeños canales diferentes) para tragar el espeso polvo del Prado; verdad es que, como es un lugar que tienen en Madrid, y que hay que bajar un poco para ir al otro, esa pereza natural de que he hablado anteriormente se les hace preferir. MARÉCHAL DE GRAMONT, *Mémoires*

1609

LA EXPULSIÓN DE LOS MORISCOS

EL LLANTO DE LA ACEQUIA

Los musulmanes que habían permanecido
en la península tras la Reconquista venían siendo
tolerados sin mayores inconvenientes.
Pero la expulsión de los judíos a finales del siglo XV
marcó el camino a seguir:
en el Imperio español no había lugar para
una fe distinta de la católica.

Cien mil moriscos salieron,
cien mil casas dejaron,
las haciendas que se hallaron,
¿en qué se distribuyeron?
La moneda que subieron,
causa de pena y de lloro,
el subir también el oro
con tan poco fundamento,
arbitrio al fin de avariento
para aumentar su tesoro.

CONDE DE VILLAMEDIANA,
«Aconsejando a la Majestad
de Felipe III contra los privados y ministros»

Eran odiados por ser distintos a los demás, por intentar conservar su identidad y costumbres en un país donde todas las personas debían seguir las mismas tradiciones y orar a un único Dios. El origen de los moriscos se perdía en los tiempos de la Reconquista, cuando el avance cristiano de los siglos XIII y XIV hacia Andalucía, Valencia y Murcia permite, a través de capitulaciones, que una parte de los musulmanes permanezca en los reinos recién adquiridos. No se trataba, claro está, de un rasgo de magnanimidad y tolerancia por parte de los monarcas norteños, sino del reconocimiento de su incapacidad para sustituir la población musulmana por otra cristiana o de explotar los nuevos territorios sin la ayuda de los hombres y mujeres islámicos. Hubieron de transigir, pues, con los viejos habitantes, respetando su cultura a cambio del sometimiento y el pago de una cantidad de dinero.

Este respeto permite a los Reyes Católicos establecer en 1492 su dominio efectivo sobre Granada, cuando todavía no se había marchitado la posibilidad de una convivencia entre culturas. Después, el cardenal Cisneros se encargaría de plantar la mala hierba de la intolerancia obligando desde 1500 a muchos a aceptar el bautismo en contra de sus creencias, persiguiendo a los alfaquíes y destruyendo libros y mezquitas. Asustados, algunos se decidirían por la emigración; otros aceptarían una cristianización formal y sin demasiadas obligaciones mientras reducían la práctica de sus antiguos ritos a las catacumbas de sus hogares. Tampoco faltaron los que reaccionaron sublevándose contra las imposiciones y alzando en armas La Alpujarra granadina. Una excusa ideal para que, con la represión militar del movimiento, Cisneros impusiese la conversión obligatoria de todos los musulmanes del reino de Castilla. Los mudéjares castellanos desaparecían, dando paso a los moriscos.

A la Confederación catalanoaragonesa no le interesaba completar el mapa cristiano con tanta rapidez. El temor a perder para siempre una minoría tan rentable provocó que la nobleza y las Cortes no la presionasen en exceso con minucias religiosas. De esta forma, los mudéjares aragoneses lograron resguardarse del temporal hasta que los ataques de las germanías valencianas rompieron en 1520 el consenso adquirido. Los revolucionarios levantinos encontraron en la minoría islámica la víctima propiciatoria sobre la que descargar su furia contra las clases dirigentes. Además de los tres autos de fe organizados por la Inquisición valenciana con la clientela de Alá, fueron frecuentes los *pogroms* contra las morerías, los asesinatos en masa y el bautismo forzoso de los infieles en Gandía, Játiva, Oliva y el marquesado de Denia.

Llama la atención el desusado interés por cristianizar las ricas zonas de la huerta y que, una vez concluida la rebelión, la corte y la Iglesia diesen por buenos los coactivos bautizos. De acuerdo con su peregrina argumentación, no se había conculcado la libertad de los conversos al tener éstos la oportunidad de elegir entre el bautismo o la muerte. Dado que la gran mayoría de los mudéjares valencianos habían quedado cristianizados por el espíritu religioso de las germanías, no había razón alguna para seguir permitiendo diferencias. Y así, con las bulas de Clemente VII en la recámara ética, Carlos V decretaba en 1525 la conversión obligatoria de todos los mudéjares catalanoaragoneses. Era el capítulo final de una maniobra política urdida con el deseo de lograr una mayor homogeneidad que limara asperezas ante el reto del Imperio. Una campaña de propaganda a gran escala dirigida a satisfacer a las masas levantinas, muy encrespadas después del movimiento agermanado.

No satisfecho con los frutos de sus bautizos, el emperador decidirá proscribir del reino las particularidades culturales de los moriscos, a la vez que cierra los ojos ante las pesquisas de la Inquisición. Mediante la concordia de 1526, la elite morisca valenciana pondrá un dique a los atropellos y sobornará durante cuarenta años a sus guardianes, con el fin de que hicieran la vista gorda a las costumbres no lesivas a la moral católica. Sin embargo, la masa no aceptaría bien la propuesta, aprestándose al exilio, en perjuicio de sus señores, o a la rebelión. Con la algarabía morisca, Carlos V pierde la escasa paciencia que le quedaba, prohíbe drásticamente sus movimientos y hasta ordena desarmarlos en prevención de una guerra de guerrillas en el interior del reino. En plena escalada represiva, la minoría islamizante debe, pues, extremar sus precauciones no sólo con los soldados reales, sino también con los cancerberos de la moral católica, dispuestos a corregir sus extravíos. Aun así, a mediados de siglo, la mayor parte de los acusados del santo tribunal valenciano son moriscos, que a duras penas consiguen librarse de las fallas inquisitoriales.

En el reino de Castilla la situación no era muy diferente. El tribunal de Granada, trasladado de Jaén en 1526, se encargaba de poner a raya a los que, en su intimidad, seguían rezando las mismas plegarias al Dios del Corán. También allí, los primeros golpes habían sido esquivados ofreciendo dinero a la «necesitada» corona, pero los conflictos entre las comunidades, la ruina de las industrias sederas, propias de los moriscos, y la implacable persecución de los tribunales provocaron la catástrofe. En la nochebuena del año 1568, treinta mil moriscos se alzan en armas contra la política de imposiciones de Felipe II. Serían precisos dos años de guerra salvaje y una represión feroz para que Juan de Austria consiguiese finalmente pacificar la zona. Los versos de Fernando de Herrera recuerdan su tarea:

Y el fértil Occidente,
cuyo inmenso mar cerca el orbe y baña,
descubrirá presente,
con prez y honor de España,
la lumbre singular de esta hazaña;

que el cielo le concede
aquel ramo de César invencible,
que su valor herede,
para que el turco horrible
derribe el corazón y ardor terrible.

La sangre de miles de hombres regaría las tierras andaluzas que antes labraron con su esfuerzo unos campos entregados ahora a los colonos gallegos y castellanoleoneses tras dispersar a sus antiguos ocupantes a lo largo y ancho del reino castellano. Por si el apremio de los poderes públicos fuese poco, la rápida extensión en el siglo XVI del orgulloso sentimiento de limpieza de sangre redujo el margen de maniobra de los conversos verdaderos, al quedar excluidos de colegios, gremios y regidurías ciudadanas, mientras el ímpetu avasallador de las formas de cultura hispana despreciaba sus rasgos culturales. Asimismo, dadas sus actividades agrarias y ganaderas, los moriscos tuvieron que soportar la hostilidad de los demás trabajadores, que les consideraban demasiado diligentes, tacaños y obsequiosos en exceso con sus patronos. Su afición a procrear causó alarma entre algunos escritores que, como Cervantes, temían que, a fuerza de hijos, se restaurase la superioridad islámica en los reinos de Levante y Aragón.

La verdad es que la supuesta amenaza la constituían apenas trescientas mil personas en toda la península, frente a un total de ocho millones y medio de españoles, concentrándose sobre todo en el cuadrante sudoriental. Sobresalen en Granada, donde hasta el levantamiento componen un 54% de su población, y en el reino de Valencia, seguidos a muy larga distancia por Aragón y Castilla. Dentro de cada reino se repartían de forma muy desigual, ya que en Valencia tendían a concentrarse en los campos de secano pertenecientes a la nobleza, mientras las ricas huertas y la capital habían quedado monopolizadas por los cultivadores cristianos. El *apartheid* morisco permite la supervivencia de las costumbres heredadas contra las que se estrellan, una y otra vez, las campañas de catequización del arzobispo San Juan de Ribera. En Aragón, los moriscos ocuparon las riberas del Ebro, cuyos regadíos no habrían podido funcionar sin su experiencia. Por el contrario, en Castilla existió una población morisca esencialmente urbana y bastante asimilada, a la que no favoreció en nada el traslado forzoso de ochenta mil correligionarios andaluces en 1598, haciendo revivir sentimientos de aversión casi olvidados.

La guerra de Las Alpujarras puso sobre el tapete el fracaso del fenómeno aculturizador en Valencia y Granada, marcado por las ofensas de los convertidos a los dogmas de la divinidad de Jesús o la virginidad de María y por su empecinamiento en las prácticas alimenticias –no consumen cerdo, ni vino, y cocinan con aceite de oliva frente a la cristiana manteca– o la circuncisión masculina. Como los tiempos no estaban para muchas clases particulares de religión, los tribunales inquisitoriales se encargaron de mostrarles lo peligroso que resultaban a la carne las dudas del espíritu. Estos enérgicos docentes fueron muy activos en Valencia, por el temor de la población a los asaltos de los piratas turcos y berberiscos en connivencia con los quintacolumnistas del interior.

Tras ochenta años de palo y zanahoria, empiezan a oírse voces que apuestan por solucionar el problema morisco de la manera más sencilla: haciéndolos desaparecer. La Historia tiene la mala costumbre de plagiarse a sí misma, y todo parecía indicar que a esta minoría le esperaba el mismo destino de los judíos, siendo los burócratas valencianos los primeros en fomentar la idea de la expulsión. Entre los eclesiásticos, los franciscanos y jesuitas, más benevolentes, se oponían a los antimoriscos dominicos en tanto el bajo clero calentaba ahora los ánimos contra los convertidos del Islam, como lo había hecho con los seguidores de Jehová. En defensa decidida de los perseguidos sólo salió la nobleza levantina, segura de que la dureza que imponía a estos trabajadores sería difícil de aceptar por otros, y los señores aragoneses, siempre dispuestos a encontrar argumentos en su pulso con la monarquía.

Las vacilaciones de unos y otros darán paso a la orden de expulsión contra la única minoría étnico-cultural que había logrado sobrevivir, junto con los estigmatizados gitanos, en la estamental sociedad española del Imperio. El duque de Lerma fue el encargado de poner su sello al estratégico diseño de una expatriación forzosa, hija del fracaso de las soluciones pacíficas ensayadas por la Iglesia y del miedo a la manipulación extranjera del descontento morisco, tras el desastre de Argel. Bajo la acusación de atentar contra la seguridad de la monarquía, el Consejo de Estado decreta el 4 de abril de 1609 la expulsión de los moriscos, aprovechando el respiro concedido por la mejora de la situación internacional para poner en orden la casa. Su destierro fue también parte de una gran campaña propagandística encaminada a realzar el poder de la corona y una gran dosis de maquillaje que intentaba disimular las arrugas de la crisis económica y frenar así el descontento social.

Mudos y solos, los puertos valencianos quedan atrás para las ciento veinte mil personas que se embarcan con destino a las playas africanas. Medio año después les toca el turno a los moriscos de Andalucía y Castilla, que son expatriados por la costa sureña. Su marcha agravará la crisis interna de la monarquía al fomentar la despoblación de los reinos y la fuga de capitales, sufriendo la Iglesia y el Estado en sus propias carnes la caída de los ingresos y el impago de las deudas. Como contrapartida, la corona verá estrecharse la dependencia de Valencia respecto de Madrid, pues a los nobles se les hará difícil sobrevivir sin la ayuda real en unas tierras huérfanas de los sufridos moriscos.

LA EXPULSIÓN DE LOS MORISCOS

CAPITULACIONES GENEROSAS...

Que sus altezas y sus sucesores para siempre jamás dejarán vivir al rey Abí Abdilehi y a sus alcaides, cadís, meftís, alguaciles, caudillos y hombres buenos y a todo el común, chicos y grandes, en su ley, y no les consentirán quitar sus mezquitas ni sus torres ni los almuédanos, ni les tocarán en los habices y rentas que tienen para ellas, ni les perturbarán los usos y costumbres en que están.

Que los moros sean juzgados en sus leyes y causas por el derecho del xara que tienen costumbre de guardar, con parecer de sus cadís y jueces [...]

Que ningún moro ni mora serán apremiados a ser cristianos contra su voluntad; y que si alguna doncella o casada o viuda, por razón de algunos amores, se quisiere tornar cristiana, tampoco será recibida hasta ser interrogada; y si hubiere sacado alguna ropa o joyas de casa de sus padres o de otra parte, se restituirá a su dueño, y serán castigados los culpados por justicia [...]

Que las carnicerías de los cristianos estarán apartadas de las de los moros, y no se mezclarán los bastimentos de los unos con los de los otros; y si alguno lo hiciere, será por ello castigado. CAPITULACIÓN DE BOABDIL, 28-11-1491

...Y CONVERSIONES FORZOSAS

Y algunos que estaban rebeldes y pertinaces en aquella su mala secta, los mandaba hacer prender y echar en cadenas y prisiones, hasta que venían en conocimiento y de su voluntad pedían el agua del bautismo y se volvían cristianos. Y para que así los tuviesen presos y siempre les predicasen y pusiesen en el camino de nuestra santa fe católica, tenía su señoría señaladas y nombradas ciertas personas para ello, en especial a un capellán suyo, que se decía León, que se conformaba el nombre con el hecho, que los que venían en su poder los trataba tan crudamente, que por recios e incrédulos que estuviesen, tras IIII o V días que estuviesen en su poder luego venían diciendo que querían ser cristianos [...]

Y así se convirtieron y bautizaron casi toda la morisma de la dicha gran y nombrada ciudad de Granada.

Y para desarraigarles del todo de la sobredicha su perversa y mala secta, les mandó a los dichos alfaquís tomar todos sus coranes y todos los otros libros particulares, cuantos se pudieron haber, los cuales fueron más de IIII o V mil volúmenes, entre grandes y pequeños, y hacer muy grandes fuegos y quemarlos todos; que había entre ellos infinitos que las encuadernaciones que tenían de plata y otras cosas moriscas, puestas en ellos, valían VIII y X ducados, y otros de ahí abajo. Y aunque algunos hacían mancilla para tomarlos y aprovecharse de los pergaminos y papel y encuadernaciones, su señoría reverendísima mandó expresamente que no se tomase ni ninguno lo hiciese. Y así se quemaron todos, sin quedar memoria, como dicho es, excepto los libros de medicina, que había muchos y se hallaron, que éstos mandó que se quedasen; de los cuales su señoría mandó traer bien XXX o XL volúmenes de libros, y están hoy en día puestos en la librería de su insigne colegio y universidad de Alcalá, y otros muchos añafiles y trompeticas que están en la su iglesia de San Ildefonso, puestos, en memoria, donde su señoría reverendísima está sepultado.

JUAN DE VALLEJO,
Memorial de la vida de fray Francisco Ximénez de Cisneros

EL VETO AL VELO

...es mi merced y voluntad y mando que, además de lo en las dichas mis cartas contenido, ningunas personas, de cualquier edad que sean, de las mujeres de los dichos nuevamente convertidos no puedan traer ni traigan almalafas ni cubiertas las caras, pasados los dos años primeros siguientes, que se cuenten desde el día que esta mi sobrecarta fuere pregonada y publicada en las ciudades del dicho reino, que este término les doy para que puedan gastar las dichas almalafas que tienen hechas. Y pasados los dichos dos años, traigan mantos de paño y descubiertas las caras, según andan las cristianas viejas, so pena que si, pasado el dicho tiempo, alguna persona de las dichas mujeres llevare las dichas almalafas y anduviere cubierta la cara, pierda la primera vez las ropas que llevare y pague dos mil maravedíes, y por la segunda vez la pena doblada y que le sean dados cien azotes, y por la tercera pierda sus bienes y quede la persona a la nuestra merced.

REAL CÉDULA DE LA REINA DOÑA JUANA, 29-7-1513

LA FUERZA DE LA COSTUMBRE

Las mujeres visten completamente a la morisca, que es un traje muy fantástico: llevan camisas, que apenas les bajan del ombligo (alcandoras), y además sus zaragüelles, que son unas bragas de tela de color, bastando que en ellos entre un poco la camisa. Las medias, desde las bragas abajo, ya sean de paño o de otra tela, están todas arrugadas y los fruncidos hechos por el revés, de manera que hacen parecer muy gruesas las piernas. En los pies no llevan zapatillas, sino zapatos pequeños y ajustados. Sobre la camisa visten una ropilla ajustada y corta, con las mangas también ajustadas, casi como una casaca morisca, y las más de ellas las usan divididas en dos colores; encima llevan un manto de tela blanca (almalafa) que las cubre hasta dar en el suelo, en el cual se envuelven y tapan de modo que, si no quieren, no son conocidas. El cuello de la camisa lo suelen llevar bordado y, las más principales, labrado de oro, el cual, asimismo, se ve brillar en las vueltas del manto blanco en que se envuelven, viéndose algunas que lo llevan guarnecido, en derredor, de una labor de oro.

ANDRÉS NAVAGIERO, Carta V, 1526

CERVANTES DA FE DE LA FOBIA POPULAR

Todo su intento es acuñar y guardar dinero acuñado, y para conseguirlo trabajan y no comen; en entrando el real en su poder, como no sea sencillo, le condenan a cárcel perpetua y a oscuridad eterna; de modo que ganando siempre y gastando nunca, llegan y amontonan la mayor cantidad de dinero que hay en España. Ellos son su hucha, su polilla, sus picazas y sus comadrejas: todo lo llegan, todo lo esconden y todo lo tragan. Considérese que ellos son muchos y que cada día ganan y esconden poco o mucho, y que una calentura lenta acaba la vida como la de un tabardillo, y como van creciendo se van aumentando los escondedores, que crecen y han de crecer en infinito, como la experiencia lo muestra. Entre ellos no hay castidad, ni entran en religión ellos ni ellas: todos se casan, todos multiplican, porque el vivir sobriamente aumenta las causas de la generación. No los consume la guerra, ni ejercicio que demasiadamente los trabaje. Róbannos a pie quedo y con los frutos de nuestras propias heredades, que nos revenden, se hacen ricos dejándonos a nosotros pobres. No tienen criados, porque todos lo son de sí mismos. No gastan con sus hijos en los estudios, porque su ciencia no es otra que la del robarnos y ésta fácilmente la aprenden. De los doce hijos de Jacob, que he oído decir que entraron en Egipto, cuando los sacó Moisés de aquel cautiverio, salieron seiscientos mil varones, sin niños y mujeres; de aquí se podrá inferir lo que multiplicarán las de éstos, que, sin comparación, son en mayor número.

MIGUEL DE CERVANTES, *El coloquio de los perros*

CAMINO DEL EXILIO

Salieron, pues, los desventurados moriscos por sus días señalados por los ministros reales, en orden de procesión desordenada, mezclados los de a pie con los de a caballo, yendo unos entre otros, reventando de dolor, y de lágrimas, llevando gran estruendo y confusa vocería, cargados de sus hijos y mujeres, y de sus enfermos, y de sus viejos y niños, llenos de polvo, sudando y carleando, los unos en carros, apretados allí con sus personas, alhajas y baratijas; otros en cabalgaduras con extrañas invenciones y posturas rústicas, en sillones, albardones, espuertas, aguaderas, ro-deados de alforjas, botijas, tañados, cestillas, ropas, sayos, camisas, lienzos, manteles, pedazos de cáñamo, piezas de lino, con otras cosas semejantes, cada cual con lo que tenía. Unos iban a pie, rotos, malvestidos, calzados con una esponteña y un zapato, otros con sus capas al cuello, otros con sus fardelillos, y otros con diversos envoltorios y líos, todos saludando a los que los miraban, o encontraban, diciéndoles: «El Señor los guarde: señores queden con Dios» [...]

En fin, así los de a caballo (no obstante sus tristes galas) como los de a pie padecieron en los principios de su destierro trabajos incomparables, grandísimas amarguras, dolores, y sentimientos agudos, en el cuerpo y el alma, murieron muchos de pura aflicción, pagando el agua y la sombra por el camino, por ser en tiempo de estío cuando salían los desdichados. Y más adelante, salidos ya de los señoríos de nuestro católico rey, perecieron en pocos días, aquejados de mil duras pesadumbres y oprimidos de otras inevitables necesidades, según ha llegado a mí noticia, más de sesenta mil. Unos por esos mares, hacia Oriente y Poniente; otros por esos montes, caminos y despoblados, y otros a manos de sus amigos los alarbes, en esas costas de Berbería, cuyos cuerpos han servido para henchir los buches desaforados de las bestias marinas, y los estómagos de los animales cuadrúpedos, y fieras alimañas de la tierra...

EXPULSIÓN JUSTIFICADA DE LOS MORISCOS ESPAÑOLES,
POR EL LICENCIADO PEDRO AZNAR DE CARDONA, 1612

1640

LA REBELIÓN DE LOS CATALANES

RICHELIEU, PAU CLARIS Y FELIPE IV

El conde-duque de Olivares se valió de la declaración de guerra lanzada por Francia para enviar sus tropas al Principado catalán; Barcelona era por entonces una isla de prosperidad en medio de un desierto de indigencia.
El motín de los *segadors* haría inevitable la confrontación con Madrid.

Hablemos claro, mi rey:
toda España va de rota,
el portugués más se engríe,
el catalán más se entona;
lo militar no se ejerce,
lo político lo estorba,
los que pierden nos gobiernan,
los que ganan se arrinconan.

FRANCISCO DE QUEVEDO, *Sátiras*

En los romances que recitaban los ciegos se le llamaba Barcelona, la rica: un sueño de fortuna hecho realidad en una España de pícaros y pedigüeños. Este país que había logrado levantar uno de los mayores imperios de la historia mantenía a sus habitantes en una dieta estricta, forzada por la crisis económica y demográfica. Sin embargo, la capital catalana era una isla en medio de un desierto de indigencia que ocupaba buena parte del Principado. En el campo había demasiadas bocas que alimentar para las escasas cosechas que proporcionaban la agricultura de la región y los excesos de las cargas del Estado. Su economía se había estancado y presentaba ya en el siglo XVII unos niveles productivos muy bajos. Como solución al desempleo agrícola y respuesta a las presiones de la aristocracia provinciana sobre sus vasallos, muchos se echaron al monte para emular las conductas de los viejos bandoleros. Existía un gran abismo entre la rica urbe y las humildes tierras de labranza, dos mundos con unos intereses y unas perspectivas cada vez más distantes.

En el reinado de Felipe III, no hubo gobernador capaz de mantener el orden sin la colaboración de las oligarquías locales y se pusieron de moda los virreyes duros, que no dudaron en saltar por encima de los fueros con tal de apaciguar el Principado. Su triunfo pacificador no consiguió, sin embargo, suavizar la mutua incomprensión entre los políticos catalanes y la corte, ni convencer a éstos de su compromiso en el mantenimiento del Estado. Cuando en 1620 el virrey Alcalá reclame los impuestos pertenecientes a la corona, sólo obtendrá la protesta del ayuntamiento barcelonés y su diputación y algunos panfletos que recordaban los privilegios catalanes.

La irritación crecerá con la llegada de Felipe IV al trono, convencidos los catalanes de las malas intenciones del rey y su valido Olivares respecto de las intocables leyes del Principado. Y la tensión se desborda en 1625 con el proyecto del conde-duque de crear un ejército semipermanente dispuesto a movilizarse con rapidez por toda la monarquía. Si las Cortes de Valencia y Aragón lograron negociar a la baja el número de hombres solicitados, las catalanas se negaron en redondo a colaborar, justo cuando los desastres europeos más necesaria hacían su ayuda. La posibilidad de un acuerdo resultaba además muy difícil por la escasa representación de catalanes en la corte que pudiesen servir de intermediarios. Mayor dificultad: en los ambientes madrileños se estimaba que, a cualquier precio, Cataluña debía quedar integrada en la proyectada unión de la monarquía.

Ante las resistencias catalanas, Olivares encuentra en la declaración de guerra de Francia, en 1635, un excelente pretexto para implicar a Cataluña en la lucha, derivando hacia el Principado uno de los frentes de combate. Como respuesta a los intentos de invasión, el cardenal Richelieu enreda también en la península, lanzando sus ejércitos sobre el País Vasco y Cataluña. Sin embargo, las internadas francesas sólo harán incrementar las constantes fricciones entre Madrid y Barcelona. Por muy en peligro que se sintiera la monarquía, nada justificaba a los ojos de los campesinos catalanes el despliegue de la milicia en sus tierras con manutención incluida. Entretanto, la animosidad contra Cataluña y sus privilegios, que ponían en peligro España, crecía sin parar en Madrid, donde el Consejo de Aragón ordena el arresto de uno de los diputados para obligar a la Generalitat a colaborar en la lucha.

Los abusos cometidos por las tropas del rey provocan lo inevitable cuando en la primavera de 1640 campesinos armados descargan su violencia contenida sobre los proveedores del ejército y algunos militares. Una cadena de altercados que culminará con la sublevación de Gerona, tras ser destruida Santa Coloma de Farner por orden expresa del virrey. El levantamiento se complica al inmiscuirse el obispo, que le da un aire de cruzada, y lo empuja por el Vallès hasta alcanzar Barcelona. Ante el temor a que Francia pudiese aprovechar la situación para invadir la península, la burocracia madrileña se vuelve más flexible y conciliadora. Mientras en la capital se discute, los campesinos se toman la justicia por su mano y fumigan sus huertas de oficiales municipales, expulsando a los propietarios afines al poder central.

El día del Corpus de 1640, la masiva concentración de trabajadores agrícolas, *segadors*, en Barcelona, estalla en motín. Asistidos por la plebe urbana, los rebeldes se hacen con el dominio de la ciudad y enfilan sus frustraciones hacia los organismos oficiales y las vidas y haciendas de las elites. En plena algarabía, el virrey de Santa Coloma cae asesinado. La muerte del delegado real producirá una fuerte sacudida en la corte, cuyo Consejo de Aragón reclamará sin éxito medidas implacables. En lucha por su supervivencia, las clases acomodadas catalanas no tardan en ponerse al frente de los *segadors* para desviar contra Castilla un movimiento que empezaba a radicalizarse y a tomar un claro sesgo antiseñorial. Los deseos de Olivares de evitar el uso de la fuerza se vienen abajo al alcanzar los sublevados el puerto de Tortosa, punto neurálgico en las comunicaciones militares con Italia y con los cercados soldados españoles del Rosellón. Opta entonces por la represión militar, decidido a acabar con un problema que distraía fuerzas necesarias en Europa, podía transformarse en un caballo troyano de Francia en la península y amenazaba con contagiar a otras regiones inestables como Sicilia y Vizcaya.

A pesar de los propósitos de Madrid de dar preferencia a la cuestión catalana, la puesta en pie del ejército encargado del castigo se demora en extremo por la falta de dinero, soldados y artillería. La situación resulta tan angustiosa que, durante los preparativos, el conde-duque llegaría a exigir a la nobleza el cumplimiento de su obligación feudal de acudir a la guerra. El retraso será aprovechado por los insurgentes que, de la mano del diputado Pau Claris, entran en negociaciones con Luis XIII de Francia, del que obtienen su protección. A finales de año, sin embargo, las tropas regias inician su marcha sobre el Principado y recuperan en seguida Tortosa, lo que confirma la determinación de alcanzar cuanto antes la paz. Apurando al máximo la maquinaria militar e impositiva, el Estado decide aplicar en toda la península el nuevo «donativo general por fuego», que colma el vaso del descontento de los portugueses, voluntarios forzosos en unas guerras no consideradas suyas. El primer día de diciembre de 1640, un golpe de estado encabezado por el duque de Braganza se adueña de Lisboa y proclama la secesión de Portugal de la corona española. En el levantamiento se combinaban la hostilidad de una porción de la aristocracia al valido Olivares y el odio a los banqueros sefardíes, dueños de las finanzas madrileñas, junto con infundadas quejas por la dejadez de Madrid en proteger las colonias lusas en Asia y Brasil. Todo ello fermentará en una tenaz guerra de independencia, con continuos ataques fronterizos, que constituye una carga insoportable por sus cíclicos estragos y el desorden del comercio americano.

Atrapada entre dos frentes peninsulares, la monarquía española intentará hacer las paces con las potencias europeas para concentrar sus energías en Cataluña. La cercanía de las tropas a Barcelona, después del abandono francés de Tarragona, permitirá al primer ministro forzar a los insurrectos a aceptar una salida honrosa. Era la paz a cambio de reconocer los privilegios del Principado y de una amnistía general, que comprometiesen a los catalanes a expulsar a los franceses y a colaborar en el sometimiento de Portugal. El compromiso de Madrid de no tratar a Cataluña como un país conquistado se frustra, sin embargo, por la violencia popular, y Pau Claris, apoyado por las clases dirigentes, temerosas de sucumbir a los excesos de la muchedumbre, pondrá formalmente el Principado en manos del rey francés, cuyos soldados se asientan en la capital. Por culpa del refuerzo galo, en enero de 1641, los ejércitos españoles se estrellan en Montjuich contra las defensas de la ciudad, extendiéndose por todo el país una oleada de desmoralización, que fomenta escaramuzas subversivas en Aragón y Andalucía. Sólo el error táctico de Richelieu al lanzar el grueso de su ejército contra Tarragona salva la monarquía de la quema, ya que la resistencia de la ciudad evita pérdidas irreparables en otros frentes y da una inyección de moral al reino.

La administración queda, no obstante, a remolque de los acontecimientos externos y Felipe IV se ve obligado a proteger Aragón, donde el peligro es más evidente. Gracias a una briosa campaña, el rey consigue concentrar unos dieciséis mil hombres en Vinaroz, en tanto fuertes contingentes de toda España se dirigen a Molina de Aragón para abrir una nueva línea de conquista que no logrará impedir que los franceses se asienten en Lérida, tomen Monzón y amenacen Fraga. Sin dar respiro a los españoles, Richelieu ocupa Perpiñán al tiempo que el ataque de Felipe IV para recuperar Lérida desde el campo de Tarragona y Zaragoza se salda con una estrepitosa derrota. Así se consuma el desprestigio del monarca y su valido, que no tiene más salida que resignar todos sus poderes para ser asumidos directamente por el rey. Como siempre, al poderoso en desgracia le endosarán todos los males.

La caída del conde-duque abre una posibilidad de acuerdo entre Cataluña y la corte, alentado también por el cambio de atmósfera internacional favorable a España. En el Principado, la retirada de los ejércitos castellanos no había traído consigo la soñada «liberación» de la sociedad catalana, sino un aumento de las cargas exigidas por el amo francés para alimentar a su tropa, con el agravante del deterioro de la guerra y el cierre de mercados. Tampoco la oligarquía podía sentirse satisfecha con la mudanza, ni mucho menos con el establecimiento de un gobierno virreinal francés desdeñoso como el de Olivares en materia de fueros y más avezado en el control de los recursos económicos. Con el telón de fondo de la antipatía de los catalanes hacia los nuevos ocupantes, la reconquista de Lérida en 1644 permitirá a la monarquía preparar la vuelta al redil de la oveja rebelde, sacando partido de los problemas internos de Francia en los años siguientes. Pronto sólo permanecerán fuera de su autoridad Barcelona y las colinas pirenaicas, pues muchos catalanes, abandonando la demagogia que hacía culpable a la corona española de todos sus males, se habían decidido a colaborar con el ejército de Felipe IV. Finalmente, en 1652, Barcelona capitula ante don Juan José de Austria, aunque las regiones montañosas conservarán su independencia hasta la paz de los Pirineos, que sellaba el fin de las hostilidades con los franceses a cambio de entregarles los condados norpirenaicos del Rosellón y la Cerdaña.

Para Cataluña la guerra supuso un mal negocio al hacerle soportar muchos de los males que trataba de eludir con su separación de Castilla. Los gastos públicos desmesurados exigieron grandes emisiones de vellón que terminarían por provocar la quiebra del sistema monetario catalán y la ruina de su economía, siendo los principales paganos los sectores más populares. Con los sectores fabril y comercial duramente castigados por el cierre de las vías italianas y peninsulares, el mercado interno tuvo que aguantar la invasión de las mercancías francesas en beneficio de una minoría de comerciantes importadores. Pérdidas materiales, muertes inútiles en la batalla y la visita inesperada de la peste cayeron sobre el Principado como una maldición que clausura el crecimiento demográfico de principios de siglo y provoca el estallido de un hondo sentimiento antifrancés, relacionado cincuenta años más tarde con la apuesta austríaca, hecha por Cataluña, durante la guerra de Sucesión. También la *guerra dels segadors* dejará un himno popular, oficial en la Cataluña autonómica, que, sin embargo, fue escrito en el siglo XIX, al socaire del romanticismo:

Ara és hora, segadors!
Ara és hora d'estar alerta!
Per quan vingui un altre juny,
esmolem ben bé les eines!

('¡Ha llegado la hora, segadores! / ¡Ha llegado la hora de estar alerta! / Para cuando llegue otro junio / ¡afilemos bien las herramientas!')

CATALUÑA Y EL CONDE-DUQUE

MÁS ALLÁ DE LOS VIEJOS REINOS

Tenga V. Majd. por el negocio más importante de su monarquía el hacerse rey de España; quiero decir, señor, que no se contente V. Majd. con ser rey de Portugal, de Aragón, de Valencia, conde de Barcelona, sino que trabaje y piense con consejo maduro y secreto por reducir estos reinos de que se compone España al estilo y leyes de Castilla, sin ninguna diferencia en todo aquello que mira a dividir límites, puertos secos, el poder celebrar cortes de Castilla, Aragón y Portugal en la parte que quisiere, a poder introducir V. Majd. acá y allá ministros de las naciones promiscuamente y en aquel temperamento que fuere necesario en la autoridad y mano de los consejeros, jurados, diputaciones y consejos de las mismas provincias en cuanto fueren perjudiciales para el gobierno e indecentes a la autoridad real, en que se podrían hallar medios proporcionados para todo, que si V. Majd. lo alcanza será el príncipe más poderoso del mundo.

CONDE-DUQUE DE OLIVARES, *Gran Memorial*

HACIA LA UNIÓN DE FUERZAS

Para los intereses comunes tiene esta proposición encerrada en sí infinitas cosas y efectos de gran autoridad para cada uno de los reinos en particular, y para todos juntos la precisa correspondencia de los corazones; porque hoy el vulgo mira a cada uno de los nacionales con poca diferencia de los extraños, y esto es en todos los reinos. El día que Castilla sea feudataria de Aragón y Aragón de Castilla, Portugal de entrambas y entrambas de Portugal; y esto mismo respecto de los reinos de España, los de Italia y los de Flandes con recíproca correspondencia, es necesario precisamente que esta sequedad y separación de corazones que hasta ahora ha habido, se una con estrecho vínculo naturalmente por medio de la correspondencia de las armas; pues cuando los portugueses vean a los castellanos, y los castellanos a los portugueses, sabrán que ve cada uno al amigo y feudatario del otro y al que le ha de socorrer con su sangre y con su gente en la necesidad que tuviere, y aquella amistad que tienen entre sí, que los lugares de las fronteras que se acuden en los rebatos y ocasiones recíprocamente, esto mismo se conservará y observará por este medio siempre entre todos los reinos de Su Majd. unos con otros, así la plebe como la gente particular, de la manera que guarda amistad y estrecheza cualquier hombre con aquel que tiene por amigo grande pues no tiene este parentesco otra razón por donde llegar a ser más estrecho que el de los hermanos, como lo es, sino solamente creer yo de mi amigo que me ha de acudir en las ocasiones, y él de mí mismo, y estar y vivir asegurados de esto. Fin que es imposible conseguirse por otro medio, pues aunque sea así, como es, que es buena razón, deben acudir y acudirán en la ocasión todos los otros reinos cuando es invadido uno de los de Su Majd.

CONDE-DUQUE DE OLIVARES, *Unión de Armas*

CORPUS SANGRIENTO

Entraban y discurrían por la ciudad: no había por todas sus calles y plazas sino corrillos y conversaciones de vecinos y segadores; en todos se discurría sobre los negocios entre el rey y la provincia, sobre la violencia del virrey, sobre la prisión del diputado y concejeros, sobre los intentos de Castilla, y últimamente sobre la libertad de los soldados; después ya encendidos de su enojo, paseaban llenos de silencio por las plazas, y el furor oprimido de la duda forcejaba por salir asomándose a los efectos, que todos se reconocían rabiosos e impacientes: si topaban algun castellano, sin respetar su hábito o puesto lo miraban con mofa y descortesía, deseando incitarlos al ruido; no había demostración que no prometiese un miserable suceso [...] Esforzábanse más y más uno y otro partido, empero siempre ventajoso el de los segadores. Entonces algunos de los soldados de milicia que guardaban el palacio del virrey tiraron hacia el tumulto, dando a todos más ocasión que remedio. A este tiempo rompían furiosamente en gritos: unos pedían venganzas, otros más ambiciosos apellidaban la libertad de la patria: aquí se oía «Viva Cataluña y los catalanes»; allí otros clamaban: «Muera el mal gobierno de Felipe». Formidables resonaron la primera vez estas cláusulas en los recatados oídos de los prudentes; casi todos los que no las ministraban, las oían con temor, y los más no quisieran haberlas oído. La duda, el espanto, el peligro, la confusión, todo era uno: para todo había su acción, y en cada cual cabían tan diferentes efectos; sólo los ministros reales y los de la guerra lo esperaban iguales en el celo. Todos aguardaban por instantes la muerte (el vulgo furioso pocas veces para sino en sangre), muchos sin contener su enojo servían de pregón al furor de otros: éste gritaba cuando aquél hería, y éste con las voces de aquél se enfurecía de nuevo. Infamaban los españoles con enormísimos nombres, buscábanlos con ansia y cuidado, y el que descubría y mataba, ése era tenido por valiente, fiel y dichoso.

FRANCISCO MANUEL DE MELO,
Separación y guerra de Cataluña

LAS MALEDICENCIAS DE LA CORTE CONTRA OLIVARES

Comunicó también con judíos, e hizo venir de Salonique a un grande hechicero, y a otros, y hoy los tiene en la Corte. Y repugnándolo el Santo Oficio respondió que era servicio del rey. Y propúsose concediese sinagoga en Madrid, aunque lo repugnaban la mayor parte de los Consejos de Estado e Inquisición y teólogos que se juntaron para ello. Y en este tiempo se fijaron carteles en Madrid que decían: «Viva la ley de Moisés y muera la de Cristo» [...] Llevó el conde Don Gaspar de Guzmán a su mujer a San Plácido, y en un oratorio (otros dijeron que en el coro) tuvo acceso con ella, viéndolo las monjas que estaban en él, de lo que resultó hincharse la barriga a la condesa, y al cabo de once meses se resolvió, echando gran cantidad de agua y sangre, lo cual fue muy público en palacio, y las monjas decían: «O Dios no es Dios, o esta señora está preñada».

ANÓNIMO, *Historia de la caída del Conde-Duque de Olivares*

INQUIETUDES DE ANDALUCÍA

Del Rey
Madrid 26 de junio de 1652

Bien conozco, sor María, que sólo la poderosa mano del Señor es la que ha de obrar en nuestro favor, particularmente en la empresa de Barcelona. Ya empieza a verse cuán cierto es esto, pues cuando más suspensos y temerosos nos hallábamos del suceso nos ha empezado a dar buenas esperanzas de él, pues en cartas de 17 de este mes me escribe don Juan que, teniendo noticia de que se hallaban en San Feliú gran cantidad de embarcaciones cargadas de bastimentos para entrar en la plaza, fue con catorce galeras y mil infantes a procurar desbaratar este socorro; y fue Dios servido que le tomamos 78 saetías grandes con veinte mil cuarteras de trigo y cebada, y otros géneros de bastimentos se le quemaron, y muchas embarcaciones menores y dos magacenes que tenían en tierra, con que juzgaron todos que la plaza se rendiría brevemente, pues tenía en este socorro todas sus esperanzas y se hallaban ya con gran falta de comida. Yo he dado infinitas gracias a Nuestro Señor por esto, y espero dárselas por la perfección de la obra.

También recibí aviso cierto de la toma de Gravelines, y de Italia no lo he tenido hasta ahora, pero sé camina bien la empresa de Trin. Las inquietudes de Andalucía están quietas; y con el pregón que se ha echado ayer sobre la baja de la moneda espero que acabará de aquietarse todo, particularmente tomando yo sobre mi hacienda el daño que puedan recibir mis vasallos, por lo que deseo su comodidad y desahogo.

CARTA DE FELIPE IV A SOR MARÍA DE JESÚS DE ÁGREDA

LA RECONCILIACIÓN

Muy agradable me ha sido la carta que me han escrito los *consellers* de la ciudad de Barcelona y dado Francisco de Puijaner, por las confianzas que muestran de las veras porque deseo caminar en las materias en la forma que más convenga al servicio de Dios y de Su Majestad y al mayor beneficio de la ciudad; con que con eso me prometo acreditar mi voluntad, disponiéndolas de manera que todos conozcan el beneficio con satisfacción pública. Y para prueba de esta verdad, me reduzco a creer todo lo que dice la ciudad en orden al punto de los víveres, porque aunque pudiera responder lo que se me ofrece en este particular, como mi intento no se aparta de la Real mente del Rey nuestro Señor, y ésta se reduce a abrazar y admitir con amor de padre a sus vasallos arrepentidos y pesarosos de yerros cometidos, no deseo dificultar nada, antes bien procurar que la ciudad de Barcelona tenga muchos méritos que poner a sus r[eale]s pies, para que tanto más fácilmente consiga de su Real clemencia las gracias y conveniencias que puede desear. Y pues muestra la ciudad querer caminar con brevedad a la conclusión de este negocio, yo procuro verla cuanto antes libre de los trabajos que padece y restituirla a la obediencia de S. M., pidiendo perdón de los yerros pasados y admitiendo luego que salgan los franceses, guarnición dentro de ella y Montjuic, cuyo sustento corre por cuenta de S. M.; ofrezco perdón general de todos los excesos cometidos desde el año 1640 hasta ahora a toda satisfacción, en virtud de la plena potencia que tengo de S. M., exceptuando sólo a D. Joseph Margarit, que como a principal causa de todas las desdichas que ha padecido este Principado, no es digno de gozar de este beneficio. Y también prometo echarme a los pies de S. M. por parte de la ciudad, sin poner duda en conseguirlo, debiéndose creer de su prudencia que no excederá en nada de lo que pedirá de los límites de la razón o del obsequio y reverencia que se debe a su Rey.

CARTA DE DON JUAN DE AUSTRIA
A LA CIUDAD DE BARCELONA, 8-10-1652

1713

BORBONES Y FUEROS

UN FRANCÉS Y UN AUSTRÍACO SE DISPUTAN EL IMPERIO

Tras varios intentos fallidos,
Carlos II cree encontrar en Felipe de Anjou
el hombre más idóneo para sucederle en el trono.
Pero ni el resto de las potencias europeas
ni los súbditos españoles parecen dispuestos a dar
el visto bueno a este relevo dinástico.

Porque te veo andando entre zarzales
por todos los caminos rezagada
con una cruz al cuello y otra al hombro,
durmiendo en las cunetas de la gloria
para soñar perdidas carabelas
con ojos anegados de ceniza.
Porque te veo escuálida y desnuda,
comiendo el pan moreno de tu vientre,
bebiéndote el gazpacho de tu sangre...

ÁNGELA FIGUERA,
«Canto rabioso de amor a España en su belleza»

Después de treinta y cinco años de reinado y dos bodas en busca de un heredero, Carlos II muere en 1700 mientras el Imperio fundado por sus antepasados se sostiene a duras penas. El suyo no había sido un tiempo fácil ni su personalidad la más idónea para enderezar el rumbo de los acontecimientos. En pleno desconcierto económico, Castilla pagaba los excesos de su padre, y el ansia expansionista de su cuñado Luis XIV de Francia no hacía sino complicar los dolores de la decadencia. Por si fuera poco, el aparato burocrático, una de las herencias más valiosas de la dinastía habsburguesa, se había anquilosado sin que los Grandes hicieran nada por rehabilitarlo.

El rey era la imagen de su Imperio y éste se parecía cada vez más a su monarca. Su estúpido mote de «el Hechizado», el retrato esperpéntico de su corte, obra de Claudio Coello, o el pesimismo historiográfico de gusto noventayochista han transmitido hasta hoy la imagen de una monarquía desbaratada, dentro de la más pura tradición de la España negra. Y sin embargo, no todo fueron retrocesos. Incapaz el rey de gobernar, la burocracia siguió manteniendo vivo el Imperio; alejada de aventuras militaristas, la población se recupera y hasta inicia un crecimiento sostenido al cambiar la centuria. La economía se alivia tras la devaluación decretada por don Juan José de Austria y los reajustes de la paridad de los metales preciosos a la par que se estrena una ambiciosa política fiscal de reducción de gastos y deudas que desahoga a los castellanos al no exigirles nuevos impuestos. Incluso la industria florece en los reinos periféricos y la Meseta, como resultado del proteccionismo de la corona, deseosa de encontrar fabricantes autóctonos que hicieran decrecer las importaciones.

Intrigas

Que la situación no era tan desastrosa y que las posesiones «españolas» en Europa y América resultaban todavía apetitosas lo sabían bien las potencias europeas del momento. Sobre todo Francia y Austria, que no cesaban de intrigar en la corte madrileña, buscando imponer sus candidatos a la corona cuando quedó claro que el rey no tendría herederos directos. En los entresijos del Alcázar madrileño y El Escorial, la reina consorte Mariana de Neoburgo, la alta nobleza castellana y todos los reinos periféricos parecían decantarse por Carlos de Austria, segundo hijo del emperador Leopoldo.

Los catalanes y aragoneses no querían un francés en el trono, al tener frescas en la memoria la traición de 1640, las afrentas de Luis XIV o la permanente competencia textil de sus vecinos. Tampoco los flamencos deseaban un monarca galo, temerosos de ser engullidos por París y con afán de profundizar en su autonomía y en la recuperación económica alcanzada en los últimos años.

Francia, por su parte, confiaba en la habilidad del cardenal Portocarrero y la reina madre para atraerse a la pequeña nobleza castellana y los reinos de Castilla y Nápoles, los menos afectados por su industria. Con manifiesto interés propagandístico, Luis XIV exhibe en la paz de Rijswijk su benevolencia para con Madrid al devolver todas las plazas catalanas, conquistadas poco antes, y se lanza a la batalla diplomática. Sometido a distintas presiones, Carlos parece decidirse en 1698 por un candidato alternativo que también poseía derechos dinásticos, su sobrino-nieto José Fernando de Baviera. Era su respuesta a los manejos de París, favorable tras el Pacto de La Haya a repartir las posesiones hispanas entre los candidatos más cualificados. La situación de equilibrio que se auguraba con la elección del nuevo aspirante hizo que fuese aceptado por todos los interesados, incluidas las potencias marítimas de Holanda y Gran Bretaña. Sin embargo, su muerte prematura volvía a plantear el dilema, agravado por el conocimiento de la corte madrileña de los tratados secretos firmados en 1699 por Luis XIV con Holanda, Inglaterra y Austria, a fin de apropiarse de la herencia española.

Las dificultades económicas explotan ese mismo año en la capital, donde un motín popular derriba el gobierno del proaustríaco Oropesa, sustituido por los galófilos Portocarrero y Ronquillo. Ante la amenaza que se cierne sobre su patria, Carlos II considera necesario buscar un sucesor amigo de Francia, la única potencia capaz de asegurar la integridad de la monarquía. Su decisión final se apoyará en el antigermanismo de la corte, harta de los expolios de la reina Mariana, y en las intrigas de Portocarrero, que hará intervenir al papa Inocencio XII en favor del candidato francés. Finalmente, el 3 de octubre de 1700, el rey nombra a Felipe de Anjou, nieto de Luis XIV y su hermanastra María Teresa, su heredero con la condición de no ceder ninguna posesión de la corona a terceros ni unir España a cualquier otro reino.

Desaparecido el rey Carlos, Felipe V entra en Madrid en 1701, donde es proclamado soberano. Respetuoso con las tradiciones de su nuevo reino, el monarca inicia su gobierno reconociendo los distintos fueros y concediendo numerosos privilegios, incluido el acceso de dos barcos catalanes a las Indias. Pese a su buena disposición, las potencias continentales no iban a permitir un relevo dinástico tranquilo, recelosas Gran Bretaña y Austria ante el previsible manejo de las posesiones españolas por París y el control de los metales americanos. Tampoco Luis XIV hizo nada por rebajar la tensión, encrespando aún más los ánimos al reconocer los derechos de Felipe al trono de Francia, ocupar las fortalezas españolas de Flandes y dirigir la corte madrileña por medio de la princesa de los Ursinos y sus amigos.

¡Que un gallo que de viejo es ya capón
pueda así al gallinero alborotar!
¡Que ponga en confusión la tierra y mar
este grande gusano revoltón!
¡Que haga así de lo ajeno partición

para mejor lo propio conservar!
¡Y que la pobre España ha de pagar
todo lo que ha pecado su ambición!
¡Que por oro nos trueque el oropel
y la jerga nos venda por tisú!
Y ¿por qué, cuando es amigo fiel
nos lleva las riquezas del Perú?
¡Oh Felipe! ¿Qué hacéis? ¡Oh España fiel,
oh Francia vil, oh tirana, tú!

JOSÉ ANTONIO BRUTÓN,
«Soneto contra Luis XIV»

Al guante arrojado por el rey francés, Austria, Inglaterra y Holanda responderán en 1701 con la Gran Alianza, a la que luego se unirán Portugal, Saboya y Prusia, alineándose en favor de Carlos de Habsburgo, el perdedor del testamento de Carlos II.

En sus comienzos, el conflicto tiene un carácter continental al lanzar Francia, y su aliada España, sus ejércitos contra Austria en Italia, adonde se traslada Felipe V para defender las posesiones hispanas. Hasta 1704 la guerra no se vive en la península, si bien habían existido antes pequeñas expediciones de merodeo por parte de la flota angloholandesa, que ataca Cádiz, saquea Puerto de Santa María y hunde la flota americana en Vigo. El desastre gallego desbarata el comercio ultramarino y traspasa a los aliados el dominio del mar, pero las colonias permanecerían fieles, protegidas por su propia inmensidad y las buenas defensas de los puertos. Mientras en la frontera portuguesa los incidentes son cada vez más graves, una escuadra aliada recorre las costas mediterráneas tratando de provocar el levantamiento de los reinos periféricos. Aunque el objetivo de momento fracasa, Inglaterra aprovecha el viaje para, en nombre del archiduque Carlos, conquistar Gibraltar, un enclave estratégico en las rutas de comunicación del Atlántico al Mediterráneo, del que nunca se desprendería.

Con la intención de acercarse a Madrid, el aspirante Carlos desembarca en Lisboa mientras Luis XIV impulsa una profunda reorganización de la hacienda y el ejército español que pone fin a los históricos Tercios, sustituidos por los afrancesados Regimientos. La trama se enreda con la sublevación de los reinos orientales a favor de la dinastía austríaca. En Valencia, el levantamiento tiene un claro componente antiseñorial y el pueblo encontrará en el apoyo al candidato habsburgués una excusa para sacudirse su sometimiento a la nobleza borbónica. Lo mismo ocurre en Cataluña, donde Barcelona se rinde al paisanaje sublevado y a las tropas aliadas, como testimonio de una particular forma de ver el futuro de España y el gobierno de la monarquía y no como una manifestación de independencia. La revuelta prende en Mallorca y Zaragoza, con lo que el frente de guerra se extiende desde Murcia al Pirineo, degenerando en contienda civil, que divide también a la nobleza y la Iglesia. Si la mayoría de los Grandes castellanos abandona a Felipe molesta por su postergación política, los señores aragoneses, al contrario, deciden pactar con los Borbones por el miedo al populacho.

Pese a sus reformas en el ejército, Felipe V no puede evitar verse en una situación comprometida, atrapado entre Aragón, Portugal y Gibraltar. Como su homónimo en 1640, decide concentrarse en Cataluña, donde vuelve a fracasar. Mientras tanto, los aliados consiguen, con una brillante ofensiva desde Portugal, amenazar Madrid y asustar a la familia real francesa, que abandona la corte. La ocasión la aprovecha la alta nobleza para proclamar rey al archiduque Carlos. Sólo el apoyo popular salva la dinastía pues, temeroso de los madrileños, el nuevo monarca deja la capital camino de Levante, lo que permitirá a Felipe recuperar rápidamente la ciudad. Gracias a la habilidad del duque de Berwick, en la primavera de 1707, el rey consigue una brillante victoria en Almansa, abriéndosele en seguida las puertas de Valencia, la mayor parte de Aragón, Lérida y Tortosa. Reconquistado el Levante, Felipe V debe decidir si trata a los sometidos con la tolerancia de su antecesor Felipe IV tras la rebelión catalana o con la dureza empleada por Felipe II contra Aragón en 1591. Al final terminaría inclinándose por reforzar su autoridad mediante la publicación, ese año de 1707, de los Decretos de

Nueva Planta, que ponían fin a los fueros valencianos y aragoneses. Ante el temor de ser arrastrados por la corriente centralista, los catalanes se apiñan en torno al pretendiente austríaco, pero el rey se siente con suficiente margen de maniobra para emprender la reforma en sus estados.

Sin embargo, los desastres bélicos se suceden con velocidad tras las pérdidas de Menorca, Sicilia y Cerdeña, junto con las graves hambrunas de 1709, culpables del incremento de la mortandad en Andalucía y Galicia. En el exterior, Luis XIV busca la paz a cualquier precio y el papa Clemente XI reconoce a Carlos, abriendo una brecha entre Madrid y Roma que tardará en cicatrizar. Debilitado por la retirada de las tropas de su abuelo, el ejército de Felipe V es derrotado en Almenara y Zaragoza, con lo que Aragón vuelve a perderse y Madrid debe ser abandonada en 1710. Un año más tarde, el esfuerzo castellano tiene su premio en las victorias de Brihuega y Villaviciosa antes de que un inesperado acontecimiento modifique el entramado internacional. La muerte del emperador austríaco José I deja al archiduque Carlos como heredero único del Imperio, haciendo renacer la amenaza que supuso la unidad de Carlos V. Con las potencias del continente enfriadas en su militancia habsburguesa, Felipe V saca partido de la salida del pretendiente en busca de su corona centroeuropea y reconquista Cataluña, donde el triángulo Igualada-Tarragona-Barcelona resiste hasta la definitiva capitulación de la Ciudad Condal en septiembre de 1714.

Es hora de negociar con el resto de las potencias europeas una paz digna y los esfuerzos diplomáticos culminarán en 1713 con el tratado de Utrecht. Confirmado en su trono madrileño, Felipe V conserva las posesiones de la corona en las Indias americanas, pero España debe decir adiós a sus dominios en Europa. Por su parte, Gran Bretaña, la gran favorecida del acuerdo, se queda con Menorca y Gibraltar, además de ciertas ventajas comerciales en América.

Sin problemas de reconocimiento internacional, Felipe V emprende una ardua tarea de centralización administrativa, inspirada en modelos franceses y en la tradición castellana de fortalecimiento de la corona. Tras imponer a los valencianos la legislación de Castilla, los privilegios de Aragón quedan abolidos en 1711. Cinco años más tarde le toca, por fin, el turno a Cataluña, donde el rey se muestra más comprensivo al permitir la supervivencia del derecho privado. No obstante, el poder quedaba en manos de un capitán general y la justicia en las de la Audiencia, encargada de aplicar la legislación castellana en perjuicio de la autóctona, mientras que el español desplazaba al catalán en la burocracia. Como recuerdo de su triunfo, Felipe V ordenaría la demolición de un barrio de Barcelona para levantar una fortaleza, la Ciudadela, en permanente vigilancia de la capital.

El monarca siguió adelante con las reformas, que a menudo eran contestadas por sus súbditos, encontrando especial resistencia el servicio militar obligatorio por quintas y la reforma fiscal que agregaba un nuevo impuesto sobre los inmuebles y las rentas. A pesar de las protestas, el gravamen resultó también beneficioso para ambas partes, ya que el Principado logró establecer el pago de una cantidad fija anual manteniendo en su poder el superávit de una economía en crecimiento.

Lentamente los reinos olvidaban sus fueros, después de la disolución de sus Cortes y la creación de un Parlamento único con los representantes de las treinta y seis primeras ciudades. Defensora del proteccionismo económico, la monarquía borbónica conseguirá ganarse a los fabricantes catalanes, verdaderas fuerzas vivas del Principado, al prohibir la importación de algodones y linos extranjeros en todo el territorio español. Incluso estuvo a punto de ofrecerles un mercado completamente unificado, al añadir a la desaparición de las aduanas entre Castilla y Aragón el traslado de las vascas a la costa, frustrado por un violento motín en la ría de Bilbao. Anclado en sus viejos fueros, respetados por el apoyo a Felipe V, el País Vasco permanecía mudo ante la nueva política, pero se anunciaban graves conflictos, algunos resueltos por las armas, cuando la tradición aparezca como un obstáculo al desarrollo económico ideado por la burguesía bilbaína.

LA NUEVA DINASTÍA

EL TESTAMENTO DE LA DISCORDIA

Reconociendo, conforme a diversas consultas de ministros de Estado y Justicia, que la razón en que se funda la renuncia de las señoras doña Ana y doña María Teresa, reinas de Francia, mi tía y hermana, a la sucesión de estos reinos, fue evitar el perjuicio de unirse a la corona de Francia, y reconociendo que, viniendo a cesar este motivo fundamental, subsiste el derecho de la sucesión en el pariente más inmediato, conforme a las leyes de estos reinos..., declaro ser mi sucesor... el duque de Anjou, hijo segundo del delfín, y como a tal le llamo a la sucesión de todos mis reinos y dominios... Y porque es mi intención y conviene así a la paz de la cristiandad y de la Europa toda y a la tranquilidad de estos mis reinos que se mantenga siempre desunida esta monarquía de la Corona de Francia, declaro... que en caso de morir dicho duque de Anjou, o en caso de heredar la Corona de Francia..., deba pasar dicha sucesión al duque de Berry, su hermano, hijo tercero del dicho delfín [...]

Y en tal modo es mi voluntad que se ejecute por todos mis vasallos como se lo mando y conviene a su misma salud, sin que permitan la menor desmembración y menoscabo de la monarquía fundada con tanta gloria de mis progenitores. Y porque deseo vivamente que se conserve la paz y unión... entre el emperador mi tío y el Rey cristianísimo, les pido y exhorto que, estrechando dicha unión con el vínculo del matrimonio del duque de Anjou con la archiduquesa, logre por este medio la Europa el sosiego que necesita.

TESTAMENTO DE CARLOS II

LA GUERRA IDEOLÓGICA

Apenas concluyó la copla, cuando todos se taparon las orejas, por el grande ruido que afuera se oía. «Mí me toca entrar primero, que soy diablo más antiguo». «No me toca sino a mí –decía otro–, que tengo puesto más alto.» «¿Qué ruido es éste?», dijo Lucifer. «Señor –respondió el portero–, el demonio de Cataluña y el de Valencia que pelean sobre quién va a entrar primero.» «Entre el de Cataluña –dijo Lucifer–, que este reino se ha llevado siempre la primacía, en rebeliones, traiciones, deslealtades y levantamientos y no es razón se le quite ahora su lugar»; pasó adelante, y corriendo la cortina, se apareció en medio de la sala un demonio cojo y zurdo. «¿Qué es esto –dijo Lucifer–, cómo venís de esta suerte?» «Señor –dijo–, esto es que con quien lobos anda a aullar se enseña, yo he estado algún tiempo entre una gente que jamás ha asentado bien el golpe, ni ha hecho cosa a derechas y allí estando entre ellos he cogido sus mañas.» «Yo creí –dixo Luzbel–, que los catalanes con los beneficios y honras que les hizo Felipe Quinto, cuando los favoreció con su presencia escogiendo a Barcelona para celebrar sus bodas en ella, que hubieran mudado de condición, y como obligados y agradecidos se portaran siempre con lealtad. Ay señor, quien malas mañas ha, tarde o nunca las perderá. Tan lejos estuvieron de estimar estos beneficios, que los juzgaron agravio. Pues hubo quien dijo, todos estos favores y honras, que nos hace el Rey ahora, llevan mucha malicia, esto es darnos dedada de miel para asegurarnos más, y después cuando nosotros estemos más descuidados nos vendrá dando a raja trompo, y no sólo nos quitará lo que ahora nos ha dado, sino todo lo que hasta ahora hemos tenido.»

MARÍA TERESA PÉREZ PICAZO,
La publicística española en la guerra de Sucesión

CENTRALIZACIÓN A LA FRANCESA

Por decreto de 9 de octubre próximo fui servido decir que habiendo con la asistencia divina y justicia de mi causa pacificado enteramente mis Armas el Principado de Cataluña, tocaba a mi soberanía establecer gobierno en él, y dar providencias para que sus moradores vivan con paz, quietud y abundancia: para cuyo fin, habiendo precedido madura deliberación y consulta de ministros de mi mayor confianza, he resuelto, que en el referido Principado se forme una Audiencia, en la cual presida el Capitán General o Comandante General de mis Armas, de manera que los despachos, después de empezar con mi dictado, prosigan en su nombre: el cual Capitán General o Comandante ha de tener voto solamente en las cosas de gobierno, y esto hallándose presente en la Audiencia; debiendo, en nominaciones de oficios y cosas graves, el Regente avisarle un día antes lo que se ha de tratar, con papel firmado de su mano, y de palabra con el escribano principal de la Audiencia; y si el negocio pidiere pronta deliberación, se avisará con mas anticipación.

La Audiencia se ha de juntar en las casas que antes estaban destinadas para la Diputación, y se ha de componer de un Regente y diez ministros para lo civil, y cinco para lo criminal, dos fiscales y un alguacil mayor [...]

Las causas en la Real Audiencia se sustanciarán en lengua castellana: y para que por la mayor satisfacción de las partes los incidentes de las causas se traten con mayor deliberación, mando que todas las peticiones, presentaciones de instrumentos, y lo demás que se ofreciere, se haga en las salas; para lo corriente y público, se tenga audiencia pública lunes, miércoles y viernes de cada semana en una de ellas por turno de meses [...]

Han de cesar las prohibiciones de extranjería, porque mi Real intención es que en mis reinos las dignidades y honores se confieran recíprocamente a mis vasallos por el mérito, y no por el nacimiento en una u otra provincia de ellos.

DECRETOS DE NUEVA PLANTA,
NOVÍSIMA RECOPILACIÓN... V, IX, I

LAS PRIMERAS RECLAMACIONES DE GIBRALTAR

Por el marqués de Nancré y el conde de Stanhope, ministros de Francia y de Inglaterra, se me ofreció el año 1718 en nombre de sus respectivos Amos (para que accediese al Tratado de la Cuátriple Alianza que acababan de firmar) la restitución de la plaza de Gibraltar, como es público en la Europa y lo califica haber la Francia, después de mi accesión al referido Tratado, enviando un ministro a Londres a solicitar se mantuviese un tan justo y debido ofrecimiento y empeño, sin otras muchas pruebas que de esto podrían darse y después han seguido, como han sido la de no haberse puesto la menor duda en ello por la Francia, ni por el ministro Schaub recién llegado a Madrid. Yo accedí al mencionado Tratado, en la buena fe y debajo de este cierto supuesto y dentro del último término señalado por los aliados para ello; con que es justo y subsecuente se me cumpla esta oferta, y aunque nunca ingleses se han negado a ella, dilatan su ejecución, dejándola para el Congreso o después de él [...]

Ingleses solicitan y han solicitado en todo este tiempo con la mayor eficacia los haga dar las cédulas que, según el Asiento de Negros, necesita la Compañía de la Mar del Sur para la introducción de ellos en la América y para el envío y entrada del navío anual en las Indias. A las repetidas instancias que sobre esto se me han hecho por el coronel Stanhope y Mr. Schaub, ministros de Su Majestad Británica en esta Corte, los he mandado responder, y los he dicho Yo mismo en voz, las veces que me han visto, presente la Reina, estaba llano a mandar expedir estas cédulas cuando se me restituyese a Gibraltar.

INSTRUCCIONES AL MARQUÉS DE POZOBUENO, 1720

1766

LOS PROYECTOS ILUSTRADOS

LUCES PROGRESISTAS, SOMBRAS DE INMOVILISMO

Carlos III y sus ministros napolitanos
llegaron a Madrid dispuestos
a modernizar España, a abrir las puertas del país
a la corriente dominante en Europa.
Pero ni la aristocracia ni la Iglesia estaban
dispuestas a emprender
grandes reformas.

Andaluces de Jaén
aceituneros altivos,
decidme en el alma: ¿quién
amamantó los olivos?
Vuestra sangre, vuestra vida,
no la del explotador
que se enriqueció en la herida
generosa del sudor.
No la del terrateniente
que os sepultó en la pobreza,
que os pisoteó la frente,
que os redujo la cabeza.

MIGUEL HERNÁNDEZ,
«Viento del pueblo»

En 1759 Carlos III, rey de Nápoles, abandonaba su plácida residencia de Caserta para ceñirse la corona de España. Después de los esfuerzos diplomáticos y guerreros de su madre por encontrarle un acomodo en Italia, un capricho de la historia le brindaba su vuelta a la capital madrileña como soberano. Con él llegaba también su séquito de ministros napolitanos decididos a aplicar en el país las fórmulas políticas y económicas ensayadas en el sur de la península hermana. Profetas del futuro revolucionario, los acompañantes de Carlos III inauguran un proyecto modernizador que durante treinta años consumirá las energías de la burocracia cortesana y el pensamiento, contagiados ambos del espíritu de la Ilustración.

Firmes en su compromiso renovador, nada quedaría libre de la pesquisa de los pensadores, del atraso económico a la debilidad de la agricultura, de los privilegios desfasados de la Mesta al anquilosamiento de la aristocracia y el protagonismo rancio de la Iglesia, de la ignorancia de las clases populares al gobierno de América o el saneamiento de la capital. Su optimismo les impedirá, sin embargo, contemplar la realidad prosaica de un monarca más dado a la caza que a la administración, y al compás de los ideales del despotismo ilustrado creerán encontrar en la monarquía la palanca ideal para levantar España. Sin pretenderlo, Carlos III se convertía en el ariete con el que los grupos más emprendedores de la sociedad española pretendían derribar las murallas del inmovilismo y el atraso españoles. Bajo su paraguas tutelar, la intelectualidad ilustrada espera promover el cambio social, sorteando los obstáculos tendidos por el conservadurismo de las clases pudientes y la Iglesia, que no descansan en sus arremetidas contra los patricios del nuevo orden. Los procesos inquisitoriales de Macanaz, Olavide, Cabarrús o Normante son demostraciones de fuerza de los reaccionarios, antes de que el estallido de la Revolución francesa deslegitime todo intento de cambio por miedo a la anarquía.

Tomando a su cargo el desarrollo industrial, el Estado carolino recoge el testigo de los primeros Borbones al imponer una política económica mercantilista y promover directamente cierto número de industrias de lujo. Dirigidas a clientelas ricas de la península y América, nacen las fábricas de tapices de Santa Bárbara, de cristal de San Ildefonso o de porcelanas del Buen Retiro, donde se combinan la artesanía con el original diseño de los artistas del momento. Mientras, los textiles de Guadalajara, Brihuega o Ávila, las sedas de Talavera, los astilleros norteños o la tabaquera sevillana confirman el interés del gobierno por hacerse presente en todos los ámbitos de la producción. El patronato oficial se concentrará muy especialmente en Castilla y Andalucía, las más afectadas por la parálisis del siglo XVII, que asientan los grandes centros consumidores de la capital y el eje Sevilla-Cádiz-América. Por contra, en la periferia vasca, catalana, valenciana y gallega la iniciativa privada arraiga con fuerza bajo la batuta de la burguesía comercial, conocedora de las posibilidades abiertas por el cambio de orientación económica de los ministros de Carlos III al apoyar un moderado librecambismo. Es la hora de Cataluña, que gracias a los capitales generados en el campo y a los privilegios reales comienza a transformar su artesanía textil adaptándola, con el trabajo del algodón, al gusto de los consumidores.

Superada la etapa fundacional, a las industrias estatales les sobraron privilegios que no hicieron sino acostumbrar a sus dirigentes a la ayuda del gobierno, en vez de prestar atención a la competencia o lanzarse a sacar partido de los primeros pasos del mercado nacional prefigurado por la pragmática de 1757, que ordenaba la libre circulación de mercancías. Sin apenas capital, la iniciativa privada encallaría a menudo en los obstáculos impuestos por un mercado excesivamente regionalizado, con una demanda baja y sometida a cíclicas contracciones.

Ante la precariedad de la industria, la agricultura atrae la atención de la corona durante el siglo XVIII. Había demasiadas bocas que llenar y brazos que emplear, muchos de los cuales no encuentran más salida que la emigración a América. Aun así, el trabajo regenerador del Estado y las Sociedades Económicas de Amigos del País tendrá una relativa importancia en el conjunto del campo español, ya que ni las técnicas ni, lo que es peor, los rendimientos mejoraron. Si bien es cierto que las cosechas progresan, a menudo unidas a la introducción del maíz, la remolacha o la patata, esto sólo se consigue a costa de un aumento de la superficie cultivada con lesiones ecológicas en bosques y albuferas. Así y todo, la agricultura no siempre pudo seguir el ritmo de la población, dando paso a partir de 1753 a la caída de los salarios y a unos precios desorbitados, que allanarían el camino de los desórdenes sociales. El peligro de amotinamientos convence a los intelectuales cortesanos de la necesidad de una rápida «reforma agraria» pero pronto se estrellan contra la tradición y los propietarios, no dispuestos a perder los beneficios que les reporta la escalada de los precios.

Tocados de espíritu liberal, Olavide, Floridablanca o Jovellanos, consideran que el gran problema de España radica en la colosal propiedad amasada por la nobleza y la Iglesia, a las que cada vez más se responsabiliza de la esclerosis del campo. Ninguna meditación, sin embargo, tan novedosa como la del asturiano Campomanes, que se hace un hueco en la historia del reformismo agrario al vincular el progreso del país con el acceso del campesinado a la propiedad de la tierra y la desamortización de los bienes eclesiásticos. A remolque de estas sugerencias, se reparten comunales entre los campesinos extremeños en un innovador programa que hubiese obligado a los terratenientes a arrendar a bajo precio una parte de sus dehesas. La reforma aceleraba el retroceso de la Mesta, brindaba un buen balance al erario y abría el camino de la modernización agraria de España. Fue un tiempo de espejismo, roto en seguida por los nobles y la Iglesia, que abortan el experimento haciendo caer en las garras de la Inquisición a Pablo Olavide, el adelantado de la reforma del campo.

También el comercio se renueva con los consejos de los economistas que consideran primordial frenar el crónico déficit de la balanza de pagos y recuperar la demanda interna. Sólo un mercado nacional que abarcase todo el reino podría protagonizar el deseado renacimiento. Y para fortalecer esta «nacionalización» nada mejor que cargar con fuertes gravámenes las importaciones y liberar de trabas internas el movimiento de mercancías. Es el comienzo de una política proteccionista que con ligeros retoques habría de continuar hasta la entrada de España en la Unión Europea. Camino del mercado unificado, en 1761, Carlos III y su ministro Esquilache emprenden el primer plan de carreteras, destinado a enlazar la capital de la monarquía con Andalucía, Cataluña, Valencia y Galicia. Un buen paso adelante, frustrado por la inestabilidad política y el alto coste de las obras en un país de orografía complicada. En la misma línea renovadora, el rey continúa su labor de protección hacia las compañías comerciales, que se habían prodigado tras el éxito inicial de la Guipuzcoana de Caracas, como medio de mejorar los intercambios con América, antes de que en 1765 disponga el fin del monopolio gaditano y establezca la plena libertad de comercio entre ocho puertos españoles y las colonias.

Bandera e himno

La inquietud intelectual por una adaptación de los aparatos administrativos a las necesidades del momento expande por el país algunos de los principios sobre los que luego se sustentará el Estado nacional, al que Carlos III engrandece con su bandera e himno. A la búsqueda del «modo de ser» de la nación, la historia abandona su carácter universal para ceñirse al estrecho ámbito del reino, mientras a los intelectuales se les obliga a recuperar la huella del pasado como tarea urgente de la reforma. Empieza a hablarse ya de la uniformización de las leyes y se adelanta una nueva división territorial de España, en tanto el castellano se extiende como lengua administrativa y cala fuerte el impuesto único o la enseñanza general. Todos estos principios inspiran la tarea de gobierno de Carlos III, abanderado de una reforma no traumática que devolviera a España su condición de gran potencia europea. Políticamente, el empuje más arrollador corresponde al gobierno del marqués de Esquilache, cuyas medidas progresistas asustan a las viejas clases rectoras, dispuestas a sacar partido de la xenofobia contra los burócratas italianos para interrumpir el proceso de cambio. Un decreto de 1766 encaminado a mejorar la imagen de Madrid y sus habitantes, dentro de la amplia reforma urbana proyectada por Carlos III, serviría de detonante de la crisis. Con el ejemplo de la capital, toda España es un puro motín, magnificado por el hambre. Las tensiones Iglesia-Estado arrecian, pero el golpe de efecto de la expulsión de la Compañía de Jesús tras la caída de Esquilache manifiesta el compromiso de la corona en imponerse a los representantes del poder espiritual. Sin embargo, no faltaba nada para que tomara cuerpo la propuesta de una alianza del trono y el altar frente a sus enemigos comunes.

Como reverso de la Ilustración, una ola de inmovilismo recorre Europa y América, arrastrada por el afán de la Iglesia de seguir dominando la sociedad que se avecinaba. Nace el pensamiento reaccionario, enemigo de todo proyecto laico de cultura, pero también despunta el credo liberal, acunado por los ilustrados perseverantes que, desengañados de las «reformas» del régimen, orientan decididos sus pasos hacia posiciones de ruptura. El mesianismo expansivo de la época de los Austrias se atrinchera ahora en un reducto ideológico, donde nuevas devociones difunden el mensaje tranquilizador de la especial providencia de Dios sobre España. Fracasada la reforma antes de los clarines de la Revolución francesa, la balanza de la discordia española se inclina del lado del reaccionarismo político, pero no por mucho tiempo.

CARLOS III
Y LA ILUSTRACIÓN

DERRIBANDO MITOS

He cumplido con tu encargo. He comunicado a Nuño tu reparo sobre el punto de su historia que menos nos puede gustar, si es verdadera, y más nos haga reír si es falsa; y aún he añadido algunas reflexiones de mi propia imaginación. Si el cielo –le he dicho yo–, si el cielo quería levantar tu patria del yugo africano, ¿había menester las fuerzas humanas, la presencia efectiva de Santiago, y mucho menos la de su caballo blanco, para derrotar el ejército moro? El que ha hecho todo de la nada, con solas palabras y con sólo su querer, ¿necesitó acaso una cosa tan material como la espada? ¿Creéis que los que están gozando del eterno bien bajen a dar cuchilladas y estocadas a los hombres de este mundo? ¿No te parece idea más ajustada a lo que creemos de la esencia divina el pensar: Dios dijo «huyan los moros», y los moros huyeron? [...] Gazel, los que pretenden disuadir al pueblo de muchas cosas que cree buenamente, y de cuya creencia resultan efectos útiles al Estado, no se hacen cargo de lo que sucedería si el vulgo se metiese a filósofo y quisiese indagar la razón de cada establecimiento. El pensarlo me estremece, y es uno de los motivos que me irritan contra la secta hoy reinante, que quiere revocar en duda cuanto hasta ahora se ha tenido por más evidente que una demostración de geometría. De los abusos pasaron a los usos, y de lo accidental a lo esencial. No sólo niegan y desprecian aquellos artículos que pueden absolutamente negarse sin faltar a la religión, sino que pretenden ridiculizar hasta los cimientos de la misma religión. JOSÉ DE CADALSO, *Cartas marruecas*

REGALISMO Y PAZ SOCIAL

En estos términos, resultando de todo ser los jesuitas en España e Indias el fomento y el centro de la disensión y del desafecto a la quietud, entiende el fiscal que ha llegado el punto de haber llenado la Compañía en España y en las Indias la medida del escándalo en punto de su predicación, de su enseñanza y de su infidelidad, y ser indispensablemente necesario para la seguridad de la sagrada persona de S. M. y del reino entero que la soberanía use de su potestad económica extrañando del reino a los jesuitas profesos y a los novicios que quieran permanecer en dicha Compañía; ocupándoseles las temporalidades, como extraños de él, no permitiendo que en estos dominios ni en los de las Indias se vuelvan a establecer en comunidad ni en particular con ningún pretexto, haciendo Su Majestad esta declaración a imitación de otros soberanos, como rey que no reconoce superior en lo temporal y que usa de esta económica providencia para seguridad de su persona real, de la de su augusta familia y de sus dominios, y por beneficio de la misma religión y pureza de las costumbres; haciendo cerrar, desde luego, todas sus casas y escuelas y que no se enseñe más su doctrina, para evitar que no se dé ocasión con ella a nuevos escándalos en estos dominios.

CAMPOMANES,
Dictamen fiscal de expulsión de los jesuitas de España

LOS CAMPOS SOMNOLIENTOS

El mal que han causado los mayorazgos es tan grande que no bastará evitar su progreso, si no se trata de aplicarle otros temperamentos. El más notable, si no el mayor, de todos los daños, es el que sienten las mismas familias en cuyo favor se han instituido. Nada es más repugnante que ver sin establecimiento ni carrera, y condenados a la pobreza, al celibato y a la ociosidad, a los individuos de las familias nobles, cuyos primogénitos disfrutan pingües mayorazgos. La suprema equidad de la Real cámara, respetando a un mismo tiempo las vinculaciones, y los derechos de la sangre, suele dispensar facultades para gravar con censos los mayorazgos en favor de estos infelices, pero esto es remediar un mal con otro. Los censos aniquilan tambien los mayorazgos, porque menguan la propiedad disminuyendo su producto: menguan por consiguiente el interés individual acerca de ella, y agravan aquel principio de ruina y abandono que llevan consigo las fincas vinculadas, sólo por serlo. Sería, pues, más justo en vez de facultades para tomar censos, conceder facultades para vender fincas vinculadas [...]

Entretanto semejantes opiniones hacen un daño irreparable a nuestra agricultura, porque reducen a breves períodos los arriendos, y por lo mismo desalientan el cultivo de las tierras vinculadas. No debiendo esperarse que las labren sus dueños, alejados por su educación, por su estado y por su ordinaria residencia, del campo y de la profesión rústica: ¿cómo se esperará de un colono que descepe, cerque, plante y mejore una suerte, que sólo ha de disfrutar tres o cuatro años, y en cuya llevanza nunca esté seguro? ¿No es más natural que reduciendo su trabajo a las cosechas presentes, trate sólo de esquilmar en ellas la tierra, sin curarse de las futuras que no ha de disfrutar?

JOVELLANOS,
«Informe sobre la ley agraria»

LA PROTECCIÓN DE LA INDUSTRIA

No consiste el aumento de las fábricas en concederles franquezas que, perjudicando al erario, no las disfruten ellas, sino los que, fingiendo que mantienen cien telares, sólo tejen el día que se visitan para lograr la entrada libre de los comestibles que venden: franqueza cierta que se refunde en beneficio de la fábrica es libertar sus tejidos de alcabala y de aduanas de entrada, pues no entran de fuera del reino, sino pasan de una ciudad a otra, mayormente no siendo para el consumo de ella, sino para la salida, fuera del reino, o a la América; y si las fábricas, para el bien universal de España, deben estar repartidas por todo el reino, ya en los lugares de cosecha de los materiales adaptables a ellas, y ya en los que por la baratura de los mantenimientos son más baratos los jornales por el beneficio que de esto resulta al tráfico de tierra, ¿cómo se ha de conseguir este tan importante fin, si lo embaraza el obstáculo de derechos de aduana? [...]

Error aún más perjudicial es privar los territorios americanos de la cría de la seda y del lino, con el infundamental recelo de que podrán labrar tejidos en perjuicio del comercio de España (más bien dijeran de las naciones enemigas), siendo cierto que aquella prohibición es igualmente perjudicial a estos reinos porque, necesitando de tan principales materiales para poder abastecer de tejidos la América, les es indispensable comprarlos de Levante o del Oriente las sedas, y del Norte los linos, haciendo poderosos a los paganos y a los enemigos del Estado; y mucho más perjudicial si, por no traer los materiales, entran, como del presente, los tejidos de seda y lino de fuera. BERNARDO DE ULLOA,

Restablecimiento de las fábricas y comercio español

CONTRA LOS PRIVILEGIOS EN EL AÑO DE LA REVOLUCIÓN

El sistema de nuestra nobleza hereditaria, de nuestros escudotes y nuestras órdenes militares, hubiera causado en la China el mismo quijotismo que en España; y si fuese dable introducirlo en Inglaterra, excusaba la Francia de cavilar sobre los medios de aniquilar su comercio y su industria. Los beneficios o perjuicios de los apellidos y árboles genealógicos pudieran ser digno objeto de la investigación del gobierno. El orden jerárquico en el mando es indispensable entre los hombres, so pena de condenarlos a una perpetua y destructora anarquía; pero las jerarquías de familias son una quimera perjudicialísima, aunque consagrada por la vanidad y avaricia de los poderosos. Mientras no se den castas de hombres a quienes estén concedidas esencialmente por Dios unas particulares perfecciones, nunca habrá más diferencia de un hombre a otro hombre que la que hay de un huevo a otro huevo. LEÓN DE ARROYAL,

Cartas económico-políticas

1812

LA CONSTITUCIÓN DE CÁDIZ

¡VIVA LA PEPA!

El motín del pueblo de Madrid del 2 de mayo de 1808 fue sólo el más célebre de la larga serie de estallidos nacionalistas desencadenados tras la invasión francesa. Recuperada la soberanía, los liberales persuadieron al país de la necesidad de promulgar una Constitución renovadora.

Estremecióse España
del indigno rumor que cerca oía,
y al gran impulso de su justa saña
rompió el volcán que su interior hervía.
Sus déspotas antiguos,
consternados y pálidos se esconden;
resuena el eco de venganza en torno,
y del Tajo las márgenes responden:
«¡Venganza!». ¿Dónde están, sagrado río,
los colosos de oprobio y de vergüenza
que nuestro bien en su insolencia ahogaban?

MANUEL JOSÉ QUINTANA,
«A España, después de la revolución de marzo»

Declina el siglo XVIII, el Antiguo Régimen agoniza víctima de sus propias contradicciones, como pudieron comprobar los hombres de la Ilustración al hacer inventario de los males que aquejaban a España. Acostumbrados a que sus predicaciones cayeran en desierto, los intelectuales intentaron mostrar a las clases dirigentes la parálisis de un sistema de resonancias feudales, imposible de sostener en los albores de la era moderna. Todos los esfuerzos por taponar la brecha del caos eran insuficientes y sólo conseguían avivar la crisis. Ajeno a la realidad, Carlos IV vivía embobado en el irreal universo de la corte hasta que su mundo invadió los sueños imperiales de Napoleón. Entonces despertó sobresaltado; había comenzado la pesadilla.

Tras el estallido de la Revolución francesa, la Inquisición se ocupaba de silenciar las voces más peligrosas y cerrar las fronteras a los escritos subversivos galos, con el fin de evitar contagios no deseados. El bloqueo nunca llegó a ser total y una avalancha de panfletos llenos de solicitudes de reformas asaltó los grandes centros burgueses. Aunque se trataba de un movimiento de minorías, la crisis económica, el desgobierno y la descomposición interna caldearon el ambiente del que saldrían unas Cortes destinadas a afrontar la tan necesaria regeneración del país.

Obligado por las circunstancias, el primer ministro Godoy trata de enderezar el rumbo del Estado con un programa reformista, que luego sería completado por las Cortes de Cádiz. Sin embargo, el tímido guiño liberal pasaría a un segundo plano ante la injerencia de Napoleón, que aprovecha la debilidad de la corte para arrastrar a Carlos IV hacia su ofensiva imperialista contra Portugal, acantonando tropas francesas en España. Ante el peligro de conquista solapada, Godoy trama la huida de la familia real a América, pero su propósito se malogra con el alzamiento del populacho en Aranjuez. En un acto sin precedentes, los amotinados consiguen provocar la caída del valido y, lo que es más insólito, obligan al propio soberano a abdicar en favor de su hijo Fernando VII. Pura paradoja, el rey que años más tarde reivindicaría el poder absoluto como la única forma de gobierno posible recibía la corona de manos de sus súbditos. El desbarajuste dinástico, nunca aceptado por el viejo soberano, coincide con la entrada en la capital del general Murat. Harto de sostener una monarquía tambaleante, Napoleón invita a padre e hijo a trasladarse a Bayona, donde serían obligados a ceder el trono a José Bonaparte.

Desconcertada por la salida de Fernando VII, la burocracia se hunde en su propio marasmo mientras el pueblo sigue empeñado en actuar de protagonista. En un movimiento de contagioso patriotismo, que supera las barreras históricas y culturales fusionando todas las regiones españolas en una respuesta común, la sublevación contra el invasor prende en la península con el espíritu del motín madrileño del 2 de mayo de 1808. Una fecha clave en el futuro repertorio del nacionalismo español y filón inagotable de la historiografía y la pintura del XIX o el cine franquista.

Comienza así una contienda brutal agravada por la táctica de guerrillas y utilizada por algunos sectores de la población de biombo de las venganzas domésticas contra los «afrancesados». Unos españoles culpables de ingenuidad, al considerar el gobierno de José I la mejor garantía para la definitiva consolidación en España de las libertades inauguradas por la Revolución francesa, sin percatarse de que estaban siendo invadidos. Tras la retirada final de las tropas napoleónicas, Fernando VII calificaría de traidores a la patria a los admiradores de la política del país vecino, utilizando el artilugio contra todos los opositores a su poder absoluto.

Con el fin de hacer más atractivo su gobierno, José Bonaparte limpia de perversiones absolutistas el viejo sistema borbónico a través del Estatuto de Bayona, un remedo de carta constitucional que, a pesar de mantener en manos del monarca la mayor parte de las prerrogativas, ofrecía un renovado aire liberal que cuestionaba muchos de los privilegios del Antiguo Régimen. Indignados por las concesiones, la nobleza y el clero se ponen al frente de la insurrección popular que se apodera de las tierras del Ebro, Castilla y Andalucía, al tiempo que Gerona se destaca en el rechazo de las acometidas galas y en Bailén el general Castaños obtiene un resonante triunfo. Fuera de juego la burocracia del Estado, sólo la Iglesia disponía de una organización nacional centralizada, capaz de llegar a todos los rincones del país y de erigirse en motor del levantamiento con su habilidad ideologizadora. Los seis años de la guerra de Independencia constituyeron una ocasión irrepetible para un movimiento de masas de carácter revolucionario, pero la identificación del clero con el Antiguo Régimen lo hicieron imposible. La movilización de la cristiandad española contra el invasor extranjero mezclaría interesadamente sentimientos religiosos y patrióticos del pueblo con la defensa de un estatus privilegiado al que la Iglesia no estaba dispuesta a renunciar.

En medio de la euforia, los políticos tratan de organizar el gobierno y restablecer la unidad perdida después de la ocupación francesa. Disueltos los organismos madrileños y aislada media España, es la hora de las juntas populares que, hijas de la improvisación, se disponen a tomar el poder sin dueño. En ellas alternan las viejas elites con los herederos de la Ilustración, tamizada por los aportes del constitucionalismo francés, apostando ahora todos ellos por el nuevo orden liberal. A la nobleza le resultaba difícil, en plena anarquía, poner zancadillas a la reforma, como ya había hecho en tiempos de Carlos III. Con la formación de la Junta Suprema, las juntas populares estrechan lazos y hacen viable la convocatoria de unas Cortes del reino para 1810, justo cuando las victorias del emperador sobre las tropas españolas acaben con la oposición de los más recelosos del cambio. Lejos de su función tradicional, los liberales ven llegado el momento de transformar las antiguas Cortes en una moderna asamblea, destinada a poner en orden el país. Tras los esfuerzos y dolores de la guerra, el pueblo español se merecía un texto legal bien ordenado que evitase su sometimiento a una corte caprichosa o un rey inepto. Después de cien años en los que los Borbones habían devaluado el papel de las Cortes, la minoría liberal lo hacía renacer como instrumento de legitimidad. Frente a la bandera regeneracionista de la corte de José I, los verdaderos reformadores se disponían a crear una Constitución, redactada desde la independencia, que cautivase a los patriotas hispanos. Aislados del resto del país en la bahía gaditana, un puñado de hombres inquietos, sometidos a la presión ambiental de una burguesía cosmopolita, se comprometían a cambiar España a través del derecho. Más de un tercio de los asientos de la asamblea estaban ocupados por eclesiásticos, que se acompañaban de abogados y un buen número de delegados americanos, siendo por el contrario muy escasa la representación nobiliaria y nula la popular.

> Despertad, raza de héroes, el momento
> llegó ya de arrojarse a la victoria;
> que vuestro nombre eclipse nuestro nombre,
> que vuestra gloria humille nuestra gloria.
> No ha sido en el gran día
> el altar de la patria alzado en vano
> por vuestra mano fuerte.
> Juradlo, ella os lo manda: «¡Antes la muerte
> que consentir jamás ningún tirano!».

Las sesiones se inauguran en septiembre de 1810 con el juramento de los diputados de mantenerse firmes en la defensa de la integridad de la «nación española» y la mejora de las leyes. Conceptos como soberanía nacional o separación de poderes no auguraban nada bueno a los defensores del viejo orden que, como el obispo de Orense, acusaron a las Cortes de alterar de raíz la naturaleza de la monarquía española. Ahora se diseña el marco liberal que habría de influir en la redacción de la Constitución de 1812, al establecer la igualdad de derechos de todos los ciudadanos, incluidos los de América. Nacía, pues, la nación española con un afán integrador e igualitario que superaba la antigua subordinación de las colonias a la metrópoli y, como medio de favorecer la crítica política, se aprobaba la libertad de imprenta, primera formulación del derecho de expresión y pieza clave de un sistema basado en la soberanía nacional. Después de siglos de bloqueo informativo, los liberales tendrán gran interés en subirse al carro de la «opinión pública», feliz artificio intelectual muy rentable para justificar sus reformas.

Acordes con la opinión pública gaditana, las Cortes se proclaman constituyentes al nombrar la comisión encargada de redactar el proyecto de Carta Magna, cuyos puntos más conflictivos fueron la definición de nación española y su forma constitucional. Otra importante discusión giró en torno a la afirmación de la soberanía nacional y el derecho del pueblo a adoptar la forma de gobierno más conveniente, en la que los realistas, al menos, lograron asegurar la monarquía. También resultó especialmente animado el debate sobre la reorganización territorial de España con sus fricciones de tinte regionalista, protagonizadas por los representantes catalanes, disconformes con el proyecto propuesto, inspirado en el modelo departamental francés. «Formamos una sola nación y no un agregado de naciones», argumentó Argüeyes, rubricando la urgente necesidad de una ordenación racional del territorio español.

El día de San José de 1812, la Constitución quedaba aprobada. Hasta el último detalle aparece regulado por «la Pepa», cuyo diseño de Estado unitario imponía los derechos de los «españoles» por encima de los históricos de cada reino. Para satisfacer la recién adquirida igualdad de los ciudadanos, se necesitaba una burocracia centralizada, una fiscalidad común, un ejército nacional y un mercado liberado de la rémora de las aduanas interiores. Sobre estos cimientos y con los resortes administrativos del Estado, la burguesía construirá la nación española, una utopía en el siglo anterior hecha realidad a lo largo del XIX.

Al compás del pensamiento de la Ilustración, los diputados gaditanos desmontan la arquitectura del Antiguo Régimen, aboliendo los señoríos jurisdiccionales, cuyas prerrogativas son incorporadas a la corona. Un salto fundamental en el proceso de reforzamiento del Estado, ya que la mitad de los pueblos y dos tercios de las ciudades españolas continuaban sometidos a los designios de la nobleza y el clero. Son derogados, asimismo, los gremios, una estructura medieval tachada de inoperante desde los tiempos de Campomanes, para dar paso a las modernas relaciones de producción liberal capitalista. En el campo se iniciaba la reforma agraria burguesa, anticipada por Jovellanos, al decretarse la venta en pública subasta de las tierras comunales de los municipios y, con la supresión de los privilegios de estamento, viejos fueros territoriales, como los vascongados, eran heridos de muerte atravesados por el orden constitucional.

El regreso de Fernando VII en 1814 pone el punto final al primer experimento de constitucionalismo en España. Con la fuerza militar de su parte y el respaldo de algunos diputados aduladores, el rey declaraba nulos todos los actos de las Cortes gaditanas y de las juntas que las animaron. Desaparecían de un plumazo las reformas plasmadas sobre el papel, sin que nadie saliera a la calle en su defensa. A la asamblea gaditana se le fue la fuerza por la boca y no se preocupó de dotar al movimiento de un calado suficiente como para aprovechar el potencial revolucionario del pueblo ante un año de hambre, malas cosechas y la práctica destrucción del país. Un rey prisionero, una nobleza desperdigada y una Iglesia a la defensiva hubiesen sido incapaces de parar a las muchedumbres sublevadas por una inexistente burguesía.

Muerta la Constitución, el país comenzaba a recorrer una empinada senda en busca de un modelo de organización política respetuoso con los derechos individuales y colectivos. Años después, otros textos decimonónicos se encargaron de poner fin lentamente a las desigualdades más ofensivas y moldear la nación española, que era la que legitimaba todos los cambios. La idea de España, que nació progresista en 1812, terminaría por caer en manos de grupos ultraconservadores hasta llevarla al desprestigio de su identificación autoritaria con el régimen de Franco. Pese a su fracaso, el texto gaditano no caería por el precipicio de la historia, sino que su recuerdo permanecería activo durante los siglos venideros, como símbolo del deseo de libertad de los españoles en su carrera de fondo culminada con la Constitución democrática de 1978.

¡Salud, oh padres de la patria mía,
yo les diré, salud! La heroica España,
de entre el estrago universal y horrores
levanta la cabeza ensangrentada,
y vencedora de su mal destino,
vuelve a dar a la tierra amedrentada
su cetro de oro y su blasón divino.

MANUEL JOSÉ QUINTANA,
«A España, después de la revolución de marzo»

LA ILUSIÓN DE LA LIBERTAD

Las Cortes al fin se congregaron en el emplazado día y las lágrimas que arrasaron mis ojos cuando vi desfilar los diputados desde el palacio de la Regencia a la iglesia fueron fiel demostración de mi gozo y mi entusiasmo. El paso grande estaba dado, la representación nacional establecida, la libertad restaurada y la tiranía destruida. Parecíame entonces imposible un retroceso a la opresión pasada y no me cabía en la imaginación que la generalidad de los españoles pudiese desearla jamás. Pero ¡ay!, ¡cuán poco conocía yo a mis paisanos y qué poco experimentadas tenía a las pasiones políticas! Bien pronto la cuestión metafísica de la soberanía «fue el pretexto, no la causa» de la oposición y la señal a que se reunieron todos los enemigos de la libertad pública.

QUINTANA, *Memorias*

PARADOJAS EN CÁDIZ

El espectáculo que presentaban las Cortes pintaba la confusión de ideas reinantes a la sazón en las cabezas españolas.

Acababa de declararse solemnemente que la soberanía residía en la nación, declaración por algunos combatida, por otros aprobada y por muchos aceptada, sin comprender su verdadero significado. Ahora, pues, como los gobiernos anteriores, así la Junta Central como el Consejo de Regencia habían procedido del voto popular y representado y ejercido la soberanía, así la antigua del Rey ausente como la nueva del pueblo presente, las Cortes, en cierto modo, se consideraban como herederas de los gobiernos anteriores. Así, a uso de algunos cuerpos de España, se hacían llamar señor y darse el tratamiento de majestad, atributos propios solamente de reyes.

ANTONIO ALCALÁ-GALIANO,
Recuerdos de un anciano

UNA SOLA NACIÓN

Estamos hablando como si la nación española no fuese una, sino que tuviera reinos y estados diferentes. Es menester que nos hagamos cargo que todas estas divisiones de provincias deben desaparecer, y que en la Constitución actual deben refundirse todas las leyes fundamentales de las demás provincias de la monarquía... La comisión no ha propuesto que se altere la división de España, sino que deja facultad a las Cortes venideras para que lo hagan, si lo juzgasen conveniente, para la administración de Justicia, etc. Yo quiero que nos acordemos que formamos una sola nación, y no un agregado de varias naciones. MUÑOZ TORRERO,

Diario de Sesiones de Cortes de 1812

LA CRÍTICA DE LOS MÁS PROGRESISTAS

Las Cortes están perdiendo tiempo y crédito con ese empeño de hacer una constitución por teoría, y pudieran haber adelantado mucho para hacer una por experiencia. La parte más difícil e importante de la constitución no es ese mal entendido equilibrio de poderes que ya he impugnado, y que está reducido, en lo que tiene de real y verdadero, a que las leyes no sean efecto de la voluntad de ninguno de los poderes por sí solo; lo que necesita gran miramiento y tino son los principios constitucionales del poder judicial; de ese poder de quien depende cuanto es y cuanto tiene el ciudadano; de ese poder que es el origen, el propagador, y la defensa del espíritu público, el conservador de las leyes que constituyen la verdadera «patria»; ese poder que, bien establecido, corrige o hace insensibles las faltas de constitución en los otros; y mal organizado en lo más pequeño se convierte en instrumento de opresión y tiranía, en propagador de la corrupción pública. A la organización del poder judicial debieran haberse dedicado las Cortes desde el primer momento; no por sistemas formados de una vez, sino por ensayos que preparasen la completa reforma, e hiciesen ver cuál es la que conviene más al pueblo español en sus circunstancias.

JOSÉ MARÍA BLANCO-WHITE, *Cartas de Juan Sintierra*

NUEVOS MITOS DEL LIBERALISMO

En lo demás la Constitución, pregonando un gobierno representativo, y asegurando la libertad civil y la de la imprenta, con muchas mejoras en la potestad judicial y en el gobierno de los pueblos, daba un gran paso hacia el bien y prosperidad de la nación y de sus individuos. El tiempo y las luces cada día en aumento hubieran acabado por perfeccionar la obra todavía muy incompleta.

Y en verdad, ¿cómo podría esperarse que los españoles hubieran de un golpe formado una constitución exenta de errores, y sin tocar en escollos que no evitaron en sus revoluciones Inglaterra y Francia? Cuando se pasa del despotismo a la libertad, sobreviene las más veces un rebosamiento y crecida de ideas teóricas, que sólo mengua con la experiencia y los desengaños. Fortuna si no se derrama y rompe aún más allá, acompañando a la mudanza atropellamientos y persecuciones. Las Cortes de España se mantuvieron inocentes y puras de excesos y malos hechos. ¡Ojalá pudiera ostentar lo mismo el gobierno absoluto que acudió en pos de ellas y las destruyó!

CONDE DE TORENO,
Historia del levantamiento, guerra y revolución de España

ARGUMENTOS DE LA REACCIÓN

Para entregar, maniatada,
al enemigo otra vez
la misma España adorada
con tanto esfuerzo librada
de las garras del francés.
Para coger la nación

y echarla por la ventana,
llamándola soberana
para colmo de irrisión.
Le quitan su tradición
y la visten una extraña
de invenciones peregrinas.
Otero: «Si esas doctrinas
hacen soberana a España,
¡su cetro será de caña
y su corona de espinas!».

JOSÉ MARÍA PEMÁN,
«Cuando las Cortes de Cádiz»

1820

AMÉRICA SE INDEPENDIZA

LA REVOLUCIÓN DE LOS CRIOLLOS

La población criolla, ya muy numerosa, veía como un pesado e injusto yugo su dependencia de España. Eran muchos los perjuicios y pocas las ventajas del sometimiento a un Imperio que declinaba de forma irrevocable. Estados Unidos aparecía como el ejemplo a seguir.

Nuestra tierra, ancha tierra, soledades,
se pobló de rumores, brazos, bocas.
Una callada sílaba iba ardiendo,
congregando la rosa clandestina,
hasta que las praderas trepidaron
cubiertas de metales y galopes.
Fue dura la verdad como un arado.
Rompió la tierra, estableció el deseo,
hundió sus propagandas germinales
y nació en la secreta primavera.

PABLO NERUDA, «América insurrecta»

Quedaba tanto por hacer. Construir casas, pueblos, ciudades, carreteras, un proyecto mucho más beneficioso que las expediciones perdidas en busca de un Dorado mítico. Lentamente se perfilaban unos países a imagen y semejanza de Europa y España, ajenos a su reciente pasado tribal. Un día, unos hombres nacidos en América se negaron a que todas sus riquezas desapareciesen tras la estela de los navíos. Quienes habían conquistado con su sangre las Indias no estaban dispuestos a permanecer por más tiempo arrodillados ante el gobierno de una nación lejana. Era el momento de liberarse de su pasado colonial y esculpir su propio destino.

Hay quien ha querido encontrar la génesis de la emancipación americana en el nacimiento de la sociedad criolla a lo largo del siglo XVI. Muchos habitantes del Nuevo Mundo rechazaban los privilegios de un Estado que sólo parecía preocuparse por sacar de América los mayores beneficios y colocar a sus «favoritos» peninsulares en los puestos de responsabilidad política y religiosa. Mientras las Indias constituyeron un territorio virgen e inexplorado, la discriminación en favor de los españoles quedaba amortiguada por la necesidad de legitimar las campañas de conquista y el reparto de los botines. La monarquía servía de escudo ante posibles sublevaciones de los indígenas o de los esclavos negros y ese temor explicaría la demora de México o Cuba en romper sus lazos con la metrópoli.

Durante el siglo XVI y buena parte del XVII, los españoles constituían el elemento esencial de la población blanca, frente a una clase criolla muy poco representativa. El prestigio de la corte y el ansia de alcanzar un título nobiliario fueron eficaces vendas que ocultaron el desagrado de la población de las Indias. A través de las instituciones locales, los nuevos americanos dirigían personalmente la vida cotidiana de las colonias a cambio de colaborar en el mantenimiento de la burocracia real. Un pacto entre caballeros muy ventajoso para la corona, que obtenía la fidelidad de sus lejanos súbditos y sus tributos, sin graves contratiempos.

Pero la tranquilidad en el Nuevo Mundo desaparece cien años después. El desprestigio de la corte y la llegada de una nueva dinastía desataron muchas de las ligaduras simbólicas de dependencia en una situación de debilidad muy fructífera para las elites criollas. Los cargos políticos se venden al mejor postor y amplían el grado de autonomía hasta límites difícilmente tolerables por cualquier monarca del Antiguo Régimen, sobre todo cuando los tratados de Utrecht certifiquen el ocaso de las posesiones españolas en Europa. El Imperio dejaba de ser «universal» para hacerse «americano», con unas colonias en donde la monarquía concentrará todas sus fuerzas dilapidadas durante dos centurias en el viejo continente.

El momento coincide con un notable estirón de la masa criolla, que en el reinado de Carlos III constituye el 95% de la población blanca, sin necesidad ya de la corona para justificar sus propiedades y segura de sí misma ante la desaparición de toda amenaza interna que pudiese cuestionar el orden establecido. Instruidos en las universidades desparramadas por el continente, los líderes americanos no sólo comienzan a colaborar con desgana en las recaudaciones fiscales, sino que también se atreven a criticar el monopolio comercial establecido en el eje Cádiz-Sevilla. La aparición de mercaderes europeos en el Caribe y Sudamérica, ofreciendo unos productos a precio mucho más bajo que los españoles, hace tomar conciencia a los gestores hispanoamericanos de la sinrazón de su atadura.

Ante la progresiva irritación de las elites del nuevo continente, no resulta extraño que los esfuerzos de los políticos de Carlos III por reconstruir el Estado actuasen como una bomba de relojería en la sociedad americana. La ansiada libertad comercial de 1765, lejos de tranquilizar los ánimos, los enardecería ya que, a excepción de Cuba, la apertura sólo beneficiaba a los comerciantes españoles en sus transacciones con las colonias y nunca a los coloniales respecto a la metrópoli. Más aún, la avalancha de mercancías, especialmente textiles y aguardientes catalanes, anegó los mercados para ruina de las artesanías indígenas. La España peninsular contribuye así al subdesarrollo de algunas regiones mexicanas, peruanas y argentinas avivando el resentimiento de amplias capas de la población contra la metrópoli. Es el comienzo de una lucha que ocupará buena parte del siglo XIX, tanto en América como en España, entre los partidarios del libre comercio y los seguidores del proteccionismo. Al final, el movimiento independentista se incubaría en el ámbito económico, al convertirse el sueño de un mercado libre en el banderín de enganche de la descontenta burguesía americana. La misma que abogará por un gobierno que se limite a proteger los intercambios y la propiedad, es decir, los dos derechos más conservadores de la revolución liberal venidera, para lo que España parecía incapacitada. Cuando, en 1796, la ruptura de las comunicaciones entre los dos continentes, como consecuencia de la guerra naval contra Inglaterra, obligue a Madrid a dar plena libertad a las colonias para comerciar con los países neutrales, la medida llegará demasiado tarde. Los grupos dominantes de algunas regiones habían cruzado ya la barrera que conducía a la disolución del Imperio y resultaba imposible desactivar sus renovadas ambiciones.

Junto a las cuestiones económicas se mezclan otras de índole social y política que terminan por agriar a la población más influyente. Ante la amenaza de abolir las encomiendas, que permitían a los terratenientes beneficiarse de una mano de obra indígena barata, la oligarquía peruana y mexicana se movilizó con el fin de que les dejaran seguir explotando en paz a los indios. Otro tanto ocurre con los deseos metropolitanos de templar las discriminaciones raciales y de agilizar la movilidad social desdibujando fronteras entre blancos y mestizos. Frente al «progresismo» europeo, se alzará la bandera segregacionista de la población blanca, criolla y peninsular, que recogerán luego las naciones independientes. Los recelos contra la gente de color bullen durante las primeras horas del constitucionalismo gaditano, deseoso de implantar la igualdad de todos los españoles de ambos continentes, casi una declaración de guerra a las elites coloniales que aceleran su compromiso con la insurgencia.

Para complicar un poco más la situación, el proyecto reformista de Carlos III implicaba un mayor control sobre el gobierno colonial a costa de desplazar a los grupos autóctonos de sus parcelas de poder. La hispanización de las jefaturas permite racionalizar la burocracia y arrinconar familiaridades entre asuntos públicos y negocios privados, aunque llega a degenerar en motines. Con la avalancha de emigrantes peninsulares, las minorías criollas tienen la sensación de verse invadidas por unos foráneos que no tardan en disputarles los mejores puestos de la burocracia y, lo que era una novedad, del comercio. Contra los recién llegados se alza una barrera de odio, reforzada por la actitud avarienta y despreciativa de los clanes norteños, que ahora constituyen el grueso de las remesas. La revolución se convertiría así en un mecanismo de defensa de las modestas clases medias americanas contra el acaparamiento de empleos de los hidalgos cantábricos. Por otro lado, si en épocas anteriores el tamaño del Imperio había desvirtuado la presión centralista, la autonomía se resiente con la reorganización carolina de las provincias americanas. Surgen nuevos virreinatos, capitanías generales y otras unidades administrativas que aumentan el control y asfixian cualquier conato de libertad política.

La deserción del clero

Ni siquiera la Iglesia permanece al margen del reformismo borbónico, víctima como en la península de la actuación regalista del Estado, que no tarda en cercenar sus fueros, paso previo al recorte de sus ingresos. La jerarquía nunca se opondrá directamente a los designios regios, pero la acción intrusista del gobierno fomentará la deserción del bajo clero al desaparecer su inmunidad y peligrar sus propiedades. Cuando lleguen las noticias de las medidas desamortizadoras de Carlos IV o algunas de las reformas anunciadas poco después en Cádiz, el desapego eclesiástico subiría de tono. Como en la guerra española contra Napoleón, la Iglesia sería una magnífica cantera de líderes insurgentes y guerrilleros con los púlpitos al servicio de la revolución.

Sólo faltaba una ideología que engarzase todos estos descontentos y sirviese de coartada a la hora de exigir cambios. El desembarco de los escritos de la Ilustración francesa y el ejemplo de Estados Unidos son interpretados por los independentistas como las señales esperadas para emprender su camino. A las iniciales peticiones de «igualdad», poder político y orden social se unen las demandas de soberanía de unas elites con notable sentido corporativo, que desde fines del XVIII se enorgullecen de autodenominarse españoles americanos. La filosofía ilustrada inspiraba los ideales de la burguesía criolla y justificaba doctrinalmente la revolución venidera, pero no servía a ésta para avanzar en el camino del desarrollo político y social. Se fraguan así los caracteres definitorios del proceso emancipador, que oculta tras la bandera del patriotismo más exaltado un modelo criollo de nación, en el que la mayoría de los ciudadanos queda marginada mientras el militarismo y su derivado caudillista toman al asalto los poderes nacionales. Un nacionalismo «provinciano» que disgrega el Imperio en pequeños estados acordes con las divisiones administrativas creadas por España y aprovecha la maquinaria burocrática existente en previsión de desórdenes. Buenos deseos que no siempre pudieron hacerse realidad. Durante casi un siglo, las nuevas repúblicas protagonizan peleas en Chile y Perú, Río de la Plata o Centroamérica, que ayudarán a construir no pocas identidades nacionales a partir del desvarío místico generado por la guerra.

Caldeado el ambiente, el colapso político de España en 1808 resultaba una coyuntura ideal para lanzar el órdago a la metrópoli. No obstante, América resistiría fiel un par de años más; sólo entonces el temor a verse mediatizada por el gobierno de José Bonaparte y a la extensión de la guerra europea a sus tierras fomentaría las primeras deserciones.

Nada podrá hacer la metrópoli frente a los descontentos, cuyos focos más graves se concentran en los virreinatos del Río de la Plata y Nueva Granada. La pugna pronto degenera en un conflicto civil entre los partidarios de la secesión y los fieles a España. Concluida la guerra en la península, el gobierno de Fernando VII apuesta por la represión militar, que impone la paz en Venezuela y Nueva Granada pero no consigue evitar la independencia de Argentina. Al compás de las dificultades internas españolas, los rebeldes logran cambiar el rumbo de la contienda y en 1820 la sublevación de los ejércitos de Riego en la península permite a San Martín y Bolívar emancipar Nueva Granada, Venezuela y Perú, bastión del españolismo en Sudamérica. El debilitamiento de la metrópoli y el temor al liberalismo exaltado del Trienio envenenan incluso las relaciones en México, donde una revuelta encabezada por Iturbide proclama en 1822 la secesión. Con la pérdida de las tierras mexicanas y Centroamérica, el sol de Imperio al fin se ponía. España no se quedaba más que con Cuba, Puerto Rico y Filipinas.

La emancipación de las colonias no sólo cerraba tres siglos de unión política entre la península y América; además se convirtió en fuente de profundas alteraciones económicas a ambas orillas del Atlántico. La guerra, la inestabilidad política y el auge de las tensiones disgregadoras arrojarían un balance muy negativo en la productividad de los nuevos estados. Cada nación seguirá con el paso de los años su propio camino integrándose, mejor o peor, en el orden económico dirigido por Gran Bretaña y Estados Unidos. Lamentablemente, siempre desde una posición subordinada, presa fácil del neocolonialismo de las grandes potencias anglosajonas y sin conseguir nunca dar el salto definitivo hacia el desarrollo.

AMÉRICA SE HACE ADULTA

CÁDIZ Y LA REBELIÓN AMERICANA

Hace más de año y medio que el gobierno español supo, por informes de un comisionado secreto que tenía recorriendo las Américas españolas, que la opinión pública estaba tan decidida a no sufrir la especie de gobierno que en ellos conservaba la metrópoli, que no les quedaba duda de que se valdrían de la primera ocasión para separarse de ella, si no les contentaban con mejoras efectivas. El gobierno español expidió dos decretos en que quiso contentar a los americanos con «palabras». Al disolverse la Junta y empezar la Regencia pasada, todo el mundo vio que la España estaba en inminente riesgo de perder las Américas. El gobierno español no quiso emplear otros medios que una proclama de la Junta de Cádiz (mediador muy raro, si se consideran los intereses opuestos de aquellos comerciantes y de los cultivadores y propietarios americanos) y de órdenes secretas a los gobernadores (piedra principal de escándalo en aquellos países) para contener a los americanos con palabras. Rompe en revolución Caracas, sigue Buenos Aires, imítala Cartagena y el reino de Santa Fe; Quito y Chile empiezan a mostrar iguales disposiciones, y las Cortes quieren sosegarlo todo con palabras. Declaraciones de derechos indudables es lo que contiene el decreto de las Cortes; pero sólo promesas de poner en práctica sus inmediatas consecuencias: palabras; sólo palabras. JOSÉ MARÍA BLANCO-WHITE, *Obras completas*

LA VANGUARDIA ARGENTINA

Mendoza, abril 12 de 1816

¿Hasta cuándo esperamos para declarar la independencia? ¿No le parece a usted una cosa bien ridícula acuñar moneda, tener el pabellón y cucarda nacional, y, por último, hacer la guerra al soberano de quien en el día se cree dependemos? ¿Qué nos falta más que decirlo por otra parte? ¿Qué relaciones podremos emprender cuando estamos a pupilo y los enemigos (con mucha razón) nos tratan de insurgentes, pues nos declaramos vasallos? Esté usted seguro que nadie nos auxiliará en tal situación, y, por otra parte, el sistema ganaría un cincuenta por ciento con tal paso. Ánimo. ¡Para los hombres de coraje se han hecho las empresas! Vamos claro, mi amigo; si no se hace, el Congreso es nulo en todas sus partes, porque resumiendo éste la soberanía es una usurpación que se hace al que se cree verdadero soberano, es decir, a Fernandito... JOSÉ SAN MARTÍN

EL DÍA DESPUÉS DE LA INDEPENDENCIA

Al desprenderse la América de la monarquía española, se ha encontrado semejante al imperio romano, cuando aquella enorme masa cayó dispersa en medio del antiguo mundo. Cada desmembración formó entonces una nación independiente conforme a su situación o a sus intereses; pero con la diferencia de que aquellos miembros volvían a restablecer sus primeras asociaciones. Nosotros ni aun conservamos los vestigios de lo que fue en otro tiempo; no somos europeos, no somos indios, sino una especie media entre los aborígenes y los españoles. Americanos por nacimiento y europeos por derecho, nos hallamos en el conflicto de disputar a los naturales los títulos de posesión y de mantenernos en el país que nos vio nacer, contra la oposición de los invasores; así nuestro caso es el más extraordinario y complicado. Todavía hay más; nuestra suerte ha sido siempre puramente pasiva, nuestra existencia política ha sido siempre nula y nos hallamos en tanta más dificultad para alcanzar la libertad, cuanto que estábamos colocados en un grado inferior al de la servidumbre; porque no solamente se nos había robado la libertad, sino también la tiranía activa y doméstica.

SIMÓN BOLÍVAR,
Discursos, proclamas y epistolario político

LA INDEPENDENCIA DE MÉJICO

Esta misma voz que resonó en el pueblo de Dolores el año de 1810, y que tantas desgracias originó al pueblo de las delicias, por el desorden, el abandono, y otra multitud de vicios, fijó también la opinión pública de que la unión general entre europeos y americanos, indios e indígenas, es la única base sólida en que puede descansar nuestra común felicidad. ¿Y quién pondrá en duda que, después de la experiencia horrorosa de tantos desastres, no hay uno siquiera que deje de prestarse a la unión para conseguir tanto bien? ¡Españoles europeos: vuestra patria es la América porque en ella vivís; en ella tenéis comercio y bienes! Americanos: ¿quién de vosotros puede decir que no desciende de español? Ved la cadena dulcísima que nos une, añadid los otros lazos de amistad, la dependencia de intereses, la educación e idioma, y la conformidad de sentimientos; y veréis son tan estrechas y tan poderosas, que la felicidad del reino es necesario la hagan todos reunidos en una sola opinión y en una sola voz.

Es llegado el momento en que manifestéis la uniformidad de vuestros sentimientos, y que nuestra unión sea la mano poderosa que emancipe a la América sin necesidad de auxilios extraños. ¡Al frente de un ejército valiente y resuelto, he proclamado la Independencia de la América Septentrional! Es ya libre, es ya señora de sí misma, ya no reconoce ni depende de la España, ni de otra nación alguna. Saludadla todos como independientes, y sean nuestros corazones bizarros los que sostengan esta dulce voz, unidos con las tropas que han resuelto morir, antes de separarse de tan heroica empresa. No anima otro deseo al ejército que el conservar pura la santa religión que profesamos, y hacer la felicidad general.

AGUSTÍN ITURBIDE,
«Proclama de Iguala»

1836

LAS CUENTAS DE LA IGLESIA

MENDIZÁBAL, «ESE HEREJE...»

Acuciado por los gastos de la guerra civil,
el gobierno emprende la venta de los
bienes eclesiásticos, la llamada «desamortización».
Uno de los resultados más visibles fue
que los latifundios crecieron,
y los campesinos, una vez más, salieron
notablemente perjudicados.

Con tu sangre de cobre y aceituna
y tus Cristos de tierra,
brotados, como cardos violentos, de tu sed de Dios vivo.
Pueblo que con los dientes ama y reza.
España de milagros olorosos,
de monjas andariegas,
de frailes guerrilleros
y de navajas lentas
abriéndose camino como bueyes,
entre venas.
España de anarquistas y de obispos;
armonía completa,
gran España, insaciable de sí misma;
más corazón que cabeza.

VICTORIANO CREMER, «Canto total a España»

Rotos bajo el sol pródigo de España, los campesinos morían atravesados por la lanza del esfuerzo diario. Entre surcos y semillas, se levantaba el último bastión de épocas demasiado cercanas, donde los derechos estaban guardados bajo siete llaves por una noble minoría, donde el Antiguo Régimen, hecho fuerte, se resistía a desaparecer. Dispuestos a sembrar la igualdad y la libertad en las huertas españolas, los liberales del XIX emprendieron un conjunto de reformas que, en vez de mejorar la situación de los labriegos, los convirtió en vasallos de la modernidad, al arbitrio de nuevos y viejos amos.

En clara inferioridad, los liberales consiguieron eliminar de los campos españoles las arbitrarias exigencias heredadas del feudalismo, pero no se atrevieron a poner en duda los derechos nobiliarios sobre las tierras. De esta manera la pretendida revolución agrícola se quedó modestamente en un simple apaño entre la aristocracia, que mantuvo su preeminencia social, y la burguesía, más preocupada por amarrar en el campo los beneficios de la desamortización que por subirse al tren de la industria. Debido a este arreglo, la economía española seguiría colgada del campo, donde la ganancia era segura, y retrasaría su ingreso en la modernidad del motor y la fábrica.

Desde las Cortes de Cádiz la burguesía sabe que la tierra es un bien privado al que se puede acceder sin cortapisa alguna. Sus anhelos de cambio chocaban, no obstante, con los privilegios ganaderos, las fincas de manos muertas o las propiedades de titularidad colectiva. Aunque la asamblea gaditana había incorporado los señoríos jurisdiccionales al Estado, se permitió a los nobles seguir cobrando las rentas y se les reconocieron sus títulos de propiedad, harto dudosos. Nadie quería enfadar a la nobleza, por miedo a que su represalia hiciese peligrar el ascenso social y el enriquecimiento de los pioneros del capitalismo. Si hasta 1820 los ayuntamientos defienden sus tierras comunales en sintonía con el interés popular, conforme avanza la desamortización se encariñan con las oligarquías, ocasión que aprovechan los aristócratas andaluces para arrancar al Tribunal Supremo las patentes de propiedad disputadas. Aprendido el método, los nobles se especializan en el mercadeo de influencias sobre la base de la manipulación del poder local y anuncian ya la era del caciquismo característico de la España de fin de siglo, cuando los propietarios manejen desde Madrid el guiñol provincial.

En el crepúsculo del régimen señorial, los bolsillos nobiliarios debieron aguantar la caída de los precios agrícolas, la decadencia de la ganadería y, sobre todo, el final de su cartera de impuestos. Pero de nuevo vendría el Estado en su ayuda cambiándoles los tributos feudales por deuda amortizable o dándoles otras jugosas compensaciones a costa del erario. Sin haberlo soñado nunca, la nobleza se quitó de encima su endémica ausencia de liquidez y se alzó con un rico patrimonio que, libre de las trabas de los mayorazgos, pudo redondearse con compraventas regidas por criterios de productividad. Nacen así los modernos latifundios de Extremadura y Andalucía, con los que la aristocracia mantuvo su categoría social en plena época de triunfo burgués.

Nada de esto ocurrió con la Iglesia y los ayuntamientos cuando llegó la hora de imponer el dogma liberal de privatización de las tierras colectivas. No se trataba sólo de poner en práctica el decálogo agrario de la burguesía; también apremiaba dar un respiro a las arcas públicas y ganarse estómagos agradecidos para combatir el carlismo. Las órdenes religiosas son las primeras en padecer el rigor de la desamortización, las mismas que ya habían experimentado la fiebre acaparadora de José Bonaparte y el Trienio. Acuciado por el gasto de la guerra civil, el ministro Mendizábal programa, a partir de 1836, la venta de bienes eclesiásticos, con la esperanza de inyectar al Estado la salud necesaria y seguro de ofrecer al campo inversiones y mejoras no garantizadas por la Iglesia. En sus años de negocios en Londres, el banquero gaditano había aprendido los fundamentos económicos del liberalismo y esperaba sacudir la pereza española forzando a sus compatriotas a generar riqueza mediante la compraventa de tierras y la especulación. Como medida preparatoria de su trabajo desamortizador, Mendizábal ordenó la exclaustración de los veinticuatro mil regulares que componían el censo de la Iglesia española.

Mendizábal... ese hereje,
el que a los frailes echó,
el quc cerró las ermitas
y mató de hambre a los curas;
el hombre que dejó a oscuras
a las ánimas benditas.

Con ánimo de facilitar las compras en la subasta, dividió las fincas más grandes, pero las elites locales consiguieron recomponerlas con la complicidad de las comisiones encargadas del reparto y la diligencia de sus testaferros. Pese a las facilidades ofrecidas en la forma de pago, la venta de bienes de la Iglesia no adquirió envergadura hasta 1839, para alcanzar su máximo, cuatro años más tarde, con las nuevas leyes desamortizadoras de Espartero. Aunque los moderados de Narváez serenan el temporal y el Concordato devuelve a su propietaria la tierra no enajenada, la secularización del suelo revestirá grandes proporciones en el valle del Duero, Madrid, Valencia y la vega del Guadalquivir, territorios donde la Iglesia poseía de antiguo mayores riquezas, a los que se unen Extremadura y la Mancha al disolverse las órdenes militares.

De acuerdo con la moda desamortizadora, los gobiernos de Isabel II echan el ojo a la propiedad municipal, que desde el siglo anterior los ilustrados observaban. Como premio a la lucha contra el invasor francés, las Cortes gaditanas habían decidido repartirla entre los vecinos, pero se adelantaron los notables lugareños, obligando a los ayuntamientos a saldar la deuda que mantenían con ellos a cambio de los terrenos comunales. No obstante, cuando a partir de 1833 las entregas gratuitas dieron paso a las ventas, la mayoría del patrimonio formado por las fincas públicas estaba casi intacto. La desamortización de Madoz liquidaría en 1855 todas estas tierras junto con los últimos resquicios de los latifundios del clero y la corona, supervivientes de anteriores pujas. Con los beneficios obtenidos en la subasta, el Estado pagó parte de su deuda, invirtió en obras de infraestructura y dio un empujón a su escueta red ferroviaria.

Sin dejar de afirmar que pudo haberse hecho mejor, la desamortización logró casi todos sus objetivos. Una cuarta parte del suelo entró en los circuitos comerciales a unos precios baratos pero no regalados, la deuda se redujo a límites soportables y las expropiaciones en masa contribuyeron al desarrollo productivo. Sin embargo, las ventas no lograron modificar el mapa español de la desigualdad y las tierras siguieron, más o menos, en poder de los de siempre, agigantándose los latifundios en Andalucía, la Mancha y Extremadura, de acuerdo con una tendencia que se acelera en el reinado de Alfonso XIII, al tener que malvender sus bienes los labradores arruinados por la crisis de final de centuria. Tras un siglo de revueltas agrarias, los latifundistas sureños controlaban gran parte de la superficie cultivable, gracias a sus alianzas con el gobierno y a los beneficios comerciales derivados de la neutralidad española en la guerra mundial.

Símbolo por excelencia de ostentación social, el campo pasa a convertirse en un negocio al que se le exige una rentabilidad económica. Conformes con esta filosofía, tanto nobles como burgueses, todos terminan siendo terratenientes. Los campesinos resultaron los más perjudicados de los nuevos aires capitalistas al perder el escudo que los comunales ofrecían y quedar sometidos al juego de la oferta y la demanda en los contratos de trabajo y en el arrendamiento del suelo. Ironía de vivir en la despensa de España y no tener con qué dar de comer a sus familias. Son los pobres de la desamortización, gente desesperada dispuesta a incorporarse a las filas del carlismo o a tomar el camino de las ciudades para hacerse proletaria de la nueva industria.

Pero además de las negras consecuencias que aplastaron a los más débiles, la desamortización tuvo unos efectos laterales que muy pocos pudieron entonces prever. Las expropiaciones forzosas de unas fincas pertenecientes a un estamento social tan poderoso como la Iglesia significaron el banderazo de salida para la pérdida de respeto hacia una institución que se consideraba intocable. Si los representantes del pueblo fueron capaces de forzar al clero a acatar sus decisiones, nadie impediría que el mismo pueblo se encargase de darle una lección de humildad.

Muchos siglos de despotismo se acumularon sobre las conciencias de las gentes humildes que, irritadas por la militancia carlista de la Iglesia, arremetieron con los frailes, a los que acusan de envenenar las fuentes públicas e instigar a los «cavernícolas». En 1834, los incendiarios discursos de las Cortes dan paso a las teas populares que se ensañan con los conventos de Madrid y sus inquilinos antes de extenderse a Aragón, Cataluña y Murcia. Desde esa hora, todos los avances en la conquista de los derechos de los españoles vendrían acompañados de explosión de anticlericalismo, con una salvedad, la del amanecer de las libertades, a la muerte de Franco, en cuya fiesta democrática la Iglesia participa.

Cuando, en los años finales del XIX, la Iglesia española recomponga sus finanzas y sus efectivos arruinados por la exclaustración, surgirá de nuevo una fuerte marejada anticlerical, testimonio de una parcela de la sociedad que observa cómo los viejos enemigos han recuperado su antiguo reducto de privilegio y la revolución sólo se ha logrado a medias. Pero más allá de una respuesta agresiva al monopolio de la enseñanza y a los pequeños negocios de los frailes, en el anticlericalismo hay que ver un movimiento de larga duración, heredero de otras descargas populares y popurrí de fervores ético-religiosos, confesionalismo laico y hostilidad a los poderosos. La imagen del Cristo pobre crucificado por los curas ricos se entrevé en las antorchas de los anticlericales, cuyo fanatismo purificador fue instrumentalizado por los burgueses con el fin de defender los otros poderes, políticos o económicos, de la cólera de las masas.

LOS LIBERALES Y LA DESAMORTIZACIÓN

EL DESPOJO DE LA IGLESIA

Es necesario recordar que la coyuntura que trataban de aprovechar el señor ministro y las Cortes había provenido de una «sacudida grande también», y tan grande, que principió en el año 34 por el asesinato de sacerdotes inocentes, que continuó en el 35 con el incendio de los templos, el degüello de los religiosos y la destrucción y desperdicio de nuestras más ricas preciosidades, que en el 36 prosiguió de manera tan hidalga como lo indican las proezas de La Granja, el clavar el puñal asesino en el pecho del desgraciado Quesada y el salpicar las calles de Pamplona y Miranda con la sangre de Sarsfield y de Escalera.

He aquí algunos rasgos de la célebre sacudida, he aquí la época en que se trató de despojar al clero de sus propiedades; yo nada exagero, sólo apunto los hechos, hago notar las coincidencias, y pregunto a los hombres en cuyas manos está el que se lleven a cabo las medidas proyectadas, mas no realizadas, si desean que sus nombres pasen a la posteridad con manchas indelebles, si no pudiendo siquiera alegar la excusa de que son hechos consumados, pues que no lo son, desean que pueda la generación actual y las venideras decirles: «Ellos dijeron despojemos al clero, vosotros lo ejecutasteis, vosotros dejasteis sin alimento al sacerdote venerable, a la inocente virgen del claustro; a vosotros tampoco os movió el respeto debido a la religión y a la inocencia, también despojasteis cruelmente al sacerdote anciano que os había educado, al joven que fuera un día vuestro compañero y amigo, y no escuchasteis los gemidos de vírgenes desamparadas que nada os pedían, sino que no les arrebataseis su pedazo de pan y el velo que cubre sus frentes virginales. ¡Ah!, vosotros olvidasteis que erais españoles».

JAIME BALMES,
Observaciones sobre los bienes del clero

LOS PERJUDICADOS DE LAS VENTAS

Entre las varias razones que hemos alegado contra la enajenación de los bienes nacionales en la forma que establece el real decreto de 19 de febrero de este año, recordarán nuestros lectores que señalamos el grave daño que se iba a causar a los actuales colonos y arrendatarios de las tierras de los conventos, a quienes los nuevos dueños de las heredades les subirían los arriendos o, acaso, los lanzarían para colocar a otros en su lugar. Aún no han pasado veinte días después de hacer esta triste predicción, cuando, a medida que se van leyendo y entendiendo nuestras doctrinas por las provincias, nos llueven reclamaciones contra los compradores de bienes nacionales del tiempo de la Constitución, los que, apenas han recuperado la posesión de las fincas (cuyo pago en gran parte no han realizado), cuando han comenzado a desahuciar a los labradores y a difundir la alarma, el desconsuelo y la desolación por ese sinnúmero de pobres colonos, cuyos ascendientes vienen labrando de inmemorial las fincas de las comunidades religiosas. Estos infelices, que de continuo hinchan el tesoro real con el sudor de su frente y que acaban de desprenderse de sus hijos para que aumenten las filas de los defensores de la patria se van a ver en medio del desierto, con un pequeño ajuar, a la intemperie, expuestos sus miserables rebaños y sus bestias de labor a la inclemencia del tiempo, hambrientas y desesperadas sus familias, maldiciendo por precisión la codicia de sus nuevos señores. ¿Es éste, por ventura, el medio de hacer prosélitos para la causa de la reina? ¿Se interesa así a esas poblaciones rústicas, atrasadas en instrucción y que juzgan siempre de las causas por los efectos que más de cerca les tocan? ¿Será éste el camino de que la reforma de los regulares encuentre un apoyo en la opinión pública, o producirá, por el contrario, un dolorido recuerdo de las consideraciones y miramientos que las comunidades religiosas han tenido constantemente a sus antiguos arrendatarios? Apelamos a la conciencia de todos los hombres honrados que hayan vivido o vivan en las provincias para que nos digan francamente hasta que extremo pueden llegar los malos efectos de medidas tan impolíticas, tan imprudentes, tan duras y opresivas.

ANDRÉS BORREGO, *El Español*, 22-3-1836

LOS OBJETIVOS POLÍTICOS

La comisión no vacila en decirlo: en vano, el patriotismo y sabiduría de las Cortes dotarán a la patria de una buena constitución política; en vano consagrará la Asamblea sus desvelos a promover los adelantos del comercio y de la industria, a dar impulso a la civilización por medio de un bien entendido sistema de enseñanza pública, a regularizar la acción administrativa y económica del Gobierno, a procurar, en fin, el bien común si no asienta el conjunto de las trascendentales reformas a que está obligada sobre la ancha y firmísima base de la desamortización completa, absoluta, de la propiedad territorial.

Esa medida, y ella sola es bastante para arrancar de nuestro suelo las hondas raíces de lo pasado; esa medida, y ella sola alcanzará a crear nuevos e indestructibles intereses que afiancen para siempre el régimen representativo entre nosotros; esa medida y ella sola, en fin, puede poner término al profundo y lamentable divorcio que, merced a los crímenes o errores de gobernantes ya indignos, ya incapaces, tiene en constante antagonismo a los pueblos y a los ciudadanos, con la entidad moral del gobierno, que en buena ley debe ser el representante como el jefe del Estado.

PROYECTO DE LEY PARA LA
DESAMORTIZACIÓN GENERAL, 1855

LOS COMPRADORES

Te he dicho que este pueblo es bonito sin tener pretensiones a serlo; es un grupo de casas bajas rodeadas a la iglesia que descuella grave y parece con su paz y su silencio un rebaño de fieles arrodillados alrededor de una cruz. Cerca hay un soberbio convento que ha comprado mi padre. ¿No te suena extraño al oído eso de «comprar un convento» como una vara de paño? No he querido ir a verlo porque me daría mucha tristeza entrar en él. ¡Silencio hosco en las bóvedas en que sonaban himnos y preces al Señor! ¡Qué dolor ver el tabernáculo en donde se entronó la Majestad, llenando de respeto, de amor y de consuelo los corazones, vacío y frío, esparcir desconsuelo y asombro! No. Prefiero ir al convento de Santa Ana; allí los cantos de las monjas, las flores, el incienso, las luces, los rezos de los fieles, todo consuela al corazón y redobla nuestro fervor como en coro y acompañada se levanta la voz más firme y confiada. ¿Quieres creer que Tiburcio me hace burla por eso, y dice que sólo se va a la iglesia por curiosidad o fanatismo? Al ver mi asombro me dijo me lo enseñaría impreso. Alguna vez creo que ese muchacho, que siempre está ocioso y no hace sino rabiar, va a volverse loco. FERNÁN CABALLERO, *Lágrimas*

LOS DESPOJADOS

Nosotras somos españolas, y aunque nos confesamos obligadas a contribuir a las urgencias del Estado, también nos consideramos con derecho a que se nos guarden los que la ley conserva a las demás clases. A todas se les ha pedido en proporción a sus bienes, pero a nosotras se nos ha privado del pan y hasta del agua. ¿Cuál crimen hemos podido cometer en nuestro aislamiento para tan notable diferencia? ¿Lo será acaso el usar las tocas que llevaron otro tiempo las Urracas, las Berenguelas, las Isabelas? Este traje, aunque desdeñado por el presente siglo, se respetó en los pasados, como símbolo de la honestidad y la modestia, propias de nuestro sexo y estado... CARTA A LA REINA M.ª CRISTINA DE LAS SUPERIORAS DE LOS CONVENTOS SEVILLANOS

LLANTO POR EL ARTE

España ha perdido mucho de su carácter romántico con la expulsión de los frailes, y no veo que haya ganado mucho en otros respectos. Edificios admirables, cuya pérdida será irreparable, y que hasta aquí se habían conservado en toda su integridad, se hundirán y se desmoronarán, añadiendo sus ruinas a las ruinas tan frecuentes en este desdichado país; y se perderán, sin provecho para nadie, riquezas inmensas en cuadros, estatuas y objetos de arte de todas clases. Bien podrían, a mi juicio, imitar nuestra revolución en otra cosa más práctica que en su estúpido vandalismo. Degollaos los unos a los otros por vuestras ideas, abonad con vuestros cuerpos los empobrecidos campos asolados por la guerra; pero la piedra, el mármol y el bronce, en que puso su mano el genio, son sagrados y debéis respetarlos. Dentro de dos mil años nadie se acordará de vuestras luchas civiles, y el porvenir sólo sabrá que fuisteis un gran pueblo por algunos fragmentos maravillosos encontrados entre los escombros.

TEÓFILO GAUTIER, *Viaje por España*

1841

EL RETRASO INDUSTRIAL

CHIMENEAS DEL NERVIÓN

España aceptaba con resignación su pobre papel de abastecedora de materias primas de la industria europea. La burguesía, refugiada en los beneficios del campo, dejaba en manos extranjeras las ricas explotaciones mineras. Cataluña y el País Vasco marcaron la excepción.

Chimeneas de humo largo, sordo, grasiento,
acosan con penumbras a la creadora masa,
a la generadora masa que obra el portento,
el tractor con los dientes sepultados en grasa.

Hornos de fogonazos: perspectivas de lumbre.
Irradian los carbones como el sol, las calderas,
los lavaderos donde llega la muchedumbre
del metal que retiene sus escorias primeras.

Laten motores como del agua poseídos,
hélices submarinas, martillos campanarios,
correas, ejes, chapas. Y se oyen estallidos,
choques de terremotos, rumores planetarios.

MIGUEL HERNÁNDEZ, «El hombre acecha»

Se dobla la primera mitad del XIX y Europa vive una era de plena pujanza, olvidada ya del sobresalto napoleónico. Duermen aún los futuros gigantes, Estados Unidos y Rusia, cuando el crecimiento extraordinario de la población europea y el monopolio de las fuerzas generadas por la revolución industrial anuncian días de gloria para el viejo continente. Sin embargo, la presencia española en ese colectivo poderoso empezó a ser de una insignificancia preocupante y la visión de España como algo exótico y marginal tomó cuerpo a pesar de algunos esfuerzos aislados y de otros proyectos desesperanzados por evitarlo. La historia recoge el afán modernizador de Cataluña y la cornisa cantábrica, donde el esfuerzo de unos pocos impediría que el retraso español llegase a convertirse en catástrofe o subdesarrollo definitivo.

Los amagos de industrialización habían tropezado en el siglo XVIII con la falta de un mercado nacional unificado, de tal forma que Cataluña es la única región que logra dar el salto adelante, gracias a su inventiva empresarial y a disponer del consumo americano para colocar sus mercancías. Al quedarse sin el mercado colonial, los fabricantes hispanos se vuelcan en la península, donde la multitud de pequeños mercados regionales característicos del Antiguo Régimen entorpecía gravemente la expansión pretendida. Era necesario un mercado unificado, en cuya demanda llevan la voz cantante los empresarios catalanes agrupados en poderosas patronales que se oponen a los proyectos librecambistas inaugurados por la revolución burguesa. La tendencia natural hacia el mercado único tiene su refrendo en 1841, cuando el mismo Espartero decide trasladar las aduanas vascas a la costa como castigo contra los moderados norteños, que poco antes habían conspirado en favor de su oponente Narváez.

Pese a la crítica de los nostálgicos, la muerte del régimen foral arranca el aplauso de los capitanes vascos de la economía, liberados al fin de las servidumbres que impedían su plena integración en el espacio consumidor español. No tardarían en demostrar su capacidad de liderazgo, construyendo algunas de las modernas factorías que cambiarán para siempre el paisaje de las orillas del Cantábrico.

En el calendario del nuevo mercado español, tiene especial relieve la renovación de la red viaria que ayuda a poner fin a siglos de aislamiento y abarata el trasiego de mercancías. El plan de carreteras de 1851, encaminado a unir Madrid con las ciudades más importantes y, sobre todo, el desarrollo de los ferrocarriles, colaborarían a tender puentes entre todos los territorios del país. Con sus prestaciones se salvaban por fin los obstáculos que en el pasado habían regionalizado la vida española y, sin proponérselo, se conseguía el importante objetivo político de trabar la nación. La España de los liberales se afianzaba con los caminos de hierro a falta de una enseñanza verdaderamente universal. Al compás del tren, la unidad económica y la especialización agrícola e industrial progresan, uniendo la España litoral y el interior. Así y todo, el trazado dejó mucho que desear, y zonas como Asturias o Vizcaya tardarían en integrarse. Hasta el fin de siglo no discurre el tren por toda la geografía, pero mientras tanto se convertía en el mejor aliado del tráfico internacional y en palanca de colonización económica, al acercar las mercancías extranjeras al gran mercado consumidor madrileño y favorecer la exportación minera de gran interés para las sociedades de crédito.

Con la euforia del ferrocarril, las operaciones de ingeniería financiera diseñadas por el capital extranjero tendrían un efecto perverso sobre la capacidad inversora de España. Atraídos por la esperanza de unos beneficios sabrosos, los capitalistas españoles cayeron en la trampa de poner su dinero en unos proyectos que resultaron escasamente lucrativos, haciendo desarbolar el sistema bancario peninsular, especialmente en Cataluña. De la crisis no se libró ni el propio gobierno, que terminó a merced de las bolsas extranjeras, cuyos responsables impondrán una política económica nada acorde con los intereses de España y la cesión de los activos más rentables del Estado como las minas de Almadén o Riotinto. El país se convertiría en el paraíso de las sociedades de crédito de origen europeo, lanzadas a la conquista de empresas de alta rentabilidad en el sector de la minería, el transporte urbano o el gas. Simultáneamente, unos pocos establecimientos bancarios nacionales lucharían por sobrevivir, metiéndose de lleno en las actividades comerciales o financiando el despliegue industrial, sobre todo en el norte, donde los bancos de Bilbao y Santander mantendrán su cuota de mercado frente al arrollador avance del Banco de España, que en 1874 adquiere el monopolio de emisión de papel moneda.

Condicionada por la escasez de capitales, España cae postrada en seguida ante un modelo de economía semicolonial, que hará de ella la abastecedora preferente de materias primas de las factorías europeas. Especial gravedad reviste la colonización económica en Andalucía. Aunque la comarca gaditana había sido pionera en la mecanización del vapor y Málaga tuvo el privilegio de levantar las primeras fábricas de una siderurgia moderna, la industria nunca llegaría a cuajar en el sur. Sin salida, la burguesía autóctona acabaría por desanimarse, replegándose hacia negocios más seguros como el agropecuario o la especulación urbana. La huida al campo le impedirá al capital andaluz aprovechar los ricos cotos mineros de la región, de gran demanda internacional, pero necesitados de técnicas novedosas y una fuerte inversión. Multinacionales europeas con nombre español como The Linares o Peñarroya se harían entonces con la parte de león de los beneficios del plomo andaluz, suministrador de una octava parte de la producción mundial entre 1861 y 1910. El cobre cae presa de los banqueros europeos que, encabezados por los especuladores Rothschild, se adueñan en 1870 de los cotos de Riotinto impulsando una de las mayores empresas mineras de Europa con ramificaciones en la producción química, energética y ferroviaria.

Muy diferente es el itinerario del País Vasco, aun cuando su economía también pareciera depender a finales del siglo de la exportación de materias primas mineras. Aquí, el acaparamiento de las explotaciones en muy pocas manos y las dificultades impuestas por el fuero a las concesiones a los extranjeros hicieron posible que la oligarquía vizcaína acumulase los medios suficientes para acometer la inversión industrial. Desde el término de la segunda guerra carlista, la burguesía minera toma el relevo de la vieja clase comercial y continúa su labor de creación de siderurgias destinadas a sustituir las obsoletas ferrerías con la apertura de Santa Ana de Bolueta en 1841 como episodio notable. Primera sociedad anónima del País Vasco, reunió un equipo de comerciantes bilbaínos y técnicos franceses para levantar los primeros altos hornos vizcaínos, alimentados todavía con carbón vegetal. Al igual que la siderometalurgia vizcaína, Guipúzcoa se adelanta ese mismo año en el sector papelero, al fundar el capital donostiarra en Tolosa la compañía La Esperanza para rentabilizar al momento la unificación de mercados y la prohibición de compra del papel europeo. En 1902 dos tercios del papel español procedían de los valles guipuzcoanos, a costa de contaminar irremediablemente los ríos de la provincia.

El polo vizcaíno, reforzado por la apertura de nuevas empresas en la ría del Nervión, dio el tiro de gracia al núcleo asturiano que parecía destinado a ser la cabeza de la siderurgia española por sus abundantes reservas de carbón y la pujanza de sus fábricas en los años cincuenta. Falló, sin embargo, al no poder atraerse la demanda ferroviaria y no disponer de capitales propios, debiendo soportar asimismo la dura competencia del hierro vizcaíno. El parón de la siderurgia astur sólo se vería compensado por el éxito de la metalurgia de zinc, donde la Compañía Asturiana se impondría como primer productor europeo.

A pleno rendimiento desde 1885, las empresas del Nervión, volcadas en el lingote para la exportación, conquistan en pocos años el mercado nacional, sobre todo desde que la Liga Vizcaína de Productores logra del gobierno un arancel proteccionista completamente favorable a sus intereses. Con el paraguas del Estado, se multiplican las compañías de construcción naval y mecánica, así como buena parte de la mediana industria vizcaína y guipuzcoana, en tanto el enorme consumo de explosivos por la minería tira de la industria química.

> Era Bilbao. El numen de la ría,
> entre náuticas rosas que los gules
> del buque dan a su haz, es la energía.
> Divinas colas de oros y de azules
> de pavo-reales, el petróleo abría,
> y el ocre mineral, vena que pules
> las llagas férreas de los altozanos,
> presta al agua la tez de los gitanos.
>
> RAMÓN BASTERRA, *Obra poética*

Desde los últimos años del siglo XVIII, Cataluña, con sus indianas, estaba en cabeza de la industria textil española y, aunque la pérdida del mercado colonial le asesta un duro golpe, también actúa de revulsivo, al promover la mecanización como medio de compensar el alza de los salarios y rebajar costes. Los primeros proyectos fabriles modernos tienden a concentrarse en Barcelona y su puerto, por donde se abastecían del combustible, siendo pionera en la modernización la compañía Bonaplata. Sin embargo, ante el alza de los costos de la energía, muchas de las empresas terminarían trasladándose al interior de la provincia, a fin de sacar rendimiento a los ríos Ter y Llobregat. En paralelo a la multiplicación de factorías, modernas sociedades anónimas –La España Industrial o La Industrial Algodonera– dominarán con sus chimeneas el paisaje de Barcelona, y sus telas, cada vez más baratas, nacionalizarán la oferta española de textiles. La dependencia del consumo nacional tendrá graves inconvenientes, al quedar la industria sometida al ritmo de las cosechas, de tal forma que las crisis agrarias provocarán un brusco descenso de ventas y mayores presiones de los patronos catalanes para mantener la exclusividad del abastecimiento cubano. En plena fiebre de oro, no faltan tampoco nuevas compañías mecánicas, que anticipan La Maquinista Terrestre y Marítima, mientras el crecimiento de la gran urbe barcelonesa desarrolla las industrias de gas y electricidad. Todo este hervidero de iniciativas engrandecerá el papel de Cataluña en la economía peninsular hasta hacer de ella la «fábrica de España».

No todo fueron avances; atada por el alto coste de las materias primas y por un mercado consumidor mortecino, la industria española creció a la sombra protectora del Estado, resguardada de las embestidas de la competencia europea. Un recurso excepcional, que todos los países consideraron imprescindible en las primeras etapas de su industrialización, terminará en España por convertirse en la salida fácil de un empresariado timorato acostumbrado a un mercado interior sin riesgos. Al promover la prosperidad del norte y noreste español, la industria aceleró la tendencia al despoblamiento del centro en favor de la periferia, donde la llegada masiva de proletarios transformaría vertiginosamente las ciudades con la construcción de miserables barrios. Para mayor complejidad, el asentamiento de los recién llegados trajo consigo un elemento cultural convulsivo al predominar el componente castellano frente a las renacidas conciencias del País Vasco y Cataluña. Por contra, el centro y el sur permanecerán cautivos de su estructura agraria y caciquil, responsable de graves conmociones, y con una industria colonizada por extranjeros o por empresarios del norte. La imagen de las dos Españas, los supuestos agravios del nacionalismo periférico o el llanto estetizante del 98 por Castilla serán hijos del desdoblamiento industrial.

LAS FÁBRICAS DE ESPAÑA

LAS LOCOMOTORAS DEL PROGRESO

Pocas solemnidades ha visto Madrid desde su fundación que puedan compararse en brillo, en unanimidad de entusiasmo, en esperanza del porvenir, a la que presenció el domingo. La inauguración del ferrocarril de Aranjuez es el primer paso que da la capital de la monarquía hacia el mar; es el anuncio seguro de que tarde o temprano los ricos productos de Castilla, de la Mancha y de algunas provincias meridionales, estancados hoy, y ahogando en su improductiva abundancia a su mismo productor, impidiendo la creación de capitales, y dejando yermos campos feraces que podrían alimentar a la mitad de Europa, lograrán vaciarse en los grandes mercados del mundo, y cambiarse por los productos que necesitamos y de que carecemos.

Tal era la idea que ocupaba todos los ánimos en la multitud innumerable que se dirigía el domingo a la estación del ferrocarril a presenciar la ceremonia de su inauguración. ¿Qué extraño es que despertando hoy los españoles de su antiguo marasmo, y sacudiendo la paralización que embargaba su inteligencia y su deseo natural de progreso, acudiesen las poblaciones en masa al ferrocarril? ¿Qué extraño que al ver en movimiento ese amaño prodigioso de la ciencia moderna, diesen todos rienda suelta a su imaginación, y penetrando en el porvenir viesen ya, como resultado de ese ensayo, a la España entera cruzada de caminos de hierro, convertida en centro de los cambios del mundo, y desarrollando con pasos gigantescos los infinitos recursos que ha derramado en su seno la mano del Creador? ¿Qué extraño es que cosas tan prosaicas como son la locomoción y el comercio produjesen un verdadero delirio de entusiasmo?

El Heraldo, 10-2-1851

MANCHESTER CATALANA

En España la palabra industria trae infaliblemente a la memoria la palabra Cataluña. El Principado es sin duda el núcleo de la fuerza y riqueza industrial de la península; Barcelona es llamada por propios y extraños el Manchester de nuestra querida patria. Es necesario haber conocido Barcelona hace veinte y cinco años, haber visitado Cataluña en aquella misma fecha, para apreciar debidamente la transformación que ha sufrido esa porción de España, llamada la privilegiada por algunos, quizá porque en medio de los obstáculos que la naturaleza oponía al genio del hombre en este suelo, ese genio ha sido bastante para luchar y vencer, convirtiendo en la provincia más productora de nuestra patria a aquella que se hallaba por su topografía más distante de serlo. En Cataluña cuando se quiere, se puede...

No hay probablemente industria alguna que no tenga en Cataluña su representación, y no en pequeña escala, sino en vastas proporciones. Los hilados y tejidos de algodón, los estampados, los tejidos de seda y lana en sus múltiples calidades, damascos, terciopelos, tisús, encajes, máquinas, papel, todo se fabrica en el antiguo principado. Los establecimientos de La España Industrial, extramuros de Barcelona; en Barcelona los de los señores Juncadella, Achon, Escuder, Serra, La Maquinista, El Vulcano, y otros de igual importancia, no son sino otros de los muchos que, dentro y fuera de la capital, hacen famosa, industrialmente considerada, a la ciudad de los Condes. MANUEL ANGELÓN, *Isabel II*

EL DELIRIO DEL DINERO

Una vez más, había sonado ese clarín que despierta la codicia de los humildes e inicia, de cuando en cuando, las grandes cruzadas para la conquista del becerro de oro, en cuya búsqueda tantos dejan la piel. Nadie se acordaba ya del descalabro de las cajas. El año sesenta y seis se había borrado hasta de la memoria de los que aún sufrían sus consecuencias. A los ojos de la codiciosa humanidad, el crédito volvía a presentarse como la bruma precursora del santo maná. A las treinta sociedades de crédito y de obras públicas que operaban en Barcelona, se habían agregado en pocos meses setenta y dos más, que representaban entre todas más de tres millones de acciones y un capital efectivo que superaba los setecientos setenta y seis millones de pesetas. Puesta en juego esta fabulosa suma, junto a la más fabulosa aún de valores nacionales y extranjeros que se traficaban en Bolsa, no era nada difícil encontrar un filón y llenarse el bolsillo. Sólo era cuestión de echarse a nadar sin temor al agua. La cantidad de pobretones que se habían enriquecido en pocas semanas era ya innumerable. Todo el mundo citaba nombres oscuros que, elevados de golpe y porrazo a la categoría de potentados, gastaban ya mucho más lujo que la nobleza, la alta banca y el comercio antiguos. Los teatros, siempre llenos, estaban deslumbradores. Las quincallerías y ebanisterías iban desapareciendo para dejar sitio al creciente número de grandes platerías y almacenes de muebles suntuarios. Las pastelerías, guanterías, reposterías y restaurantes de lujo, se multiplicaban como por encanto. Crecía el número de carruajes particulares, comenzaban a invadir las calles y plazas troncos fogosos como nunca se habían visto en Barcelona; y, mientras en los barrios industriales disminuía la edificación, crecían a diestra y siniestra las casas flamantes, los pequeños hotelitos y los auténticos palacios.

NARCÍS OLLER, *La febre d'or*

EL VIGOR DEL HIERRO

El arranque y transporte de mineral da a este valle un movimiento extraordinario y ha atraído a él gran número de personas de otras comarcas. Esta última circunstancia es un verdadero mal para este país, pues no todos los que acuden aquí de otras provincias se distinguen por su moralidad; y desde que empezó este movimiento hay que deplorar crímenes desconocidos desde hace pocos años en esta pacífica y honrada tierra.

No todo el mineral que se arranca se va al extranjero, pues también en el país hay establecidas fábricas de fundición de alguna importancia. He hablado a ud. ya de la Bolueta, sobre la ría, más arriba de Bilbao, que ocupa de 400 a 500 braceros. Al volver a Bilbao, en el punto llamado el Desierto, hallaremos la de los señores Ibarra y Compañía, que al visitarla yo constaba de tres altos hornos para fundir mineral. De éstos, dos seguían funcionando y el tercero estaba parado a causa de la crisis industrial de Inglaterra y Alemania. Además había en actividad 20 hornos de reverbero para transformar el hierro colado en hierro dulce y refinarlo. También había otros hornos en que el mineral era convertido directamente en hierro dulce por distinto sistema. Para todo el trabajo mecánico este grande establecimiento cuenta con 16 máquinas de vapor, que representan una fuerza total de más de 500 caballos, y sus calderas son exclusivamente alimentadas por las llamas y gases perdidos de los hornos. El personal que ocupaba esta industria del edificio pasaba de 800 entre hombres y mujeres. Es de notar que aquí las mujeres se dedican a trabajos tan penosos, que en otras provincias se confían solamente a los hombres. En la carga y descarga de mineral y de carbón se las ve trabajar con el mismo brío e igual número de horas que los cargadores de los puertos de mar en Barcelona, Marsella y otras plazas de gran movimiento mercantil.

JOAN MAÑÉ I FLAQUER, *El oasis: viaje al país de los Fueros*

LA CONCIENCIA OBRERA

Un aura socialista palpitó en sus palabras, que estremecieron la fábrica toda, máxime cuando el desconcierto de la hacienda dio lugar a que se retrasase nuevamente la paga en aquella dependencia del Estado. Entonces pudo hablar a su sabor *La Tribuna*, despacharse a su gusto. ¡Ay de Dios! ¿Qué les importaba a los señorones de Madrid..., a los pícaros de los ministros de los empleados, que ellas falleciesen de hambre? ¡Los sueldos de ellos estarían bien pagados, de fijo! No, no se descuidarían en cobrar, y en comer, y en llenar la bolsa. ¡Y si fuesen los ministros los únicos a reírse del que está debajo! Pero ¡a todos los ricos del mundo se les daba una higa de que cuatro mil mujeres careciesen de pan que llevarse a la boca!

Y al decir esto, Amparo se incorporaba, casi se ponía en pie en la silla, a pesar de los enérgicos y apremiantes chis de la maestra, a pesar del inspector de labores, que desde hacía un momento estaba asomado a la entrada del taller, silencioso y grave.

«¡Qué cuenta tan larga... –proseguía la oradora, animándose al ver el mágico y terrible efecto de sus palabras–, qué cuenta tan larga darán a Dios algún día esas sanguijuelas, que nos chupan la sangre toda! Digo yo, y quiero que me digan, porque nadie me contesta a esto, ni puede contestarme: "¿Hizo Dios dos castas de hombres, por si acaso, una de pobres y otra de ricos? ¿Hizo a unos para que se paseasen, durmiesen, anduviesen majos, y hartos, y contentos, y a otros para sudar siempre y arrimar el hombro a todas las labores, y morirse como perros sin que nadie se acuerde de que vinieron al mundo? ¿Qué justicia es ésta, retepelo?".»

EMILIA PARDO BAZÁN, *La Tribuna*

1860

LAS CAPITALES SE RENUEVAN

LA HORA DE LAS CIUDADES

Las transformaciones sociales del siglo XIX
influyeron decisivamente en los grandes cambios
de la fisonomía de las ciudades.
Los ambiciosos proyectos de renovación urbana
de las principales capitales españolas
fueron acompañados
de duros conflictos de intereses y luchas
teóricas de gran alcance.

Tienes esta Rambla que es una hermosura,
y tienes la dulzura de tus arrabales,
donde tan cerca de tus vías sonoras
y entre las neblinas del humo y sus señales,
campos de trigo en la paz de los patriarcas
maduran lentamente los frutos anuales.
Y allí, a cuatro pasos, febril en demasía,
más ancha que la otra, la rambla de los pobres
tremola en la sombra sus luces infernales.

JOAN MARAGALL, «Oda nueva a Barcelona»

Desde mediados del siglo XIX, la paz política y el desarrollo económico impulsan transformaciones en las ciudades españolas. Muchos de los viejos núcleos urbanos resultan inapropiados para acoger la avalancha de hombres, fábricas y progreso, que reclaman una mayor atención a las condiciones higiénicas y de habitabilidad. Sin embargo, el retraso de la industrialización española tendría su repercusión negativa en el desarrollo del urbanismo moderno.

Las primeras inquietudes urbanísticas se manifiestan en Barcelona, Madrid, Bilbao y demás ciudades de la cornisa cantábrica y Valencia. Por contra, el fenómeno se retrasa en las dormidas capitales agrarias de la Meseta y Andalucía. La desamortización eclesiástica de 1836 trajo consigo diversas iniciativas de remozamiento de los cascos antiguos al poner en el mercado a precio de saldo numerosos solares de iglesias y conventos, aptos para ser transformados en casas de vecindad. En estos años, anteriores al derribo de las murallas, la construcción de plazas mayores porticadas, que enlazan con la tradición neoclásica española, constituye una isla de modernidad en los planos configurados a lo largo de los siglos XVI, XVII y XVIII. Son la mejor contribución urbanística de la primera mitad del siglo XIX, a la manera de telones teatrales que disimulan la miseria y pobreza arquitectónica acumulada a su alrededor.

Las plazas sirven de escaparate de los ideales estéticos e ideológicos de la burguesía moderada, cuyo gusto conservador degenera pronto en un neoclasicismo sin riesgo, el que mejor se adaptaba a su deseo de una ciudad bien ordenada, en consonancia con su modelo de sociedad disciplinada por los sacrosantos principios de la libertad individual, la propiedad privada y la seguridad. En Barcelona es donde más éxito tienen las plazas con cuya construcción la principal burguesía de España inicia la empresa de levantar una capital moderna. El derribo de viejas construcciones y el alineamiento de calles da lugar, en 1848, a la singular plaza de Sant Jaume, que lleva pareja la ocultación de la imagen medieval del ayuntamiento por Josep Mas. Coetáneas suyas son las de Medinaceli o la de Palacio, aunque la que verdaderamente marca época es la Real, que se reproduce por toda Cataluña mientras, en el sur, Sevilla diseña las de Santa Cruz, Magdalena, Museo o Descalzos y en el Cantábrico, Bilbao con su Plaza Nueva incorpora el modelo.

Ante la creciente demanda de viviendas, las que habían sido operaciones aisladas del capital rentista se multiplican en las ciudades y contribuyen a remozar los cascos antiguos. Para muchas pequeñas urbes, donde los ensanches se retrasan hasta bien entrado el siglo XX, estas actuaciones representan los únicos aires de la renovación urbana decimonónica. Es el caso de Palma de Mallorca, Pamplona o Málaga, pero también del Madrid anterior al urbanista Castro. La vieja ciudad de los conventos, levantados al abrigo de la Corte, se volvía laica, víctima de la furia anticlerical de las masas y de las medidas desamortizadoras de Mendizábal, pero también del interés inversor de los capitalistas. En los ocho años siguientes al de la ley de desamortización de 1836 más de quinientas cuarenta fincas ocupadas por instituciones religiosas pasaban a manos de los enriquecidos comerciantes madrileños. Por su excelente emplazamiento y dimensión, la venta de estos solares pudo haber servido para ordenar la Villa, pero la inestabilidad política y el capitalismo incontinente frustraron la utopía. No obstante, sobre ellos se edificará la nueva ciudad burguesa y buena parte del Estado naciente, cuyas instituciones, Congreso, Senado, ministerios, aprovechan no pocos solares y edificios secularizados para sus sedes.

A la larga la descomunal oferta de suelo tiene sus efectos perniciosos. El afán especulativo –espoleado por la ley liberalizadora de los inquilinatos de 1842– fomenta continuas subidas del precio de los solares y, lo que es peor, serias resistencias a los ensanches. De esta forma el conservadurismo inversor coartaba el desarrollo armónico de la urbe con efectos perversos en las grandes capitales. Frente a lo que ocurre en el campo donde la desamortización impulsa el latifundismo, en las ciudades abre camino a una clase media de pequeños propietarios que bloquea todo intento de diseñar grandes avenidas o jardines como los que la burguesía francesa y Napoleón III trazaban en París. Muy al contrario, Madrid fue el reino de los «caseros» de Mesonero Romanos o Galdós, incapaces de ver más allá de sus rentas. Una sensación de agobio se apodera entonces de la capital, pues los promotores de viviendas se empeñaron en elevar la altura de las construcciones –cuatro o cinco pisos–, al igual que se hacía en las demás capitales europeas, sin tener en cuenta la diferencia de anchura entre las avenidas parisinas y las apretadas calles madrileñas, ni la mala calidad de los materiales vernáculos, ladrillo y yeso preferentemente. Y es que a la caza del inquilino, los caseros no refrenaron su ambición constructora, desplegada en la oferta de vivienda a todas las clases sociales, desde el mísero jornalero de las buhardillas al funcionario o comerciante del principal.

Una imagen racionalizadora y severa se impone pronto en las modernas casas de vecindad, prototipo de la vivienda decimonónica por el crecimiento de las ciudades y el desarrollo de las clases medias. En ellas, la burguesía exagera su preocupación por la comodidad y la higiene, pero también su espíritu especulador que le lleva a apurar al máximo la superficie disponible aun a riesgo de multiplicar patios interiores y habitaciones ciegas. Reflejo de la sociedad, los inmuebles reproducen en sus espacios internos y fachadas la segregación clasista existente a su alrededor mediante un repertorio decorativo acorde con la dignidad de las plantas y la disposición de las estancias más representativas o de recibo –salones, salas, comedores...– hacia la calle principal, en tanto el servicio queda confinado en los patios. Desde mediados de siglo, la elite burguesa y aristocrática importa de Europa las villas ajardinadas, como sucedáneo de los vetustos palacios nobiliarios. Abandonadas paulatinamente las viviendas del centro urbano, la nueva arquitectura pregona el éxito y prestigio de sus moradores, dando rienda suelta a un decorativismo exagerado que atrae la atención de los viandantes.

Ante la codicia de los promotores y el riesgo de caos urbano, surgen en los años cuarenta los planes municipales de «alineación», encaminados a ordenar las iniciativas privadas impulsadas por la marea desamortizadora. Fruto de esta política se dibujan los primeros planos geométricos de las grandes urbes, imprescindibles en cualquier diseño urbanístico y obligatorios después de 1848 cuando pasan a definir la forma y volumen de las futuras edificaciones y a proyectar las avenidas de las nuevas ciudades. Manos a la obra, Madrid y Valencia llevan la iniciativa mientras otras capitales deben confiar el trabajo a los ingenieros militares asentados en las guarniciones provinciales. Pese a la buena voluntad de los poderes públicos, faltaron elementos coactivos para imponer los planes urbanísticos a los propietarios, por lo que las ciudades seguirían creciendo al margen de toda racionalidad.

De todas las iniciativas de alineación, la más destructiva será la ejecutada en Granada en pleno siglo XX con la construcción de la Gran Vía, cuyo innegable origen decimonónico denota las ansias racionalizadoras de la burguesía del azúcar, insensible al derribo de numerosos monumentos históricos para llevar a efecto su plan. Asimismo, la más representativa tiene lugar en Madrid con el remozamiento de la Puerta del Sol por el arquitecto Lucio del Valle. Un espacio que resume las peleas entre el poder público y los propietarios que demoraron las obras hasta 1861 para evitar el ensanchamiento de la vía pública previsto en el plan de mejora del ornamento y la circulación de la Villa. A causa de su envergadura, el proyecto hubo de ser asumido por el gobierno, que reflejó la importancia concedida a la plaza al situar en ella el centro nacional o kilómetro cero de la coetánea red de carreteras de España.

Pese a sus reformas internas, los centros históricos de las ciudades resultaban insuficientes ante las exigencias de una población que crecía a ritmo vertiginoso. Barcelona pasa de los cien mil habitantes de 1826 a ciento sesenta mil en 1854, superando los doscientos mil en 1872. Se hace necesaria entonces la ampliación planificada de las ciudades fuera de sus límites tradicionales. En consonancia con su condición de primera urbe industrial, y muy motivada por el ambiente particularista de sus gentes, Barcelona esgrime la bandera de la reivindicación ciudadana del derribo de las murallas, interpretado como signo de progreso y liberación frente a las imposiciones del Madrid oficial cuyo símbolo secular era la Ciudadela. El gobierno progresista de Espartero autorizará en 1854 la demolición del cerco de la ciudad que un año después provoca su caída tras los alborotos callejeros contra el alza de los precios y a favor de la negociación colectiva de los salarios. Nacía de esta forma la ciudad burguesa, ensordecida por las protestas de la otra Barcelona decimonónica, la de los proletarios.

El «ensanche» no implica únicamente un aumento del espacio construido; con él triunfa también la teoría urbanística burguesa que se fraguaba entre los avanzados teóricos franceses e ingleses. La obsesión por la «higiene pública» se adueña de unas ciudades que soportan un penoso hacinamiento, mientras la retórica del «bienestar» oculta un espacio urbano compartimentado en función del uso –industrial, servicios, vivienda obrera o burguesa– que tiene su correspondencia en la estricta jerarquía de la anchura de calles y patios, altura de los edificios, jardines..., desconocida hasta entonces. Nada refleja mejor el orden burgués que el proyecto del ingeniero Carlos María de Castro ideado para Madrid. Con su estricta separación de clases sociales por barrios el urbanista reserva los mejores terrenos de La Castellana a los aristócratas, al tiempo que la clase media se asienta en las zonas de Salamanca y Argüelles y los obreros quedan relegados a Chamberí o la carretera de Aragón. Los ensanches suponen el fin de la vieja mezcolanza propia de las ciudades españolas de la Edad

Moderna y se erigen en símbolo del despertar de las clases medias con el moderantismo isabelino. Quienes se ven a medio camino entre la aristocracia y el pueblo desean que esta separación quede reflejada en la nueva ciudad y los urbanistas se aprestan a complacerles.

Barcelona ensanchada

El ensanchamiento de la capital catalana resulta conflictivo desde sus mismos orígenes cuando se encarga al ingeniero Ildefonso Cerdà la confección de un plano topográfico de los alrededores de la Ciudad Condal que sirviera de guía. Las fuerzas vivas barcelonesas deseaban un trazado sin límites geográficos y, sobre todo, confiaban en que el gobierno y los militares no pusieran obstáculos a su especulación inmobiliaria. Comienzan así las disputas que habrían de enfrentar a los gabinetes madrileños y al ayuntamiento barcelonés en torno al definitivo plano de urbanización. Deseoso de llevar la delantera, el consistorio encarga al arquitecto Miguel Garriga i Roca un primer proyecto, aprobado por el municipio antes de que el gobierno hubiese permitido su ejecución. La respuesta inmediata del ministerio de Fomento fue autorizar en 1859 al ingeniero Cerdà a realizar un estudio del ensanche y reforma de la ciudad de Barcelona, en tanto el ayuntamiento abría un concurso de planos y solicitaba la declaración de utilidad pública de las obras a realizar. El encontronazo se hace inevitable, desde el momento en que el ministerio aprueba el estudio de Cerdà en 1860 desestimando el de Antonio Rovira i Trias que había ganado el apoyo local. Ni la movilización de los propietarios de terrenos ni la campaña de los municipios cercanos –Gràcia, Sant Martí de Provençals, Sant Gervasi y Horta–, candidatos a la absorción por la capital, arredraron a O'Donnell. El gobierno no estaba dispuesto a transigir, mientras entre los barceloneses calaba la idea de haber asistido a una lucha sorda entre políticos y a un soterrado enfrentamiento entre los cuerpos facultativos de ingenieros y arquitectos, en la que los primeros llevaron las de ganar. La actitud del ayuntamiento y el ministerio no era sino el reflejo de las tensiones surgidas del deseo de la administración central de introducirse en la normativa urbanística, que culmina en 1864 con la ley de Ensanche de las Poblaciones.

En cuanto a los proyectos en pugna, Rovira apostaba por una ciudad dependiente de la vieja urbe, convertida en su corazón, de la que partían las vías radiales que unían el casco antiguo con los municipios cercanos de Gràcia o Sants. Los solares comprendidos entre los ejes se cuadriculaban después con una malla de calles perpendiculares y paralelas en la que no faltaban los espacios monumentales tan en boga en el urbanismo de la primera mitad de la centuria. El Ensanche de Cerdà, por el contrario, rompía con las ataduras del pasado y ahí radicaba su modernidad. La superficie ocupada es mucho mayor que la prevista por Rovira, consumiendo todo el terreno situado entre el río Besós y Montjuich, el mar y Gràcia, mientras que la vieja ciudad queda desplazada a un extremo, al crearse un nuevo centro allí donde convergen los dos grandes ejes diagonales –Meridiana, Diagonal, Paralelo– que constituyen las columnas vertebrales de la futura metrópoli. De acuerdo con este espacio, Cerdà diseña un trazado ortogonal repetitivo, sin grandes plazas que rompan la monotonía y calles jerarquizadas con anchuras de 20, 30, 50 y 100 metros, tamaño idóneo para una buena circulación rodada pero poco acomodaticio a los intereses de los constructores. Las «manzanas», cuadradas y de 113 metros de lado obligatorios, permitían desarrollar la inspiración de los arquitectos a los que sólo se obligaba a conservar el achaflanamiento de las esquinas y los patios interiores libres, susceptibles de acomodarse como jardines privados.

Por su movilidad y racionalismo, el proyecto de Cerdà se adelantaba a su tiempo y se convertía en pionero de los principios higiénicos e igualitarios de un cierto «socialismo utópico», opuesto a las ambiciones de las clases propietarias. Éstas, si bien no pudieron imponer sobre el papel su Ensanche, al menos intrigaron para que desde los poderes municipales se hicieran las suficientes modificaciones en el día a día como para subvertir cuanto de revolucionario tenía la propuesta. Las calles secundarias irán perdiendo anchura hasta quedarse en muchas ocasiones en la mitad de lo previsto; los edificios vieron aumentar las plantas construidas; los solares destinados a servicios públicos se transmutaron en casas de vecindad y, lo que es peor, la codicia de unos y la dejación de otros impidió que el interior de las manzanas conservase el carácter abierto de que Cerdà les había dotado.

Madrid, la capital soñada

También la capital de España comenzó a pensar en la ampliación del espacio habitado tras la reorganización territorial de la nación emprendida por Javier de Burgos en 1833. El deseo de hacer de la Villa y Corte una realidad urbana, digna de su categoría de centro político y económico del país, se combinaba con la necesidad de poner orden en el irracional crecimiento de los núcleos extramuros como Chamberí, Yeserías o Puente de Vallecas. Con todo habrá que esperar unos años para que este proyecto tome forma, empujado por las buenas perspectivas de la traída de aguas del Lozoya y la construcción de los ferrocarriles, que convierten Madrid en punto de enlace entre las capitales provinciales y los grandes núcleos de la península.

En su empeño por realzar el prestigio de la ciudad como sede del Estado, la administración nacional apuesta desde 1846 por un desarrollo urbano acorde con la capitalidad de Madrid. Por desgracia faltó el apoyo de las clases propietarias, escépticas ante los beneficios que el ensanchamiento reportaba. Así se explica la renuncia del ayuntamiento a encabezar la renovación, contrariamente a lo que ocurre en Barcelona. Serán precisos otros diez años para que, de la mano del ministro Claudio Moyano, los cimientos de la nueva ciudad empiecen a vislumbrarse, tras el notable despegue económico promovido por las leyes liberalizadoras de la banca, los ferrocarriles o el plan de carreteras. Como en otros ámbitos de la vida cotidiana –educación, transporte–, la burguesía moderada española no parecía tener excesiva prisa en su designio centralista o se veía demasiado afectada por las estrecheces de la hacienda.

El proyecto de la nueva capital recae entonces en una junta dirigida por Carlos María de Castro, que hace público su dictamen en 1860. Socialmente menos revolucionario que Cerdà, el ingeniero madrileño deja de lado utopías democráticas y no duda en aprovechar las últimas tendencias urbanísticas –amplias avenidas, parques, unión viaria entre estaciones de ferrocarril y ministerios–, combinándolas con una separación tajante entre clases sociales y entre la urbe y el mundo rural. Coincide, por el contrario, con su colega catalán en el respeto del nuevo ensanche por lo antiguo, aunque sin llegar a encontrar una simbiosis perfecta del casco histórico y la moderna urbe. Y ambos urbanistas resultan heterodoxos respecto de Haussmann, en el París del Segundo Imperio, maestro inmisericorde de la piqueta contra las viejas poblaciones.

Como toda gran empresa española de su época, el plan Castro hubo de enfrentarse a la escasez de recursos públicos y a la resistencia de los propietarios a ceder en forma de impuestos parte de las plusvalías generadas por la recalificación de los suelos. De ahí que Madrid no logre ni en el siglo XIX ni en gran parte del XX esa categoría de capital europea por la que suspira. Sólo la lenta formación de los barrios de clase media y alta de Salamanca, Retiro, Chamberí y Argüelles ofrece una imagen renovadora. El proyecto de Castro estaba muerto al nacer. Su racionalidad basada en la cuadrícula con calles de 15, 20 y 30 metros, sus plazas abiertas en la intersección de las avenidas, los grandes patios, los edificios de tres pisos, la preocupación por la ventilación y el sol... se dio de bruces con el ansia de beneficios de los propietarios y la falta de interés de las clases pudientes por trasladarse a los nuevos barrios.

Con el fracaso relativo del proyecto, se manifiestan las maniobras de quienes deseaban rebajar las normas de edificabilidad, en la esperanza de que reduciendo costes se movilizase el capital. El Ensanche, que, desde su origen, pretendía ser un nuevo Madrid desahogado, ventilado, bello..., termina en un sucedáneo de la vieja ciudad, con sus mismas aglomeraciones y pobreza de materiales. Sin apenas cuatro años de vigencia, un decreto ministerial liquidaba en 1864 las normas establecidas por Castro, acusadas de retraer la iniciativa privada.

Anulada la normativa anterior, impera el más puro liberalismo que, sin embargo, no consigue acelerar el ritmo de la construcción, debido al escaso empuje de los promotores inmobiliarios, la mayoría pequeños inversores incapaces de levantar más de dos edificios. El único promotor verdaderamente moderno es, sin duda, el marqués de Salamanca que, en los años sesenta, dispone de cien hectáreas entre Recoletos –donde instala su palacio– y la Fuente Castellana. A partir de entonces, se embarca en una arriesgada aventura inmobiliaria, muy propia de su personalidad, respetuosa con las alturas, arbolados o patios, exigidos por la legislación de Castro, pero un tanto imprudente al confiar en que el ayuntamiento siguiera su ritmo urbanizando las calles para hacerlas atractivas a los futuros inquilinos. En su programa no faltó tampoco el tráfico de influencias, común a muchos otros de sus negocios, que explica sus extrañas compras de parcelas irregulares de origen rural, destinadas legalmente a zonas verdes, plazas o equipamientos públicos. Las magníficas relaciones de Salamanca con el poder le permitirían luego eludir plazas o jardines y transformarlos en fincas rentables con hoteles particulares al estilo de los que proyectó en las calles Villanueva y Serrano. Víctimas de la especulación, propósitos tan estimables como las primeras manzanas de la calle Serrano se malograrán arrastrados por la ruina de su fortuna. Y pese a la enorme superficie de suelo disponible, Madrid, capital del Imperio español desde 1561, aparecía tan frustrada como la idea política a la que debía su rango.

ANTES DE LA FIEBRE INMOBILIARIA

VIVIENDAS ABIGARRADAS

Después de una antesala, que por lo breve podría pasar por esdrújulo, se entraba en el gran salón, que consistía en un *cuadri* no más *longo* que de unos veinte pies por quince de ancho. Compartían la pared de fachada dos balcones, dejando en el medio un espacio suficiente para un espejo, una mesa con un reloj y dos quinqués [...]

También tenemos aquí nuestro jardín, me dijo, asomándose a un estrecho patio, donde campeaban hasta unos ocho tiestos, y cuya elevada altura, cruzada en todas direcciones de cuerdas llenas de ropas puestas a secar, le daban cierta semejanza al interior de un buque empavesado. Luego me llevó al comedor; verdad es que entonces estaba haciendo de sala de baño; después me mostró su estudio, cuyas vistas agradables sobre un tejadillo le hacían muy a propósito para el caso. «¿Y el tocador de tu esposa?», le dije yo. «Ya le hemos dejado adelante, en aquella pieza donde tengo mi biblioteca.» «¿También ésa?» «También ésa.»

Por último vimos la cocina, que era ancha como cañón de chimenea, y tan clara como las *Soledades* de Góngora; no tengo necesidad de advertir que se hallaba adicionada con el estrecho recinto que más lejos de ella debía colocarse, porque ya se sabe que ésta es circunstancia indispensable en las cocinas de Madrid [...]

Tal, amigo mío, era la habitación principal de esta casa; juzgue usted ahora de las demás. Pues siendo cual era, tenía dos tiendas, y en ellas vivían un sombrerero y un ebanista; el zapatero del portal dormía en un chiribitil de la escalera; un diestro de esgrima, en el entresuelo; un empleado y un comerciante, en los principales; un maestro de escuela y un sastre, en los segundos; una ama de huéspedes, una modista y una planchadora, en los terceros; un músico de regimiento, un grabador, un traductor de comedias y dos viudas, ocupaban las buhardillas; y hasta en un desvancillo que caía sobre éstas había encontrado su asiento un matemático, que llevaba publicadas varias observaciones sobre las principales alturas del globo. RAMÓN MESONERO ROMANOS, *Obras*

LAS CASAS NUEVAS

Dirigímonos, pues, a ver las casas nuevas; esas que surgen de la noche a la mañana por todas las calles de Madrid; esas que tienen más balcones que ladrillos y más pisos que balcones; esas por medio de las cuales se agrupa la población de esta coronada villa, se apiña, se sobrepone y se aleja de Madrid, no por las puertas, sino por arriba, como se marcha el chocolate de una chocolatera olvidada sobre las brasas. La población, que se va colocando sobre los límites que encerraron a nuestros abuelos, me hace el efecto del helado que se eleva fuera de la copa de los sorbetes. El caso es el mismo: la copa es pequeña y el contenido mucho.

MARIANO JOSÉ DE LARRA, *Artículos*

DONDE HUBO CONVENTOS, HOY, PLAZAS

Tras esta noche, el alba salió ensangrentada y anunció a los pueblos la muerte de las órdenes religiosas y la caída de los conventos. Hoy son éstos plazas cuando no teatros; lo que es Liceo fue morada de Trinitarios Descalzos; los mercados de San José y Santa Catalina fueron conventos del mismo nombre; el que anteayer lo fue de Capuchinos, y ayer teatro, es hoy una informe plaza a cuya decoración acaban de consagrar una de sus ideas los arquitectos catalanes. La universidad ha invadido el convento del Carmen, y ha abierto sus cátedras al pie de su iglesia derruida; vastos depósitos de carbón y de madera oprimen el suelo que sostuvo el grandioso monasterio gótico de San Francisco. Parte de este suelo ha sido cedido a la ciudad para el ensanche de la plaza contigua de Framenors, hoy del Duque de Medinaceli, donde en otros tiempos solía el pueblo recibir de sus reyes el juramento de guardar y hacer guardar sus libertades y sus perdidos fueros. PAU PIFERRER Y FRANCESC PI I MARGALL, *España, sus monumentos y artes...*

LA PUERTA DEL SOL

Desde hace algunos años el aspecto de la Puerta del Sol ha cambiado totalmente. En el lugar de la fachada del Buen Suceso se ha erigido un inmenso edificio que contiene el mayor hotel y café de la ciudad. Las miserables construcciones de las que acabamos de hablar han sido derribadas y han cedido el sitio a casas altas y regulares. Al mismo tiempo, algunas de las calles vecinas, sucias, estrechas y tortuosas han sido alineadas y reconstruidas. La pobre fuente de antaño ha sido reemplazada por un amplio estanque del que sale un surtidor, lanzándose al aire a gran altura. Cerca del estanque se alza un enorme candelabro, cuyas numerosas luces alumbran toda la plaza. La Casa de Correos y la Gobernación, imponentes edificios del siglo pasado, que ocupan uno de los lados de la plaza, contribuyen a dar al conjunto un aspecto monumental [...]

La carestía de los terrenos vecinos a la Puerta del Sol basta para explicar la elevación de los precios. El solar, como se dice aquí, que se vende por pies castellanos, ha alcanzado precios que sobrepasan los quinientos francos por metro cuadrado. Además, los materiales, como en su mayor parte vienen del extranjero, son excesivamente caros, principalmente la piedra, que procede, cosa rara, de las canteras vecinas a Anger y a Angoulème, de donde se transporta por ferrocarril. BARÓN CH. DAVILLIER Y G. DORÉ, *Viaje por España*

MADRID SE MODERNIZA

–Bueno: ya veremos quién tiene razón, si usted, que es un ángel, o yo, que aunque me esté mal el decirlo, soy más lista que usted, y no se ofenda. No ha de pasar mucho tiempo sin que vea usted construir en Madrid casas magníficas..., me lo ha dicho quien lo sabe..., casas como no se han conocido aquí nunca, con portales al modo de palacio, y comodidades por dentro y decorado muy bonito. ¿Y usted no sabe que a esta fecha están llegando de París todos los días modistas que traen la última novedad, y además una caterva de perfumistas, camiseros, estufistas? Pues ésos, ¿a qué vienen sino al olor del dinero que ahora saldrá? ¿Cree usted que vienen por la libertad? ¡Ay, qué simple!

–Es el resultado de los adelantos, Rafaela.

–¿Y usted no ha oído decir que van a poner en Madrid una cosa que se llama el gas, para alumbrar toditas las calles?

–Sí, sí; y también se habla de caminos de hierro para ir de aquí a Aranjuez en dos o tres horas. Pero eso no es porque hayamos tenido guerra civil.

–Es porque ahora hay ricos y antes no los había –prosiguió la Perita con gracia–, es porque nos hemos despabilado con la sacudida de las guerras. Pues otra: ¿y qué me cuenta de los ricos nuevos que van a salir, de todos esos que están comprando por un pedazo de pan las tierras y casas que fueron de frailes? ¿Y los que afanaron, como dice papá, el papel de Deuda que tenían las monjas? Vamos, que habrá cada millonario que meta miedo, y eso, eso es lo que conviene.

BENITO PÉREZ GALDÓS, *Montes de Oca*

LA NECESIDAD DEL ENSANCHE

La necesidad del ensanche la está proclamando hoy como ayer y como hace veinte años la estrechez de nuestras calles inhábiles para la circulación propia de una gran ciudad mercantil e industrial, la mezquindad de nuestras insalubres habitaciones excesivamente caras por añadidura y con precios tan desnivelados además, que los últimos pisos devengan un alquiler treinta y cuatro por ciento mayor que el de los principales. Comprueban también esta necesidad la reducida área en que Barcelona se encuentra condensada, cuya extensión no tiene más que una quinta parte de la que debiera tener. Confirman asimismo la imperiosa necesidad de agrandamiento que aqueja a esta ciudad esas crecidas barriadas y suburbios adosados y como incrustados en la periferia de la antigua zona militar, que han venido a formar otras tantas poblaciones hijas naturales y legítimas de esta gran capital hacia cuya unificación tienden de una manera tan positiva como elocuente. Y por fin arguye de una manera irrecusable esa misma necesidad el sentido común de ese grande e ilustrado pueblo que instintivamente y sin esfuerzo comprende no sólo las razones que acabo de indicar, sino también un sinnúmero de otras que fuera interminable exponer. Luego la falta de edificación en los terrenos del Ensanche no procede, no puede proceder de la innecesidad de éste.

ILDEFONS CERDÀ, *Cuatro palabras sobre el Ensanche de Barcelona*

1876

LA REVOLUCIÓN SE SERENA

HASTA EL BORDE DEL ABISMO

La política impulsada por Cánovas del Castillo redundó en un endurecimiento del caciquismo y la manipulación electoral. En ese clima de descontento popular, las filas sindicalistas, socialistas y anarquistas comenzaban a engrosarse hasta hacerse multitudinarias.

Vetusta, la muy noble y leal ciudad, corte en lejano siglo, hacía la digestión del cocido y de la olla podrida, y descansaba oyendo entre sueños el monótono y familiar zumbido de la campana del coro, que retumbaba allá en lo alto de la esbelta torre en la Santa Basílica.

LEOPOLDO ALAS «CLARÍN»,
La Regenta

A mediados del siglo XIX, los generales pasaban revista a las tropas, asistían a las recepciones en las embajadas y, de vez en cuando, se sublevaban. En los últimos días de 1874, Martínez Campos se pronunciaba en Sagunto y proclamaba rey a Alfonso XII, quien, desde su exilio inglés, confiaba en ceñir algún día la corona desbaratada por su madre Isabel II. El inminente regreso de la monarquía no provocó entre los españoles ninguna manifestación de júbilo y la indiferencia se contagió entre una mayoría convencida de que se trataba de un simple escaparate urdido por los que no deseaban más libertades que las suyas. Mecida por la apatía y el tedio, la recién nacida Restauración comunicaba sopor a un pueblo decidido a recuperar la tranquilidad después de seis años de sobresaltos. Por fin la burguesía provinciana, conservadora y mediocre, había logrado crear un régimen a su imagen y semejanza.

Con la intención de mantener firme el tinglado institucional durante el mayor tiempo posible, se redacta en 1876 una Constitución destinada contra todo pronóstico a convertirse en la más duradera de la historia de España. A los industriales catalanes y vascos y a los terratenientes andaluces se les recompensará su lealtad al régimen con generosos títulos de nobleza que no hacían sino subrayar la paradoja de la vigencia del viejo orden, con sus categorías trasnochadas, en plena era burguesa. Tras catar un sistema con inconfundible sabor añejo, la jerarquía eclesiástica decide alistarse en la causa de la Restauración, exagerando sus afinidades con la monarquía y aceptando la Constitución como un mal menor. Con su sometimiento a la nueva política, los prelados españoles colaboraban en la estrategia proyectada por León XIII, en la que se mercadeaba con el reconocimiento del Estado liberal a cambio de empaparlo con el magisterio pontificio. Nadie mejor que la Iglesia podía legitimar el despliegue del capitalismo y sujetar la marea revolucionaria que, con la unión de los proletarios, se venía encima.

Como la Iglesia y la alta burguesía, el ejército se encierra en sí mismo, una vez que Cánovas, buen conocedor de su propensión a meterse en política, lo aleje de las plataformas del poder. Sin apenas policía, los gobiernos de la Restauración echarán mano de los soldados para sofocar huelgas o apalear manifestantes, enterrándose de este triste modo una larga tradición revolucionaria, inaugurada en el amanecer del liberalismo. A partir de ahora el ejército gendarme se especializaría en el mantenimiento del orden, el centralismo y la corona mientras elabora su mística de salvador de la patria con la que justificaría futuros atentados contra el veredicto de las urnas.

Estabilidad

La estabilidad fue la mayor conquista del régimen que Cánovas del Castillo edificó con el patrocinio de Alfonso XII, al que el texto constitucional, en previsión de nuevos pronunciamientos, instituyó jefe supremo del ejército. A fin de terminar con las tentaciones partidistas de la milicia y afirmar el poder civil, Cánovas y Sagasta, al frente de conservadores y liberales, pusieron en manos de la corona el arbitraje del cambio político, que luego refrendarían las urnas. Contribuían, en verdad, a consolidar los avances del liberalismo, pero, al mismo tiempo, hacían depender la suerte de la monarquía de partidos ajenos a la opinión pública.

Como recuerdo del programa de la Gloriosa, se instaura en 1890 el sufragio universal masculino, cuyos efectos más visibles se perciben en el endurecimiento del caciquismo. Mientras la sociedad mantuviera su apatía y funcionasen los mecanismos de manipulación electoral, no debían preocuparse los mentores del régimen de la concesión del voto a las capas populares. Un feudalismo de nuevo cuño se adueñó de

España teniendo como señores de horca y cuchillo a los políticos y sus amigos, a cuya sombra todo un submundo campestre murió sin enterarse de haber vivido en un país constitucional. El enchufismo produce el espectáculo repetido en cada cambio de gobierno de muchedumbres de cesantes de la administración acompañando a sus protectores en su desempleo y hasta el idioma se enriquece con términos como «alcaldada» o «pucherazo» procedentes del manejo caciquil. Por debajo de la teórica articulación liberal del Estado, el horizonte efectivo de los españoles no traspasaba los límites domésticos de su propia provincia y fue en el ámbito local donde cómodamente se tejió la telaraña de la corrupción antidemocrática y el clientelismo.

Al llegar el siglo XX, España se acerca a los diecinueve millones de habitantes. En busca de mejores condiciones de vida, muchos españoles emigran a América o cogen el tren camino del País Vasco y Cataluña, las dos regiones adelantadas en la carrera industrial. Con el trasvase humano nacía una sociedad más heterogénea y plural que ensanchaba las ciudades y las hacía más conflictivas. Madrid y Barcelona rebasan el medio millón de habitantes, en tanto que Valencia supera los doscientos mil y Bilbao llega a los cien mil, quintuplicando sus moradores en cincuenta años. Nada más engañoso, sin embargo, que el progreso de unas cuantas ciudades en medio de una sociedad española abrumadoramente atrasada, con una población activa de sólo el 35 %, casi toda ella dedicada a la agricultura. Tuvo éxito Cánovas con su invento mientras consiguió alimentar el desinterés político de los ciudadanos y la represión pudo mantenerse en niveles muy bajos, pero cuando los marginados del régimen lograron romper el silencio todo el artificio institucional se vino abajo.

A raíz de la revolución de 1868, los proletarios españoles habían conocido la fuerza reivindicativa del asociacionismo, al que siempre miró con temor la burguesía. Fruto de aquella experiencia contestataria, el tipógrafo Pablo Iglesias, imbuido de ideales marxistas, pone en pie el Partido Socialista Obrero Español, cuya crónica arranca de una reunión madrileña en mayo de 1879. Pese a su aireada intransigencia doctrinal, el PSOE no era una formación revolucionaria más que en su deseo de sustituir la monarquía por la república. Al igual que sus hermanos europeos, los socialistas españoles se manifestaban más propensos a transformar el sistema liberal que a destruirlo. Sin embargo, sus largos años de aislamiento político y su animosidad hacia los restantes partidos les dieron fama de radicales, imposibilitando cualquier relación con la derecha. A fin de compaginar la actividad política con la sindical, los primeros socialistas fundaron en 1888 la Unión General de Trabajadores, cuyos militantes organizan distintas huelgas y alcanzan alguna implantación en Madrid, Vizcaya y Asturias, luego sus feudos más importantes. En contacto con los republicanos desde 1910, el PSOE gana respetabilidad en los ambientes profesionales y universitarios a la par que se transforma en un partido de masas.

A la greña siempre con los socialistas por alcanzar el favor del obrero, el anarquismo recogió la rica tradición del individualismo español para ponerla al servicio del sueño revolucionario. Movimiento de larga duración, la quimera anarquista acompaña la historia de España con singular perseverancia, haciéndose fuerte en el atraso andaluz y en el triángulo dibujado por Cataluña, Zaragoza y Valencia, cuando ya en otras naciones es poco menos que un recuerdo. La utopía se revestirá con el uniforme de la violencia y una cadena de atentados dirigida contra los símbolos del poder o la burguesía otorgará a los anarquistas apoyos y popularidad. A partir de 1911, la doctrina sindicalista se incrusta en el anarquismo, que se enardece con la práctica de la huelga general, convertida en un mito de eficacia sobrehumana, capaz de provocar el entusiasmo de los trabajadores hasta llevarlos a la victoria sobre la burguesía. En pocos años la Confederación Nacional del Trabajo supera a UGT en el número de afiliados y se pone a la delantera del movimiento sindical, nutriéndose de la miseria obrera originada por la recesión económica posterior a las ganancias de la Primera Guerra Mundial. El auge económico, fruto de la neutralidad española en la contienda, sólo sirve para enriquecer a los burgueses, que no dejan ni las migajas del gran negocio del siglo. La protesta por la carestía de vida alcanza también los cuarteles, donde la mesocracia de uniforme lucha contra los sueldos menguados, el armamento roñoso y el tráfico de influencias en el escalafón.

La época dorada de la CNT se abre en 1917, cuando el fracaso de la huelga general revolucionaria compromete, sobre todo, al partido socialista y a su sindical obrera, cuyos líderes son condenados a cadena perpetua. Barcelona se erige en cabeza de la España conflictiva con los anarquistas dejando a oscuras la ciudad y obligando al cierre masivo de fábricas. Desde ese momento el sindicalismo se echa a un lado y se entra en una espiral de actos terroristas que enfrentan a los pistoleros libertarios con los de la patronal catalana, apoyada por el gobierno y los políticos catalanistas. El crimen social arroja terribles estadísticas en 1921, con días en que se cometieron veinte asesinatos. Es el prólogo lejano de la guerra civil.

El campo se contagia del ambiente violento de las ciudades y las revueltas de los labradores extremeños y andaluces resuenan en España amplificadas por los ecos de la revolución bolchevique y los gritos que exigen el reparto de tierras. Desacreditada la España oficial, la de los políticos monárquicos, y desafiantes entre sí las Españas vitales, la burguesa y la proletaria, comienza a abrirse camino la idea de poner remedio al país, enterrando el sistema de Cánovas. El vals de los ministerios genera grave confusión política y un nuevo gobierno cada cinco meses, mientras los militares hacen el ridículo en la aventura marroquí de Annual, con doce mil bajas de saldo. Otro 98 se le viene encima a esta España desorientada, que, en contraste con los achaques del sistema, vive una cultura pletórica como no había tenido desde el Siglo de Oro. Desoyendo las voces de los intelectuales, la burguesía atemorizada sólo espera en 1923 el cuartelazo de un ejército cada vez menos romántico y ya nada liberal.

EL ORDEN, ANTE TODO

LA ÚLTIMA CONSTITUCIÓN DEL SIGLO CONSTITUCIONAL

Y ahora, lector mío, a mi modo «continuaré la historia de España», como decía Cánovas. En cuanto terminaron los desaboridos festejos, las Cortes enredáronse en el arduo trajín de fabricar la nueva Constitución, la cual, si no me sale mal la cuenta, era la sexta que los españoles del siglo XIX habíamos estatuido para pasar el rato. Naturalmente, se nombró una comisión, cuyos individuos trabajaban como fieras para pergeñar el documento, y a este propósito os diré que la última nota del regocijo público, en los jolgorios de la paz, la dio don Antonio Cánovas con una frase graciosísima que vas a conocer. Hallábase una tarde en el banco azul el presidente del Consejo, fatigado de un largo y enojoso debate, cuando se le acercaron dos señores de la comisión para preguntarle cómo redactarían el artículo del Código fundamental que dice: «Son españoles los tales y tales...». Don Antonio, quitándose y poniéndose los lentes, con aquel guiño característico que expresaba su mal humor ante toda impertinencia, contestó ceceoso: «Pongan ustedes que son españoles... los que no pueden ser otra cosa».

Cuando ya conocimos la letra y el espíritu de la Constitución, Segismundo recitaba algunos fragmentos dándoles un sentido contrario al que textualmente tenían. El tercer párrafo del famoso artículo II, que trata de la cuestión religiosa lo volvía del revés, en esta forma: «Todo ciudadano será molestado continuamente en el territorio español por sus opiniones religiosas y por el ejercicio de su respectivo culto, conforme al menosprecio debido a la moral universal». Otras cláusulas del mismo Código ponía mi amigo en solfa, asegurándonos que a tales burlas le incitaba una vena profética posesionada de su espíritu. Sin atormentar su fantasía contemplaba en los días futuros la sistemática violación de aquella ley, como violadas y escarnecidas fueron las cinco Constituciones precedentes. BENITO PÉREZ GALDÓS, *Cánovas*

UNIDAD CONSTITUCIONAL...

Artículo 1. Los deberes que la Constitución política ha impuesto siempre a todos los españoles de acudir al servicio de las armas cuando la Ley los llama, y de contribuir en proporción de sus haberes a los gastos del Estado se extenderán, como los derechos constitucionales se extienden, a los habitantes de las provincias de Vizcaya, Guipúzcoa y Álava del mismo modo que a los de las demás de la nación.
Artículo 2. Por virtud de lo dispuesto en el artículo anterior, las tres provincias referidas quedan obligadas desde la publicación de esta Ley a presentar, en los casos de quintas o reemplazos ordinarios y extraordinarios del Ejército, el cupo de hombres que les correspondan con arreglo a las Leyes.
Artículo 3. Quedan igualmente obligadas desde la publicación de esta Ley las provincias de Vizcaya, Guipúzcoa y Álava a pagar, en la proporción que les corresponda y con destino a los gastos públicos, las contribuciones, rentas e impuestos ordinarios y extraordinarios que se consignen en los presupuestos generales del Estado.

LEY ABOLITORIA DE LOS FUEROS VASCONGADOS, 21-7-1876

...Y NACIONALISMOS CULTURALES

El renacimiento catalán, de poco tiempo iniciado, avanzaba lentamente al inocente impulso de los poetas solos. Los poetas lo hacían todo. Hacían historia, hacían arqueología, excursionismo, hacían política a su manera, hacían crítica, filosofía, todo. O cuando menos, cuantos trabajaban en el movimiento renaciente tomaban matices de poetas por su entusiasmo soñador, su inocencia que hacía sonreír a todo el mundo en torno de ellos, y su obsesión dominante de la lengua propia. Era éste el instinto de toda vida ideal que quiere descender y trascender al mundo; siente que necesita expresión, busca su verbo, y, como el infante que llega a la vida, balbucea tenazmente.

Así aparecieron los Jocs Florals, primer símbolo del catalanismo. Allí se encontraron todos los visionarios de la historia, de la filología, de la política, del folklore; deslumbrados por su visión, a tientas se encontraron buscando el verbo catalán y se dieron las manos. Venían unos del país de los trovadores y cronistas hundidos en los siglos, y balbuceaban un dulce hablar arcaico que nadie entendía; venían otros de modernos arrabales con un lenguaje grosero, pero muy vivo y pintoresco; otros llegaban de las aulas y academias esforzándose en dar al naciente lenguaje literario acento propio a culturas ya formadas, y hablaban un catalán acastellanado o con ecos italianos y franceses; otros, en fin, los menos por de pronto, los mejores siempre, traían en los labios algo de la música viva, pura, del catalán campestre, hablando como en los siglos y habiéndose movido con ellos sin mancha ni ruptura. JOAN MARAGALL, *Vida escrita: ensayos*

LA IGLESIA RENACE

Todo esto era triste; pero el Magistral que veía, con amargura en los labios, estos despojos de que le daba elocuente representación el catalejo, podía abrir el pecho al consuelo y a la esperanza contemplando, fuera del barrio noble, al oeste y al norte, gráficas señales de la fe rediviva, en los alrededores de Vetusta, donde construía la piedad nuevas moradas para la vida conventual, más lujosas, más elegantes que las antiguas, si no tan sólidas ni tan grandes. La Revolución había derribado, había robado; pero la Restauración, que no podía restituir, alentaba el espíritu que reedificaba; y ya las Hermanitas de los Pobres tenían coronado el edificio de su propiedad, tacita de plata que brillaba cerca del Espolón, al oeste, no lejos de los palacios y chalets de la Colonia, o sea el barrio nuevo de americanos y comerciantes del reino. Hacia el norte, entre prados de terciopelo tupido, de un verde oscuro, fuerte, se levantaba la blanca fábrica que con sumas fabulosas construían las Salesas, por ahora arrinconadas dentro de Vetusta, cerca de los vertederos de la Encimada, casi sepultadas en las cloacas, en una casa vieja que tenía por iglesia un oratorio mezquino. LEOPOLDO ALAS «CLARÍN», *La Regenta*

PROTEGIENDO LA INDUSTRIA NACIONAL

No cabe duda de que el Arancel de 1891, fruto de una amplia información pública, cambió la orientación de la política económica española para determinados ramos de la industria, al pronunciarse todas las fuerzas vivas del país contra las funestas tendencias hacia las doctrinas de la libertad de comercio y de derechos fiscales que habían prevalecido en España durante mucho tiempo. Las tarifas aduaneras vigentes han cumplido, por regla general, aunque con bastantes excepciones, la misión de defender la producción nacional y despertar las energías latentes; el país se ha enriquecido a su amparo, habiendo surgido una gran industria azucarera; se han creado numerosas sociedades destinadas al aprovechamiento de saltos de agua de nuestros ríos y torrentes, para convertirlos en energía eléctrica y obtener, además del alumbrado público, la poderosa fuerza de la hulla blanca; se han desarrollado la siderurgia, las construcciones metálicas y de material fijo y móvil de ferrocarriles, por la reforma realizada, aunque a medias, del sistema de franquicias y tarifas especiales, así como la fabricación de papel, de tejidos y de otros ramos ha adquirido notable impulso, mejorando también la agricultura en algunas comarcas. PABLO DE ALZOLA, «Informes relativos a tratados de comercio»

LAS CLASES ALTAS SE DIVIERTEN

Llegó por fin el día del baile. Los periódicos lo anunciaron por última vez haciendo resonar fuertemente el bombo y los platillos. El duque de Requena había gastado en los preparativos más de un millón de pesetas, según contaban los revisteros a sus lectores. Decían además, ¡oh caso inaudito!, que las flores habían venido casi todas de París. Y era cierto. El duque, nacido en Valencia, el más hermoso jardín de Europa, para su baile hacía traer las flores de Francia. Un capital de algunos miles de duros en flores; las camelias rodaban por el suelo sirviendo de alfombra en la antesala y los corredores. Centenares de plantas casi todas exóticas adornaban aquélla, el vestíbulo y los dos salones de baile. Legiones de criados con calzón corto y vistosas casacas aguardaban apostados estratégicamente en todos los puntos necesarios. Una pareja de guardias de caballería permanecía al lado de la verja del jardín manteniendo el orden en los coches, ayudada de algunos agentes de orden público. El guardarropa, construido nuevamente, era una estancia lujosa, donde todo está prevenido para que los magníficos abrigos, sereneros o «salidas de baile», como ahora se nombran, no sufriesen el más mínimo desperfecto. La gran escalinata estaba iluminada con luz eléctrica; el vestíbulo y el comedor, con gas; los salones de baile, con bujías. En la sala de conversación y en la de juego había algunas lámparas de petróleo con enormes y artísticas pantallas [...]

Pocos minutos después de salir ambas amigas del comedor, Clementina dio las órdenes oportunas y el *buffet* se abrió solemnemente. Las personas reales entraron primero acompañadas de su servidumbre y de los amos de la casa. Salabert había echado el resto en la cena. El gran comedor, de techo artesonado, parecía un ascua de oro; las flores de vívidos colores, las frutas exóticas, la vajilla de plata, la cristalería, bajo las poderosas lámparas de gas, titilaban como el cielo estrellado, producían un fuerte deslumbramiento. Los criados, con casaca y peluca blanca, aguardaban inmóviles, pegados a la pared, tiesos y solemnes. En las dos cabeceras del salón ardían enormes troncos de encina dentro de sendas chimeneas con retablos de roble tallado, cuyos adornos casi llegaban al techo. Todos los manjares que estaban sobre la mesa habían venido de París acompañados de una comitiva de criados y marmitones. Se exceptuaba el pescado, que procedía del Cantábrico, y un *pudding* llegado por la tarde de Londres.

ARMANDO PALACIO VALDÉS, *La espuma*

EL PROLETARIADO SE ORGANIZA

Compañeros de la región española: si creéis, como nosotros, en la necesidad de una gran transformación social, no permanezcáis por más tiempo en una culpable indiferencia; apresuraos a unir vuestros esfuerzos a los nuestros para generalizar y consolidar las secciones y las federaciones obreras [...] En nosotros consiste que llegue pronto o se retrase, porque en nadie sino en nosotros mismos está nuestra salvación. Que no tardará lo demuestra la historia y sin recurrir a la antigüedad, sino recordando las luchas del presente siglo en nuestra región, nos convenceremos de ello.

El pueblo que hizo morder el polvo a las huestes aguerridas y victoriosas de Napoleón; el pueblo que en el Código del año 12 escribió ya los derechos del hombre; el pueblo que durante siete años de guerra civil supo sacar a salvo los principios liberales; el pueblo, en fin, que los años 48, 54 y 69 supo verter su preciosa sangre en las revueltas políticas, creyendo haberlo alcanzado todo con la Constitución de 1869, en que se consignan en su título primero los derechos individuales, al reconocer que sólo ha servido de comparsa a fines políticos, contrarios a sus intereses, marca una nueva evolución en la marcha política de los partidos con sólo su indiferencia; y si al salir de ella, después de los desengaños obtenidos desde el 69 hasta la fecha, en que han pasado por el poder todas las fracciones políticas, en que tantas y tantas apostasías ha visto, se decide por fin a salvarse por sí mismo, exento de egoísmo, sin dar oídos a las seducciones de la burguesía, a los halagos de la ambición y de la soberbia, habrá realizado un acto de los más trascendentales del presente siglo.

MANIFIESTO DEL CONGRESO OBRERO DE BARCELONA, 1881

1898

ESPAÑA ATURDIDA

LO QUE CUBA SE LLEVÓ

Defensores de una España que no era más
que un sueño, regeneracionistas y nostálgicos
de un Imperio que expiraba tristemente,
una generación de españoles
asistía anonadada al Desastre del fin de siglo.
Sin embargo, no todo fue llanto
en el 98 español: a partir de entonces
se puso en marcha el proceso de
modernización de España.

Pregunto, me pregunto: ¿qué es España?
¿Una noche emergiendo entre la sangre?
¿Una vieja, horrorosa plaza de toros
de multitud sedienta y hambrienta y sin salida?
Fuere yo de otro sitio. De otro sitio cualquiera.
A veces pienso así, y golpeo mi frente
y rechazo la noche de un manotazo: España,
aventura truncada, orgullo hecho pedazos,
lugar de lucha y días hermosos que se acercan
colmados de claveles colorados, España.

BLAS DE OTERO, «España»

Cuba, Filipinas y Puerto Rico era todo lo que le quedaba a España de un Imperio ya desmoronado. Pero en la primavera de 1898, el imperialismo de Estados Unidos juzgó que incluso era mucho para una nación atrasada a la que los países europeos apenas respetaban. Poniendo por delante mil metáforas de autonomía y libertad, el presidente norteamericano exige al gobierno español su renuncia al dominio sobre las islas y, casi sin darle tiempo a reaccionar, le declara la guerra. La indignación se apodera de España, que envía sus soldados al matadero de Cuba y Filipinas, en medio de un entusiasmo suicida. Con todo, la decisión española de plantar cara al futuro coloso americano no fue ni tan atolondrada ni tan quijotesca como luego los historiadores harían creer. Los políticos españoles conocían perfectamente la debilidad de la armada nacional y las desiguales fuerzas de los ejércitos destinados a enfrentarse. Lo «más sensato» era negociar «la paz que se pueda, amén», reconocería más tarde Antonio Maura. Muy pocos fueron, sin embargo, los que se aventuraron a aconsejarlo en medio de la algarabía patriótica de una España oficial henchida de orgullo militar y una España real que consideraba a Cuba una porción de tierra andaluza. A ambas Españas, el entregar la isla sin lucha les parecía una bajeza inadmisible que no estaban dispuestas a tolerársela a ningún gobierno. Ante la amenaza de una revolución popular o un golpe militar, el gabinete de Sagasta no pudo elegir otro camino que el de la guerra, previsiblemente breve, contra Estados Unidos.

Aunque esperado e inevitable, el desastre del 98 ponía al descubierto el abismo que separaba la España real de la oficial, la sociedad viva del artilugio político montado sobre la mayoría ausente y el fraude electoral. Un modelo de estabilidad que ocultaba las vergüenzas de un país de latifundistas y caciques, arrullados por las glorias convenientemente maquilladas del Imperio español. Apenas se podía sentir entonces el pulso del país. Sin embargo, la desazón desencadenada por el adiós cubano tendrá consecuencias imprevisibles, al arrinconar los tópicos que habían sostenido el andamiaje de la Restauración y promover un lastimero examen de conciencia en torno al «problema de España», su esencia, la causa de sus males y las medicinas a tomar.

Múltiples perspectivas atraen el bisturí de los intelectuales, cuyo deseo de «regeneración» para España hermana las inquietudes de Joaquín Costa con el remedio pedagógico de la Institución Libre de Enseñanza, el progresismo de Galdós con las interesadas protestas de la burguesía catalana o las exigencias del movimiento obrero. Esta disparidad de proyectos y aspiraciones, que anuncia la irrupción de la pequeña burguesía y el proletariado en el ruedo político, removerá los valores que justificaban la sociedad de fin de siglo como una continuación armónica de la historia de España. Arropados por la conmoción popular, los pensadores regeneracionistas orientan sus baterías hacia la política caciquil y su entramado, alcanzando también sus censuras a las páginas apologéticas de un pasado rancio de glorias y héroes nacionales. Costa pide deshinchar Sagunto, Numancia y Lepanto; Unamuno reclama el protagonismo de millones de hombres sin historia.

1898 es la fecha fuerte de la reflexión sobre España, pero no significa esto que la cultura y el arte no se inquietaran antes por los males del país. Mientras toda una España anacrónica agonizaba, la cultura vivía una vida pletórica como no había disfrutado desde el siglo XVII. El camino ascendente emprendido por la cultura en 1875 desembocó al llegar el siglo XX en un periodo de esplendor, una «segunda edad de oro» en la que conviven tres generaciones: los ensayistas del 98, los europeístas del 14 y los poetas del 27. Una clase intelectual, en el verdadero sentido del término, de amplitud nunca superada después, habría de ser en muchas ocasiones el espejo y detonante de la crisis del Estado. Por primera vez una generación española –a la que se debe la difusión del término intelectual– tenía una conciencia clara de su función rectora en la vanguardia de la sociedad. La tuvieron ellos, pero no así el país ni su rey Alfonso XIII, que nunca los frecuentó, confiando su popularidad, no recompensada políticamente, al ejercicio de un sentido madrileño de la frase graciosa o la ocurrencia castiza.

La conciencia nacional catalana

Sin las ganancias de ultramar, recobran nuevos bríos las tensiones autonomistas, sobre todo en Cataluña, la región más próspera del país. En la perla de las Antillas, los industriales catalanes tenían abundantes negocios y su pérdida desató una fuerte marejada de irritación contra Madrid, a cuya intransigencia se responsabilizaba injustamente del desenlace. Antes al contrario, la oposición de los empresarios barceloneses al libre comercio de Cuba había sido uno de los hechos que prepararon el desastre.

Con la resaca del 98, numerosos propietarios del Principado confían al catalanismo su desahogo contra los gobiernos de la monarquía: el Estado castellano incompetente y anticuado se había dejado arrebatar el mercado colonial, monopolio casi de Barcelona.

La «conciencia nacional catalana» exigía ahora mayor participación en la vida pública, reconocimiento de sus singularidades culturales y la reforma del régimen político que, de repente, se convertía en un estorbo para el desarrollo de Cataluña. Ni tan siquiera la retórica del discurso gubernamental puede ocultar el lento proceso de desnacionalización, sin equivalente en Europa, iniciado a raíz del examen de las responsabilidades de Cuba y Filipinas.

En el 98 España pierde su discurso nacional en favor de las sensibilidades centrífugas, que ilegitiman el unitarismo precedente, mientras el Estado privado de instrumentos consensuados sólo podría imponerse por la fuerza al mostrarse ineficaces las apelaciones a la grandeza de la patria para movilizar las masas. De ahí el tono áspero de la fractura noventayochista, reflejo de la imposibilidad conservadora de unificar, en nombre de la nación, la comunidad que ésta representa y de orientarla hacia un proyecto común. El impacto es dramático en Cataluña.

> Demasiado pensaste en tu honor
> y escasamente en tu vida:
> tus hijos, trágica, diste a la muerte.
> Mortales honras te satisfacían;
> tus fiestas eran tus funerales,
> ¡oh triste España!...
> ...¿Dónde tus barcos? ¿Dónde tus hijos?
> Pregúntalo al poniente, a la ola brava:
> perdiste todo, a nadie tienes.
> ¿España, España, vuelve en ti,
> rompe el llanto de madre
>
> JOAN MARAGALL, «Oda a España»

A falta del refuerzo de la nación, ningún gobierno se atrevería tampoco a plantar cara a la Iglesia, empeñada desde el arranque de la Restauración en recatolizar el país. Como respuesta al 98, la jerarquía no introdujo novedad alguna en su añejo discurso; por el contrario, lo radicalizó aún más. El desprestigio de su arenga nacionalista y de la propia nación que ayudó a crecer será contestado con un mensaje apocalíptico, denunciador de la descatolización de España y su alejamiento de la voluntad divina. Mientras la religión se vuelve seña de identidad del partido conservador, ante la carencia de otra marca ideológica, la institución toma al asalto las ciudades con su profusión de colegios y conventos y las congregaciones religiosas se fortalecen con la avalancha de hermanos repatriados de las colonias o expulsados de Francia por la Tercera República. Frente a la Iglesia arrolladora, de nada servirían las propuestas de frenado, obra de Canalejas y Romanones, que contrastan con el anticlericalismo rejuvenecido de los intelectuales y los partidos republicanos y proletarios.

A raíz del desastroso capítulo de Cuba y Filipinas, la fuerte corriente antimilitarista que aletea por España alza el vuelo. Incapaz de digerir su fracaso o de reconocerse inferior a la potencia americana, la casta militar echa sobre la política el pesado fardo de la derrota en tanto empieza a maniobrar por imponer a la atónita sociedad el reconocimiento de sus privilegios. Ante las críticas de los civiles y escudados en Alfonso XIII, los militares obligan al gobierno a aprobar en 1906 la ley de Jurisdicciones, que hace al ejército juez y parte de los consejos de guerra encargados de castigar las ofensas a las fuerzas armadas. Tres años más tarde, las masas catalanas tienen ocasión de demostrar su antipatía al ejército desde los muelles del puerto de Barcelona, donde embarcaban los reservistas para la guerra de África. La nueva intentona colonial –esta vez en Marruecos– sólo gustaba a la derecha que azuza a los ya convencidos militares a intervenir para vengar el honor de España. Reivindicaciones pregonadas por el movimiento obrero se mezclan con el escarnio de la guerra en una huelga general que adquiere tonos sangrientos y anticlericales en la Semana Trágica barcelonesa.

Inducida por una minoría despierta, la mala conciencia del 98 no es sino una crisis de modernización de España, a la que intentaron curar los regeneracionistas de Polavieja, los catalanes de Cambó, los conservadores de Silvela o los universitarios europeístas de la generación del 14. Con Cataluña siempre en el punto de mira, la urgencia por dar autenticidad al sistema suscita los primeros atisbos de descentralización y el empeño de atemperar el ejército a los tiempos nuevos con el servicio militar obligatorio sin excepciones a los ricos, que inspiran a Blasco Ibáñez sus reflexiones sobre el obligado patriotismo de los pobres.

Otras sugerencias pretenden ensanchar las bases del régimen, integrando en él, de una u otra forma, dos aspectos representativos de la España vital, la socialdemocracia y los regionalismos. Pese al fracaso de las opciones regeneracionistas, las clases medias no se hundirían en el desánimo, sino que trabajarían por encontrar arreglo a aquella España aturdida.

En Barcelona, los regionalistas de Cambó arrebatan al republicano Lerroux su clientela, que busca entonces arraigo entre los proletarios a los que en un primer momento seduce con su demagogia y populismo.

Los catalanistas coincidían en sus demandas con la meditación de los pensadores castellanos, y quienes hablaban de Cataluña como el gran problema nacional no se daban cuenta de que la verdadera cuestión radicaba en una forma de ver España que impedía el progreso catalán y el del resto de los españoles. El drama de la nación española se remata cuando, vencido por las armas el liberalismo de la República, la imagen más negra de España es la que triunfa. En lugar de integrar a los españoles en una empresa común, la irracional uniformización totalitaria del franquismo puso en marcha el proceso desnacionalizador más importante de la historia de España.

Al identificar la nacionalidad con una confesión religiosa, al expulsar de la nación a los discrepantes, al renegar de la pluralidad cultural..., dejó un inmenso vacío de identidad en los millones de españoles que despertaron de aquella pesadilla en 1975. Habría que esperar a la Constitución de 1978 para desagraviar a los que, tras la derrota de 1898, se habían dolido de aquella España destartalada y centralista. Ochenta años más tarde las reivindicaciones de los noventayochistas encontraban satisfacción en un texto constitucional. Por fin España era un estado fuertemente descentralizado, sensible a la demanda democrática y atento a las peculiaridades de sus regiones.

DESPUÉS DE LA DERROTA

HACIA UNA NUEVA NACIÓN

El gran problema español que se nos planteó con la crisis de la nación consumada en Cavite y Santiago de Cuba y en el tratado de París, no es precisamente problema de «regeneración», aunque así lo hayamos llamado; eso lo fue en Francia en 1870, porque detrás de Sedán quedaba un pueblo. Lo nuestro es cosa distinta. Desenlace lógico de una decadencia progresiva de cuatro siglos, ha quedado España reducida a una expresión histórica: el problema consiste en hacer de ella una realidad actual. No se trata de regenerar una nación que ya existía, se trata de algo más que eso: de crear una nación nueva. Fijémonos bien en esto, que es fundamental: que no es problema el nuestro de regeneración, sino de creación; si bien creación, no sobre solar nuevo y despejado, sino sobre la base y pie forzado de una nación que fue, lo cual dobla la dificultad.

JOAQUÍN COSTA,
Política quirúrgica

LA PERIFERIA INVENTA ESTEREOTIPOS

España, políticamente, es nada, y haría bien en no preocuparse más de cómo y por quién ha de ser gobernada, porque tanto da. Toda su fuerza está en su alma, y ésta nadie en la tierra se la gobernará. Toda su fuerza está en el hombre que cría, en el individuo pequeño, seco, oscuro, reconcentrado, pero que estalla violentamente en el alma, en luz, en brillo, en genio, en santidad, en valentía. Lo mismo puede ser un mendigo que un duque de Osuna, un loco que un profeta, un tahúr que un Velázquez, un bandido que un santo; todo puede serlo menos un ciudadano. La mediocridad ciudadana no ha sido hecha para el celtíbero; él quiere conquistar a cada momento su bien o apurar su mal; no le queda nada hecho.

A este hombre, pues, a este mendigo, a este duque, a este idiota, a este profeta, a este bandido, a este santo, ¿qué le importa quién gobierna ni cómo? A él no le gobierna nadie.

JOAN MARAGALL, *Obras completas*

UNAMUNO CONVOCA A LAS MASAS

Los periódicos nada dicen de la vida silenciosa de los millones de hombres sin historia que a todas horas del día y en todos los países del globo se levantan a una orden del sol y van a sus campos a proseguir la oscura y silenciosa labor cotidiana y eterna, esa labor que como la de las madréporas suboceánicas echa las bases sobre que se alzan los islotes de la historia. Sobre el silencio augusto, decía, se apoya y vive el sonido; sobre la inmensa humanidad silenciosa se levantan los que meten bulla en la historia. Esa vida intrahistórica, silenciosa y continua como el fondo mismo del mar, es la sustancia del progreso, la verdadera tradición, la tradición eterna, no la tradición mentida que se suele ir a buscar al pasado enterrado en libros y papeles, y monumentos, y piedras.

Los que viven en el mundo, en la historia, atados al «presente momento histórico», peloteados por las olas en la superficie del mar donde se agitan náufragos, éstos no creen más que en las tempestades y los cataclismos seguidos de calmas, éstos creen que puede interrumpirse y reanudarse la vida. Se ha hablado mucho de una reanudación de la «historia» de España, y lo que la reanudó en parte fue que la historia brota de la no historia, que las olas son olas del mar quieto y eterno. No fue la restauración de 1875 lo que reanudó la historia de España, fueron los millones de hombres que siguieron haciendo lo mismo que antes, aquellos millones para los cuales fue el mismo sol después que el de antes del 29 de septiembre de 1868, las mismas sus labores, los mismos los cantares con que siguieron el surco de la arada. Y no reanudaron en realidad nada, porque nada se había roto.

MIGUEL DE UNAMUNO, *En torno al casticismo*

EL FUTURO PASA POR LA ESCUELA

En suma, España no es un pueblo degenerado, sino ineducado. Una minoría gloriosa de intelectuales existió siempre y, aunque con escasez y esporádicamente, la ciencia fue en todo tiempo cultivada. Nuestros males no son constitucionales, sino circunstanciales, adventicios. El problema agitado por algunos de si la raza ibera es capaz de elevarse a esferas de la invención filosófica y científica es cuestión tan ociosa como molesta. Sólo fuera lícito el desaliento cuando, desaparecido el analfabetismo, generalizada la instrucción y el bienestar, como en Inglaterra o Alemania, y ensayadas las fuerzas de nuestros mejores talentos en los tajos fecundos de la investigación, fracasáramos repetidamente.

SANTIAGO RAMÓN Y CAJAL, *Nuestro atraso cultural y sus causas*

UN PROYECTO EN COMÚN

La verdadera unidad nacional no consiste en tener unas fronteras y un solo régimen legal; consiste en tener un solo corazón y la voluntad de anteponer a todo el amor a la patria.

La unidad nacional no se quebranta sólo geográficamente, la unidad nacional puede padecer mucho cuando se hace económico el desvío de las muchedumbres, de los pueblos, cuando no subsiste, cuando no se asegura, cuando no se restaura, si ha llegado a romperse, aquella unidad que atiende a todas las voluntades y funde en un solo interés todos los egoísmos.

ANTONIO MAURA, «Discurso del Congreso», 1905

[illegible]

[illegible] conjunto [illegible]

[illegible] desarrollo [illegible]

[illegible]

[illegible] la voluntad de [illegible]

[illegible]

1936

LA GUERRA CIVIL

MIRADAS DE MUERTE

La España con vocación progresista se topó
una vez más con señoritos, sotanas y tricornios.
Esta vez, la lucha sería a muerte.
Los defensores de la República, mal organizados,
no supieron apreciar la fuerza militar
de los sublevados, mejor formada y guiada
por un mando más unificado.

Trazó una odiosa mano, España mía,
–ancha lira, hacia el mar, entre dos mares–
zonas de guerra, crestas militares,
en llano, loma, alcor y serranía.
Manos del odio y de la cobardía
cortan la leña de tus encinares,
pisan la baya de oro en tus lagares,
muelen el grano que tu suelo cría.
Otra vez –¡otra vez!– ¡oh triste España!,
cuanto se anega en viento y en mar se baña
juguete de traición, cuanto se encierra
en los templos de Dios mancha el olvido,
cuanto acrisola el seno de la tierra
se ofrece a la ambición, ¡todo vendido!

ANTONIO MACHADO, «¡Todo vendido!»

Los salones reales se quedaron mudos, huérfanos de las risas y bailes de la corte. En aquellas horas el verbo perdonar apenas se utilizaba; por eso no resultaba extraño que nadie perdonase a Alfonso XIII su apoyo a la dictadura de Primo de Rivera. El cacique de España se llevó en su caída al monarca, que no supo o no quiso reaccionar ante tantos sables que se abalanzaban sobre el desamparo de un pueblo al que siempre se veía en minoría de edad. Tras unas elecciones municipales ganadas, a medias, por los defensores de vivir en un país sin corona, la Segunda República nace en la primavera de 1931 con la intención de traer a España el aire de modernidad europea tantas veces anhelado por el filósofo Ortega. Lo que otras naciones occidentales habían tardado largos años en conseguir, los republicanos españoles acariciaban alcanzarlo en poco tiempo. Cambiar el rumbo de la historia y transformar el Estado en un sentido moderno, laico y democrático, era su sueño.

Pero el nuevo régimen tuvo muy mala suerte. Fue un recién nacido en una familia donde nadie se llevaba bien. Mientras los justicieros quemaban conventos y herían la imagen de la República, las fuerzas de seguridad reprimían las manifestaciones a balazos en un tiempo en el que las pelotas de goma no se habían inventado. España era un garabato de violencia, un esbozo del lienzo airado que los españoles se encargarían de dibujar en seguida. Los escasos avances sociales tocados con las manos, como la ley de Reforma Agraria, la secularización de la enseñanza o el descentralizador Estatuto de Cataluña, fueron rápidamente contrarrestados por una parte del país que quería seguir viviendo con anacrónicas desigualdades. Y es que a Manuel Azaña, erigido en símbolo del espíritu republicano, le tocó habérselas no sólo con una economía maltrecha, heredera de la crisis de 1929, sino también con los extremistas de dos tendencias ideológicas que luchaban en toda Europa por imponerse. La Falange de José Antonio Primo de Rivera, violenta pero escasa, comienza a recibir ayuda económica de los fascistas italianos. En contrapartida, el socialista Largo Caballero radicaliza su bastión obrero de la UGT, llevado por sus simpatías comunistas y por una especie de izquierdismo infantil, del que se encontraba convaleciente en la antesala de la guerra.

Los salvapatrias de siempre reciben la llamada sobrenatural que les obliga a actuar. El general Mola diseña desde Pamplona la sublevación que habría de devolver a España la ley y el orden. La guarnición de Melilla se rebela el 17 de julio de 1936 y, desde Canarias, Francisco Franco vuela a Tetuán para dirigir el correoso ejército africano, sin que el gobierno pareciera darse cuenta de las intenciones de los sublevados. Imaginado por Mola como un hachazo simultáneo en todas las comandancias, el «alzamiento nacional», combinando los sables con las nostalgias monárquicas, los sueños tradicionalistas y el arrojo falangista, desbarataba una República fracasada a la que Azaña no había sabido reconducir.

Sin embargo, los planes rebeldes de adueñarse, al momento, de una España harta de desórdenes fracasaron. Los militares se dividen y son muchos los que manifiestan su fidelidad a la República. El país mismo se parte en dos al tiempo que el gobierno se decide a armar a las organizaciones de trabajadores para defender el régimen. Caen del lado de los insurrectos Castilla la Vieja, Galicia, gran parte de Andalucía, Navarra y Aragón, la España rural, dominada por señoritos, sotanas y tricornios. A la vista de los recursos de la República, muy superiores a los de los sublevados, nadie hubiera podido pensar en su derrota. En aquella hora decisiva, las agrupaciones obreras menospreciaron a las fuerzas rebeldes y vieron el alzamiento como una señal de los dioses anarquistas o marxistas para iniciar su propia revolución, con la Iglesia de chivo expiatorio. Bastaba con que alguien fuera señalado como eclesiástico o militante católico para que en el río revuelto de la guerra se le ejecutara sin proceso alguno. Aunque luego la sangría se contiene, los siete mil sacerdotes y miembros de congregaciones religiosas y los innumerables militantes católicos liquidados en la contienda describen la persecución más sangrienta sufrida por la Iglesia desde la proclamación del cristianismo como religión oficial de Europa, quince siglos atrás. Mientras tanto, no pierde tiempo el ejército de Marruecos, que con la ayuda de aviones alemanes atraviesa el Estrecho bajo la despistada mirada de las fuerzas republicanas, incapaces de detenerlo a pesar de contar con los buques de la Armada. Dada su superior preparación, las tropas africanas progresan por la ruta de Extremadura hasta presentarse en las puertas de Madrid, a la par que el Ejército del Norte se apodera de Guipúzcoa.

Con lentitud suicida, la República trata de poner orden en sus agrupaciones proletarias muy enfrentadas entre sí por cuestiones ideológicas y de estrategia al igual que las clases medias, divididas por el problema autonómico. En la jefatura del gobierno, Largo Caballero tiene que elegir entre hacer la revolución o intentar ganar la guerra, lo que en estrategia militar quiere decir optar por las milicias o el ejército. Reprimiendo su querencia miliciana, ordenó la organización del Ejército Popular de la República, cuyo debut en la defensa de Madrid no pudo ser más esperanzador. Las tropas franquistas, acostumbradas a la victoria fácil y a los enemigos débiles y divididos, se encontraron, por fin, con una defensa organizada y combativa. El cansancio acumulado de un ejército que no conocía tregua se estrella así contra los resistentes dirigidos por José Miaja y Vicente Rojo, que salvan Madrid del hachazo del fascismo.

No olvides, Madrid, la guerra;
jamás olvides que enfrente
los ojos del enemigo
te echan miradas de muerte.

RAFAEL ALBERTI,
«Romance de la defensa de Madrid»

La esperanza de un ataque por sorpresa se había roto y sólo restaba seguir por la senda de una interminable acción militar de desgaste. La guerra civil no había hecho nada más que comenzar. Se estabiliza el frente y los combatientes solicitan ayuda del exterior para romper el punto muerto. Conocido el camino, los autodenominados «nacionales» confirman distintos encargos a Hitler y Mussolini, al tiempo que la República adquiere aviones y armas en París a costa de las desnutridas arcas estatales, que completan el viejo material suministrado por la Unión Soviética.

Entre 1936 y 1939, la contienda de un país misterioso y desconocido fue seguida con interés por medio mundo, a través de la radio y la prensa, que veían en ella un presagio de lo que ocurriría en la inminente gran guerra mundial. Los intelectuales españoles ejercieron de embajadores de la República en su búsqueda de aliados para lograr poco más que unas simples palabras de aliento salidas de los labios de las democracias occidentales. No estaban dispuestos los grandes estados a correr el riesgo de enfadar al Duce y al Führer ni sufrir un parto bélico prematuro. La causa republicana sólo consiguió el inservible reconocimiento internacional y la mejor literatura de Thomas Mann, Faulkner, Gide o Sartre. No obstante, sus llamadas de auxilio bastaron para que los generosos defensores de causas perdidas de todas las nacionalidades formaran parte de las brigadas extranjeras.

Además de obtener el apoyo de los poderosos países fascistas, Franco sabía que, para salir triunfante de una lucha tan larga, el liderazgo debía estar bien definido. Lentamente los militares golpistas no harían otra cosa que obedecer las órdenes del que se erigió en jefe de la España nacional en octubre de 1936 mientras, seis meses más tarde, las filas de los carlistas y falangistas se apretaban con un decreto de unificación, que atajaba las disidencias. Numerosas consignas inventadas o recicladas por la retórica del movimiento sirven para identificar esta conjunción precaria; la más popular, la de «España, una, grande y libre» fue la música de fondo del nacionalismo franquista.

El terror de la guerra se adueñó de la población civil, y muchos lograron en esos días de maldad llevar a cabo las venganzas que habían germinado durante demasiados años en la oscuridad de sus mentes. En cada región, en cada pueblo, los partidarios de uno y otro bando aprovecharon para saldar viejas cuentas, haciéndose cotidianos la muerte y el asesinato. Todos los que pensaban de otro modo, los políticos de sindicato y partido o simplemente los odiados por locos y poetas, eran obligados a dar un paseo del que nunca más regresaban. La mayoría de la población se refugió en el cascarón de sus hogares hasta que amainase el temporal de la intransigencia, una tormenta de verano que duró casi cuatro décadas.

La luz roja comenzó a encenderse para los republicanos, cuando el Ejército del Norte se apoderó de la zona industrial vizcaína, Cantabria y las minas asturianas. El cinturón de hierro bilbaíno se fundía por la llegada del fuego de las tropas franquistas y, ocupada Euskadi, los nacionalistas vascos perdieron las ganas de pelear por la República. Como remate del proceso de legitimación de la guerra y a petición de Franco, los obispos españoles se dirigieron, entonces, a los católicos del mundo con una «pastoral colectiva» en la que explicaban el carácter religioso de la contienda. Querían neutralizar con ella las voces de los intelectuales católicos extranjeros, alarmados ante la represión ejercida por los nacionales sobre grupos de militancia religiosa.

El hambre fue el plato único en las cocinas de muchas ciudades republicanas. La escasez de víveres en Madrid resultó un guiso muy difícil de digerir, sobre todo cuando sus habitantes contemplaban con la impotencia de los vencidos cómo las demás ciudades caían una a una bajo el yugo y las flechas. Juan Negrín actúa como jefe del gobierno republicano desde que Largo Caballero, desasistido por sus propios ministros, le pasara el testigo en mayo de 1937. Quería salvar lo insalvable, a la espera de que algún acontecimiento internacional se pusiese de su parte. La preocupación de Franco de asegurar todas las posiciones conquistadas antes de ordenar un nuevo avance propició una guerra con excesivo metraje. Por eso los republicanos tuvieron tiempo de jugarse en la batalla del Ebro la victoria final a un solo número. A pesar de la crítica situación militar de la República, la batalla fue la más larga y sangrienta de la contienda y durante cuatro meses las dos fuerzas se masacraron entre sí hasta que el ejército republicano del Ebro fue totalmente destruido.

La victoria abrió una brecha aprovechada por Franco para entrar triunfante en una Cataluña defendida por un ejército maltrecho y bajo de moral. A esas alturas, las brigadas internacionales ya se habían retirado de una guerra perdida y un difícil exilio acogía a muchedumbres de españoles fieles al ideario republicano. Aún aguanta la capital de España, hasta que el coronel Segismundo Casado, perdida toda esperanza de paz negociada y rebelado contra su gobierno, ordena a los madrileños deponer cualquier resistencia. Todos eran conscientes de que no había llegado la paz, sino la victoria.

> Otra vez sobre el libro azul que baña
> la luz naciente en oro ensangrentado
> el dedo del Señor ha decretado
> un destino de estrellas para España.
>
> JOSÉ MARÍA PEMÁN, «España»

ESPAÑAS ENFRENTADAS

EL RÉGIMEN DE LAS UTOPÍAS

La ley Agraria, sobre todo con el estrambote que le pusimos el último día, es una ley de profunda conservación social. Que lastima intereses personales, es conocido; no nos ha sorprendido; pero subsana injusticias seculares, subsana injusticias seculares y le pone al pueblo campesino miserable, tantos siglos oprimido y desposeído, un pedazo de pan como recompensa de su trabajo [enorme ovación]; y no sólo eso, señores, sino posibilidad de trabajo, porque nos hemos encontrado en España con una situación tal, que ya no se trataba siquiera de la recompensa, más o menos justa, del esfuerzo propio, sino, incluso, de la posibilidad de que el trabajador, ansioso de trabajar, trabaje. Y ésta era la situación y ésta es aún la situación en el campo español, y esta medida de la ley Agraria, con toda su aparente violencia, es una medida evidentemente de reconstrucción de la sociedad española y, sobre todo, de construcción sólida y fundamental de la República española. La República necesita crear una clase social nueva: no le basta con arrancar privilegios injustos, con nivelar, según la ley moral nuestra; necesita crear, no intereses, según vulgarmente se expresa, sino clases de ciudadanos que en la República hayan encontrado su razón de vivir socialmente. [Muy bien. Aplausos.] Cada régimen necesita su clase social sustentadora. Nosotros, la República, puesto que es una República liberal, no excluye a ninguna; pero no se va a apoyar en su clase naturalmente enemiga, ni en aquellas clases que, despojadas de sus privilegios históricos, han de sentir el odio, o el desprecio, o la aversión a la República. Nosotros creamos sin destruir, porque sacamos de la nada a la miserable clase de braceros campesinos, hoy corroída por el hambre y por la imposibilidad de trabajo, y de esos innumerables seres que apenas pueden satisfacer sus primeras necesidades, aspiramos nosotros a formar, donde hoy no existe nada, una clase social sólida, consciente de ser fuerte y compensada en su esfuerzo nacional y social; y sobre esta base la República habrá asentado su mejor obra española. MANUEL AZAÑA, «Discurso»

EL MAXIMALISMO DE LA IZQUIERDA

La clase burguesa y sus representantes entienden que se ha llegado ya a la meta de las instituciones políticas en nuestro país, y tenemos que decirles que no; la República no es inmutable; la República burguesa no es invariable; la República burguesa no es una institución que nosotros tengamos que arraigar de tal manera que haga imposible el logro de nuestras aspiraciones. ¿De qué manera? ¡Como podamos! Ya lo hemos dicho muchas veces. Nuestra aspiración es la conquista del poder político. ¿Procedimiento? ¡El que podamos emplear! Los que nos hablan tanto de la legalidad lo primero que tienen que hacer es ser respetuosos con la ley para no obligar a la clase trabajadora a salirse de ella. Todos los actos que la clase obrera ha realizado que puedan considerarse ilegales han sido provocados por la ilegalidad de los que gobernaban. [Muy bien.] Y nosotros, los trabajadores, entendemos que la República burguesa hay que transformarla en una República socialista, socializando los medios de producción. DISCURSO DE LARGO CABALLERO EN EL CINE EUROPA, 1936

CONSTRUYENDO OTRA ESPAÑA

Art. 1. Cataluña se constituye en región autónoma dentro del Estado español, con arreglo a la Constitución de la República y el presente Estatuto.

Art. 2. El idioma catalán es, como el castellano, lengua oficial en Cataluña.

Para las relaciones oficiales de Cataluña con el resto de España, así como para la comunicación entre otras autoridades del Estado y de Cataluña, la lengua oficial será el castellano.

Toda disposición o resolución oficial dictada dentro de Cataluña deberá ser publicada en ambos idiomas. La notificación se hará también en la misma forma, caso de solicitarlo parte interesada.

Dentro del territorio catalán, los ciudadanos, cualquiera que sea su lengua materna, tendrán derecho a elegir el idioma oficial que prefieran en sus relaciones con los tribunales, autoridades y funcionarios de todas clases, tanto de la Generalitat como de la República.

ESTATUTO DE AUTONOMÍA DE CATALUÑA, 1932

EL PRINCIPIO DEL FIN

Don EMILIO MOLA VIDAL, General de Brigada
y Jefe de las Fuerzas Armadas de la Provincia de Navarra,

HAGO SABER:

Una vez más el Ejército unido a las demás fuerzas de la nación se ve obligado a recoger el anhelo de la gran mayoría de los españoles. Se trata de restablecer el imperio del orden, no solamente en sus apariencias externas, sino también en su misma esencia; para ello precisa obrar con justicia, que no repare en clases ni categorías sociales, a las que ni se halaga ni se persigue, cesando de estar dividido el país en dos bandos: el de los que disfrutan del poder y el de los que son atropellados en sus derechos. La conducta de cada uno guiará la de la autoridad, otro elemento desaparecido de nuestra nación y que es indispensable en toda colectividad humana. El restablecimiento del principio de autoridad exige inexcusablemente que los castigos sean ejemplares, por la seriedad con que se impondrán y la rapidez con que se llevarán a cabo, sin titubeos ni vacilaciones. Por lo que afecta al elemento obrero, queda garantizada la libertad del trabajo, no admitiéndose coacciones ni de una parte ni de otra. Las aspiraciones de patronos y obreros serán estudiadas y resueltas con la mayor justicia posible en un plan de cooperación, confiando en que la sensatez de los últimos y la caridad de los primeros, hermanándose con la razón, la justicia y el patriotismo, sabrán conducir las luchas sociales a un terreno de comprensión con beneficios para todos y para el país. El que voluntariamente se niegue a cooperar o dificulte la consecución de estos fines será el que primero y principalmente sufrirá las consecuencias.

EMILIO MOLA, «Declaración del estado de guerra», 1936

ESCENAS DE LA REPRESIÓN

«¿Me llevas preso, no es verdad, señor?» «Así es», contesta el asesino, que con frecuencia sólo tiene veinte años. Después, subir al camión, donde uno encuentra a dos o tres camaradas, igualmente sombríos, igualmente resignados, la mirada vacía... ¡Hombre! Rechina la camioneta y se pone en movimiento. Todavía un instante de esperanza, mientras sigue por la carretera. Pero he aquí que disminuye la marcha y se mete dando tumbos por la huella de un camino de tierra. «¡Bajad!» Bajan, se alinean, besan una medalla o solamente la uña del pulgar. ¡Pam! ¡Pam! ¡Pam! Los cadáveres son colocados al borde del talud, donde el enterrador los encontrará a la mañana siguiente, la cabeza destrozada y la nuca reposando sobre una repugnante almohada de negra sangre coagulada. Digo el enterrador, porque se tuvo el cuidado de hacer las cosas en las cercanías del cementerio. El alcalde escribirá en su registro: «Fulano, Zutano y Mengano, muertos de congestión cerebral».

GEORGES BERNANOS, *Los grandes cementerios bajo la luna*

EL PAÍS DE LA DIFERENCIA

Principales conclusiones
del Congreso Eucaristía de El Ferrol de 1941

1. Elevar a los poderes públicos respetuosa exposición de los anhelos del Congreso, manifestados en memorias, discursos, sermones y ponencias, sobre los siguientes puntos:

a) Que se estimule el celo de los agentes de la autoridad

para la represión total de la blasfemia, que, gracias a Dios, está desapareciendo de la España de la Cruzada.

b) Que se reglamente la celebración de ferias y fiestas de tal modo que no impida o se dificulte el oír la Santa Misa y la predicación dominical.

c) Que se destierre de la España de Franco, redimida con la sangre de tantos mártires, la proyección de películas inmorales, empezando por las carteleras o anuncios, y se vigile la moralidad en las salas.

e) Que, así como se fomenta el teatro nacional, se haga lo mismo con los bailes y deportes tradicionales, y que, por de pronto, se vigile eficazmente la moralidad del baile y demás espectáculos, haciendo cumplir inexorablemente lo que está dispuesto sobre horas, asistencia de menores, comportamiento moral de los asistentes, etc.

La razón de todo es que, mientras no se moralicen las diversiones, la juventud, sobre todo, continuará alejada de la Eucaristía.

2. Que se intensifiquen las campañas por austeridad y modestia contra la moda descocada en el vestir, en los modales, relaciones, playas, deportes, etc., impuestas por la masonería. CONCLUSIONES DEL CONGRESO EUCARÍSTICO

1959

EL MILAGRO ESPAÑOL

EUROPA AL FINAL DEL TÚNEL

En plena guerra fría, la inevitable alianza con Estados Unidos se tradujo en la llegada de capitales frescos, alivio de las maltrechas finanzas españolas. Con el inicio del despegue económico aparecen tímidos atisbos de apertura en el último reducto autoritario de Europa occidental.

¡A la calle!, que ya es hora
de pasearnos a cuerpo
y mostrar que, pues vivimos, anunciamos algo nuevo.
No reniego de mi origen
pero digo que seremos
mucho más que lo sabido, los factores de un comienzo.
Españoles con futuro
y españoles que, por serlo,
aunque encarnan lo pasado no pueden darlo por bueno.
Recuerdo nuestros errores
con mala saña y buen viento.
Ira y luz, padre de España, vuelvo a arrancarte del sueño.

GABRIEL CELAYA, «España en marcha»

A la llegada de los años cincuenta, España era una nación que no existía en el marco de las relaciones internacionales. Con su vecino portugués, era el último vestigio fascista y autoritario que quedaba en el mundo occidental tras la victoria de las democracias sobre Hitler y Mussolini. Sin embargo, el planeta vivía intranquilo, los tanques soviéticos parecían estar a punto de aplastar a los pueblos civilizados y era el momento de hacer aliados. Pronto muchos países olvidarían sus condenas a Franco y pasarían por alto la falta de libertades que aguantaban los sufridores de la dictadura.

> Media España ocupaba España entera
> con la vulgaridad, con el desprecio
> total de que es capaz, frente al vencido,
> un intratable pueblo de cabreros.
> Barcelona y Madrid eran algo humillado.
> Como una casa sucia, donde la gente es vieja,
> la ciudad parecía más oscura
> y los metros olían a miseria...
>
> JAIME GIL DE BIEDMA, «Años triunfales»

Antes de que el mundo se dividiese en dos bloques, el régimen franquista soltó a los cuatro vientos su esperpéntico orgullo y se atrevió a rechazar las ventajas que ofrecía el plan Marshall, diseñado para empujar las naciones europeas a reconstruir sus economías tras la guerra. En vez de reconocer con vergüenza el disparate de tener como amigo al culpable del holocausto judío, el general logró que los americanos retrasaran su inevitable llegada crediticia en más de un lustro. Cuando lo hicieron, las economías europeas habían levantado el vuelo y se preparaban para construir, mediante los tratados de Roma, un nuevo imperio económico y comercial sin fronteras. El empuje del Mercado Común amenazó en seguida con terminar de ahogar a la ya aislada nación española.

Como es lógico, semejante situación terminó provocando tensiones internas. Poderosos intereses empresariales habían empezado a oponerse al sistema de autarquía e intervención, en especial desde el término de la guerra europea con el triunfo de quienes defendían una política mundial de liberalización del comercio. El búnker gubernamental resistiría todas estas presiones, arropado por el empeño de los sindicatos o las preferencias personales del almirante Carrero Blanco y a impulsos del convencimiento nunca del todo firme del propio Franco. A mediados de 1951, no obstante, empiezan a moverse las cosas en el ámbito mercantil y el nuevo Ministerio de Comercio emprende una tarea de revisión moderada del rígido intervencionismo comercial. Ir a la panadería sin la cartilla de racionamiento empezó, durante estos años, a ser habitual y las despensas españolas volvieron a tener en su interior algo más que telarañas, gracias a la libertad de precios y a la venta sin cortapisas de alimentos. Los salarios adicionales por horas extras y fiestas trabajadas proporcionaban a las familias el maná prometido de un régimen que se había distinguido por múltiples y prolongadas carencias.

La liberalización económica provocó un tímido guiño político, al situarse entre los primeros puestos del gobierno los franquistas más moderados, aunque el poder personal del dictador permanecerá intocable. El asentamiento del régimen y su maquillaje permiten los primeros éxitos internacionales, como el Concordato con la Santa Sede en 1953 y el ingreso de España en la ONU. En la apertura al exterior, Estados Unidos fue una celestina que conocía bien su oficio. La superpotencia americana competía con la URSS en fichar para su equipo de barras y estrellas el mayor número posible de países. Y en esa lucha contra el oso soviético nadie mejor que España, especializada en cruzadas anticomunistas, para salvaguardar el credo del capitalismo. Los americanos comprarán la fidelidad española a cambio de unos préstamos, auténtico balón de oxígeno de una economía todavía en pañales y de un sector industrial por el que había apostado el régimen.

Sin embargo, el país seguía siendo campesino y casi la mitad de la población vivía dedicada al trabajo en el campo y en el mar. Con todo, los años cincuenta significaron casi una revolución agrícola. Los tractores fueron reemplazando como sin querer a las mulas y el oficio de herrador se hizo viejo e inútil. Con los nuevos medios de producción, aumentó el nivel de las cosechas, en especial las de cereales y remolacha azucarera. El aceite, el vino y los agrios siguieron copando la nómina exportadora, aunque cada vez con más duros competidores en otros países mediterráneos. A pesar de las mejoras en regadíos, vías de acceso y maquinaria, los empresarios seguían obcecados en invertir en cualquier cosa excepto en el campo, donde los pueblos se morían y los cultivos se agrietaban de soledad. Sin esperar más, muchos campesinos hicieron sus maletas y se marcharon a la búsqueda de la España industrial o de Europa. Por esos mismos años, el régimen descubre el filón del turismo, el fenómeno social y económico de repercusiones más favorables en el conjunto español, que en 1960 trae seis millones de visitantes y sobrepasa con creces los treinta y dos millones a comienzos de los años setenta. De repente, la España cateta y puritana entró en contacto con Europa a través de los turistas, quedando deslumbrada por su libertad de costumbres y formas de vida, tan alejadas de la sacristía de un régimen dictatorial.

Los cambios introducidos a lo largo del decenio son por completo insuficientes y España se encuentra en 1957 al borde de la bancarrota, a causa de la penosa política monetaria del Estado, que gravita sobre un galopante déficit presupuestario, cubierto por la emisión continua de deuda. Se hizo necesario abordar la siempre aplazada reforma fiscal con nuevas estimaciones tributarias y persecución del fraude, que aumentan los ingresos ordinarios del Estado, pero no alteran apenas el anacrónico sistema impositivo vigente hasta la transición democrática. Y después de que el Mercado Común accionara su modelo de integración europea no se podía diferir por más tiempo el acomodo de la política española en la misma nave de las naciones del mundo occidental. Desde ese momento, los españoles tienen la seguridad de que su destino, a corto o largo plazo, no es otro que Europa. Para ello, en 1959 se imponía a todos los españoles el rito iniciático de un duro plan de estabilización, destinado a hacer culminar el programa liberalizador de los tecnócratas del Opus Dei. Superada la recesión consiguiente a la política de cinturón apretado, se estrena una época de ideología desarrollista, donde la subida de la renta per cápita es propuesta como el gran objetivo nacional. Entre 1963 y 1975, tres planes de desarrollo indican el camino que España sigue para abandonar su reducto de subdesarrollo y meterse en el club de los privilegiados como décima potencia industrial del mundo. Los primeros, no obstante, en elegir la ruta del progreso habrían de ser los dos millones de españoles que entre 1960 y 1970 colonizan una Europa ávida de emigrantes de baja calificación laboral y alta resistencia. Con sus pequeños ahorros, enviados en moneda extranjera y equivalentes a la tercera parte de los ingresos del turismo, sufragarían una partida importante del desarrollo industrial.

La incipiente bonanza económica en seguida trajo consigo amagos de una oposición al régimen pronunciada en voz alta. El movimiento obrero, sobre todo en el País Vasco y Cataluña, se atreve a realizar pequeñas protestas, casi peticiones con el «por favor» por delante, en las que ya no se habla de utópicas revoluciones, sino de concretas mejoras laborales. Los hijos mimados del franquismo se rebelan desde las universidades y, con el respaldo clandestino de los comunistas, serán los que agiten el ambiente político y social de los años sesenta. A una España en pleno desarrollo económico y social, pero sometida a fuertes restricciones políticas y culturales, llegan el Vaticano II y las encíclicas defensoras de los derechos humanos, que son entendidas en clave de liberación por los católicos progresistas. Pronto los sacerdotes jóvenes, que no habían asistido a la quema de conventos ni luchado junto a los cruzados de la guerra, se amotinan contra su jerarquía exigiéndole su ruptura con el régimen y se ponen al frente de los deseos de cambio de sus parroquianos.

Nace ETA

En la zona de mayor renta per cápita de España, el nacionalismo vasco de los combatientes de la guerra echa retoños que no viven del recuerdo petrificado de la contienda ni de la nostalgia inoperante de autonomías y libertades. Son jóvenes universitarios que empezaron leyendo a Unamuno, por ser vasco y cristiano rebelde, para recalar como otros muchos católicos españoles en el marxismo. Mientras sus padres conjugan las protestas domésticas y sus fobias a Franco con la liquidez económica y el medro social, ellos se asfixian en medio del progreso de la industria y del estancamiento político. Desilusionados de su militancia dentro de la rama juvenil del PNV, en julio de 1959 ponen en pie la organización ETA, cuyo propósito último no es otro que el del nacionalismo vasco tradicional: la independencia de Euskadi. Desde su primer intento de adaptación a la estrategia guerrillera del nacionalismo tercermundista, los distintos modelos de actuación que ETA fue acordando siempre adolecieron de idéntico defecto, dar la espalda a la realidad. Respondían a situaciones sociales y económicas que nada tenían que ver con las del País Vasco y que, consiguientemente, sólo la violencia y el fanatismo podían implantar. A partir de 1970, ETA mantendrá el liderazgo de la actividad subversiva contra el régimen junto con Comisiones Obreras, agitadoras del mundo laboral, y el Partido Comunista, cuyo «pacto por la libertad» persigue la estrategia conjunta de las fuerzas antifranquistas.

Argumentando con su «milagro» económico y con el espaldarazo dado por el amigo americano, el régimen franquista no admite el menor cambio en su estrategia fundamental. Las únicas modificaciones son de detalle y llevadas a cabo con toda clase de cuidados y garantías de seguridad. De esta forma debe interpretarse la labor del ministro Fraga Iribarne, que en 1962 pregonaba una liberalización cultural e informativa para desfogarse, al poco, con los intelectuales que achacaban torturas a la policía. Tampoco puede considerarse un paso adelante en el camino de las libertades la creación del Tribunal de Orden Público, encargado de castigar las opiniones políticas de obreros, curas, profesionales y estudiantes mediante arbitrarios procesos que darían popularidad a la oposición. Ni la ley de Prensa de 1966 transformando la censura en autocensura, cuya normativa no impidió que muchos editores fueran sancionados y algunos medios clausurados.

Con el vuelo de la economía, triunfa la sociedad de consumo al tiempo que las migraciones interiores cambian la cara de las ciudades y empequeñecen los márgenes de la «España profunda». Por vez primera, unas extensas clases medias, educadas en el bienestar, pueblan las ciudades rompiendo los antagonismos de clase del pasado español. Desde 1970, el Estado gasta más dinero en educación que en armamento y policía, lo que manifiesta el verdadero alcance del cambio de pautas y expectativas. Aun sin quererlo, las nuevas conquistas ponen a la sociedad española en sintonía con una cultura del placer, abierta a la aceptación de los valores terrenales y menos sensible al reclamo sobrenatural. Bajo el caparazón trasnochado del régimen, España, por fin, es un país laico con una ética civil expresada en el respeto de los derechos de la persona y una mayor permisividad en las relaciones sexuales. La nación regentada por Franco se había hecho mayor a golpe de modernidad y descubrió que no necesitaba la ayuda de ningún salvador para pensar por sí misma. Pero decidió esperar por miedo a iniciar otra guerra.

LOS NUEVOS ESPAÑOLES

APERTURA ECONÓMICA

El decreto-ley que a continuación se articula establece la liberalización progresiva de la importación de mercancías y, paralelamente, la de su comercio interior; autoriza la convertibilidad de la peseta y una regulación del mercado de divisas; faculta al Gobierno para modificar las tarifas de determinados impuestos y al Ministerio de Hacienda para dictar normas acerca del volumen de créditos.

Es indudable que las medidas restrictivas de emergencia entrañaban un carácter transitorio. Superadas aquellas circunstancias, ha llegado el momento de iniciar una nueva etapa que permita colocar nuestra economía en una situación de más amplia libertad, de acuerdo con las obligaciones asumidas por España como miembro de pleno derecho de la OECE. La mayor flexibilidad económica que se establecerá gradualmente no supone en ningún caso que el Estado abdique del derecho y de la obligación de vigilar y fomentar el desarrollo económico del país. Por el contrario, esta función se podrá ejercer con mayor agilidad suprimiento intervenciones hoy innecesarias. La nueva etapa de nuestra vida comercial traerá sin duda consigo una relación adecuada de costos y precios, de acuerdo con las circunstancias reales de la demanda y la producción.

De este modo se espera obtener la estabilidad interna y externa de nuestra economía, el equilibrio de la balanza de pagos, el robustecimiento de la confianza en nuestro signo monetario y, en suma, la normalización de nuestra vida económica.

PLAN DE ESTABILIZACIÓN, 20-7-1959

LA OTRA CARA DEL DESARROLLO

¡Allí estaban las chabolas! Sobre un pequeño montículo en que concluía la carretera derruida, Amador se había alzado –como muchos siglos antes Moisés sobre un monte más alto– y señalaba con ademán solemne y con el estallido de la sonrisa de sus belfos gloriosos el vallizuelo escondido entre dos montañas altivas, una de escombrera y cascote, de ya vieja y expoliada basura ciudadana la otra (de la que la busca de los indígenas colindantes había extraído toda sustancia aprovechable valiosa o nutritiva) en el que florecían, pegados los unos a los otros, los soberbios alcázares de la miseria. La limitada llanura aparecía completamente ocupada por aquellas oníricas construcciones confeccionadas con maderas de embalaje de naranjas y latas de leche condensada, con láminas metálicas provenientes de envases de petróleo o de alquitrán, con onduladas uralitas recortadas irregularmente, con alguna que otra teja dispareja, con palos torcidos llegados de bosques muy lejanos, con trozos de manta que utilizó en su día el ejército de ocupación, con ciertas piedras graníticas redondeadas en refuerzo de cimientos que un glaciar cuaternario aportó a las morrenas gastadas de la estepa, con ladrillos de «gafa» uno a uno robados en la obra y traídos en el bolsillo de la gabardina, con adobes en que la frágil paja hace al barro lo que las barras de hierro al cemento hidráulico, con trozos redondeados de vasijas rotas en litúrgicas tabernas arruinadas, con redondeles de mimbre que antes fueron sombreros, con cabeceras de cama estilo imperio de las que se han desprendido ya en el Rastro los latones, con fragmentos de la barrera de una plaza de toros pintados todavía de color de herrumbre o sangre, con latas amarillas escritas en negro del queso de la ayuda americana, con piel humana y con sudor y lágrimas humanas congeladas. LUIS MARTÍN SANTOS, *Tiempo de silencio*

LA REBELIÓN UNIVERSITARIA

El Gobierno tiene la obligación de defender a las familias españolas que tienen hijos cursando estudios superiores de la tremenda tragedia de que la Universidad les devuelva a esos hijos sin saber nada, porque ni han estudiado ni les han dado clases, pero envenenados de cuerpo y alma quizá para toda su existencia. Varias familias han sido ya víctimas de esta terrible desgracia y ello tiene que irritar hasta el furor a toda conciencia honrada y hacer palidecer de horror y de vergüenza a aquellos a quienes su conciencia, que siempre es justa e implacable, les culpe de que por vanidad, resentimiento, o la pueril cursilería de presumir de antirrégimen, han sido cómplices de estas desgracias familiares de las que tendrán que dar cuenta a Dios. El Gobierno tiene que defender a la gran masa estudiantil que quiere aprender, que desea estudiar y que le dejen hacer sus carreras en orden y en paz; tiene que defender a la gran mayoría del profesorado que desea cumplir noblemente su augusta función de maestro explicando sus lecciones también en orden y en paz; y tiene igualmente la grave obligación de impedir que el esfuerzo económico de la sociedad, porque cada universitario cuesta anualmente muchos miles de pesetas al Estado, se vea malogrado estérilmente por la insensatez de unos pocos caídos en el ateísmo, en la droga y en el anarquismo, sabe Dios por qué medios inconfesables. Se trata de evitar la tremenda iniquidad de que unos pocos hagan perder sus mejores años a generaciones de estudiantes y obstaculicen la acción docente de ese estamento profesoral que la nación ha formado a costa de tanto sacrificio.

LUIS CARRERO BLANCO, «Discurso ante las Cortes», 7-2-1969

IGLESIA AGRADECIDA

Vivimos unos tiempos en que por ignorancia de unos, olvido de muchos y malicia de otros, conviene repetir y recordar y pregonar a todos los vientos que fuisteis Vos instrumento elegido por la Providencia para salvar la vida de la Iglesia en España, y defenderla, ayudarla y fortalecerla.

Sería imposible eumerar siquiera a grandes rasgos, los beneficios que la Iglesia os debe, y en particular esta amadísima diócesis tortosina.

Gracias, Excelencia, en primer lugar, por el que es fundamento y raíz de todos los demás: el beneficio de la liberación. Aunque obispo muy humilde, dentro de esta misma semana van a cumplirse los treinta años de mi nombramiento, y difícilmente haya otro que pueda comprender mejor el significado de esta palabra: liberación. Prelado a la vez las diócesis de Lérida y de Tortosa, como administrador apostólico en la primera y obispo coadjutor en la segunda, fui siguiendo durante todo un año las huellas de vuestros ejércitos victoriosos mientras redimían a nuestros pueblos del cautiverio rojo, y tomé posesión de ellos cuando aún humeaban, por así decirlo, las ruinas de nuestras iglesias incendiadas y estaba viva y caliente la sangre de nuestros mártires. Ni una sola iglesia sin profanar: todas saqueadas, devastadas, muchas derruidas, doscientos setenta sacerdotes inmolados en Lérida, trescientos en Tortosa... Alltares, imágenes, casas rectorales, archivos parroquiales, conventos, colegios religiosos [...] ¡Horrorosa visión aquella de las regiones recién liberadas! ¡No se me olvidará nunca en la vida!

Gracias, Excelencia, por el beneficio de estos veintisiete años de paz, durante los cuales hemos podido rehacer nuestra vida religiosa, restañar las sangrientas heridas y los tremendos desgarros sufridos en la persecución, repoblar de sacerdotes nuestras feligresías huérfanas de pastor.

Gracias, Excelencia, por el conjunto maravilloso de vuestras leyes y disposiciones en consonancia y armonía con el Evangelio y la doctrina de la Iglesia, apoyando nuestra labor ministerial, fomentando la enseñanza religiosa, defendiendo la moralidad pública, promoviendo los derechos de la familia y de nuestra religión católica.

Gracias, Excelencia, por el apoyo eficaz y efectivo de cuantiosas subvenciones en nuestros trabajos de construcción y reconstrucción material. Esta misma iglesia catedral, el palacio episcopal, el nuevo seminario diocesano, en funciones desde 1951; las iglesias parroquiales de esta ciudad y otras muchas, más de cincuenta; la casa diocesana de ejercicios espirituales, todavía en obras, son testigos elocuentes de esta ayuda generosa y constante.

MANUEL MOLL (OBISPO DE TORTOSA), «Alocución», 1966

¡LLEGAN LOS TURISTAS!

A cubierto de la ruidosa ola turística que, como maná del cielo, caía sobre el dormido y perezoso país en este abrasado verano de 1963 (la radio había anunciado exultante la entrada de cien mil vehículos por la frontera del Perthus durante el último fin de semana: franceses, suizos, belgas, holandeses, alemanes, ingleses, escandinavos que venían a ver corridas de toros, beber manzanilla, tenderse al sol como saurios, comer pizza y hot-dogs en flamantes cafeterías bautizadas con nombres carpetovetónicos y castizos tales que Westminster, Orlye, Saint-Trop, Whisky Club, l'Imprévu, Old England y otros; iniciar por fin al pueblo español en el ejercicio indispensable de los valores industriales y crematísticos, convirtiéndolo de golpe, por obra del radicalismo proverbial vuestro, en un fértil y lozano semillero de trepadores y chorizos) pensabas (desleída ya tu borrachera) en Ayuso y tu padre, en los muertos inútiles del 36 y del 39, en la amarga generación de los tuyos, condenada a envejecer sin juventud ni responsabilidades. Acodado en la baranda del mirador podías percibir el eco lejano de la caravana de automóviles que, como un río, circulaba día y noche por la carretera de la costa, absorberte otra vez en la quietud y el silencio del jardín familiar, desempolvar de tu memoria algún recuerdo tardío, meditar aún mientras estabas a tiempo.

JUAN GOYTISOLO, *Señas de identidad*

1978

LA LETRA DE LA DEMOCRACIA

CUANDO ESPAÑA DIO EJEMPLO

Cuatro décadas de ayuno electoral tocaban a su fin.
Bajo el gobierno de Adolfo Suárez,
los Pactos de la Moncloa, la Constitución de 1978
y los Estatutos autonómicos permitían a España
alcanzar al fin el tren de la Historia.
El mundo aplaudía
la transición democrática española.

España camisa blanca de mi esperanza
reseca historia que nos abrasa
con acercarse sólo a mirarla.
Paloma buscando cielos más estrellados
donde entendernos sin destrozarnos
donde sentarnos y conversar.
España camisa blanca de mi esperanza
de fuera o dentro dulce o amarga
de olor a incienso de cal y caña.
¿Quién puso el desasosiego en nuestras entrañas
nos hizo libres pero sin alas
nos dejó el hambre y se llevó el pan?

VÍCTOR MANUEL SAN JOSÉ , «España»

Algunos fueron a ver el féretro para comprobar si su inquilino estaba realmente muerto, pero los más se acercaron compungidos con ánimo de despedirle. El viejo general dormía en su interior mientras sus desobedientes hijos hacían por fin lo que les daba la gana. Hasta en los últimos años, su consumida figura y su hilo de voz habían sido un estorbo para la llegada de la ansiada democracia. A pesar de las manifestaciones ciudadanas, de la cada vez más nutrida oposición política, de los consejos al oído que hablaban de una jubilación tardía, Franco se murió en la cama, atesorando las arcas de poder que nadie se atrevió a quitarle en vida. Cuando las lágrimas de Arias Navarro salpicaron las pantallas de televisión de los hogares españoles, el champán fue la bebida más demandada por los que habrían deseado adelantar unos cuantos años el entierro.

La prueba democrática

Como en otros cambios de régimen, legiones de oportunistas, pillos o simplemente pusilánimes, cambiando su chaqueta, corrieron a situarse en la línea de salida de la prueba democrática. Los en seguida caballos ganadores se llevaron un buen lote de profesionales y empresarios que se habían beneficiado de la «paz laboral» y el autoritarismo de la dictadura. La nación española, asimilada manipuladoramente a la política cacique del franquismo, es la gran castigada de aquella hora, cuyo afán primordial se pone en salvar el Estado de los golpes de los violentos. Miles de conversos a los nacionalismos catalán y vasco tratan de borrar sus antiguas lealtades a golpe de intolerancia, al tiempo que desaparecen de la calle liturgias y emociones que recordaban el propio nombre de España. Comienza la carrera por ser más autonomista que nadie, en la que lo grotesco, insólito y oportunista alcanzan con comodidad difíciles plusmarcas.

Un espíritu nuevo se dejó entrever desde el primer discurso del rey Juan Carlos I, que, pese al testigo recogido de Franco, pasó por alto los dogmas anteriores de la guerra civil y el movimiento. Como no estaba dispuesto a aceptar el papel de continuador, alzó hasta la presidencia del gobierno a un desconocido Adolfo Suárez, un burócrata del antiguo régimen que le ayudaría a que el franquismo cerrase los ojos mientras sentía la espada de sus propias leyes internándose por sus venas. De este modo, las viejas Cortes franquistas autorizaron la transición a la democracia, que muchos españoles querían hacer llegar sin las violencias que los agoreros franquistas habían vaticinado.

Habrá un día
en que todos
al levantar la vista
veremos una tierra
que ponga libertad.
Hermano, aquí mi mano
será tuya mi frente
y tu gesto de siempre
caerá sin levantar
huracanes de miedo
ante la libertad.

JOSÉ ANTONIO LABORDETA,
«Himno a la libertad»

Después de más de cuarenta años de ayuno electoral obligatorio, los ciudadanos eligieron, en junio de 1977, a sus representantes parlamentarios con la ilusión de quien piensa que su voto puede, efectivamente, cambiar España. La coalición UCD, formada por minúsculos partidos de centro en torno al reclamo de Adolfo Suárez, obtiene la victoria sin mayoría absoluta, seguida del PSOE, capitaneado por Felipe González. De la sopa de letras de las agrupaciones políticas nacidas con la euforia del cambio surgía un bipartidismo imperfecto, característico del actual sistema de partidos: dos grandes formaciones de centro-derecha y centro-izquierda, flanqueadas por la derecha conservadora de Manuel Fraga y la izquierda eurocomunista de Santiago Carrillo. Asimismo, las elecciones manifestaron otra realidad política, vinculada en el franquismo a la reivindicación democrática: la existencia de una conciencia nacionalista en el País Vasco y Cataluña, donde los democristianos PNV y CIU conseguían una representación política considerable.

Por aquellas fechas, la transición política fue atropellada por la crisis económica mundial, que cabalgaba sobre el aumento del precio del barril de petróleo. De repente, la vida de los españoles fue invadida por los malos espíritus del paro, a causa de las capitulaciones de unas industrias que no podían hacer frente a los elevados costes de producción. Para mayor desgracia, la inflación alcanzaba límites alarmantes y el déficit público no hacía más que engordar en esa época de vacas flacas. Muchos empezaron a decir en voz alta que con Franco se vivía mejor, y la transición pudo haber sido ahogada por los antagonismos sociales, consecuencia del agravamiento de las condiciones económicas.

Para detener la escalada de la conflictividad, Adolfo Suárez recurrió a la política de acuerdos sociales realizados a tres bandas –gobierno, empresarios y partidos-sindicatos–, cuya puesta de largo en los Pactos de la Moncloa de octubre de 1977 fue uno de los mayores éxitos de la transición. Por medio de ellos, los partidos socialistas y comunistas con sus propios sindicatos convalidarían, en contra de sus convicciones ideológicas, el modelo económico y social establecido en los principios constitucionales. Las consecuencias en el decenio de los ochenta han sido –además del descenso de las reivindicaciones laborales– la aceptación, de hecho, por la clase obrera del sistema socioeconómico definido en la Constitución.

Fruto del acuerdo de casi todos los españoles representados por las principales fuerzas parlamentarias, la Constitución de 1978 se hacía un hueco en la historia como la primera pactada y no impuesta a la nación por el grupo ganador. La izquierda tenía una fervorosa tradición republicana, pero ahora con sentido práctico veían en la monarquía un buen instrumento para la reconciliación de los españoles. De esta manera, el déficit de legitimidad democrática que soportaba el rey Juan Carlos, por su condición de heredero del dictador, se compensaría con el refrendo mayoritario de la fórmula monárquica, recogida por la Constitución. Más liberal que muchas europeas, el texto de 1978 pretendió, asimismo, ceder poder a las regiones, recogiendo la reivindicación histórica de autonomía, encarnada desde comienzos de siglo por el despliegue de los nacionalistas catalanes y vascos. En los primeros días del posfranquismo, la sugestión anticentralista se manifestó con tanta intensidad que obligó a los políticos a imponerse como tarea inaplazable la reforma administrativa y territorial de España. De aquellos polvos y emociones regionalistas resultaría el Estado de las diecisiete autonomías, configurado a partir de 1978 y acompañado de conflictos, oposición y violencia. No sólo las «nacionalidades históricas» reconocidas por la República –Cataluña, País Vasco y Galicia– podrían tener Parlamento y gobierno propios, sino también todas las que lo solicitasen de acuerdo con el expediente constitucional.

Después de años de centralismo a ultranza, el modelo autonómico vino a recuperar, para bien o para mal, las fronteras emocionales o regionales, heredadas de la Historia. A esta resurrección contribuyó de forma importante la debilidad de los gobiernos de Suárez, incapaces de acotar el movimiento autonomista o de orientarlo sobre criterios económicos que superasen los impulsos cantonalistas inherentes a muchos deseos de autogobierno. Sobre argumentos historicistas se montaron, pues, distintas autonomías uniprovinciales, que no hicieron sino encarecer un proceso que preveía disminuir las cargas del Estado y acercar la administración al ciudadano. Como el sentimiento autonomista casi se reducía a Cataluña y el País Vasco, los políticos se empeñaron en crear una conciencia regional que sirviera de sustrato a la generalización del modelo autonómico. Copiando siempre a catalanes y vascos, se bombardeó a los ciudadanos de cada región con nuevas identidades y raíces, tratándoles de convencer de la necesidad de ser diferentes. A la voz de «café para todos» muchos españoles han tenido que aprender su lista local de reyes godos o balbucear algún idioma peninsular distinto del español o bien cualquier dialecto de éste. Y gobiernos regionales de un color y de otro han hecho esfuerzos agobiantes y dispendios difíciles de justificar desde una óptica racional para socializar a sus gentes en las pautas culturales de vulgar localismo que reviste de esplendor los pequeños sucesos que tienen lugar en la parroquia, el campo de fútbol o a la puerta de la taberna.

Pese a ser la primera que reconocía las reivindicaciones históricas vascas, la Constitución de 1978 no consiguió más que una respuesta abstencionista del PNV. En los nacionalismos, los símbolos tienen más importancia que las realidades; por ello los nacionalistas vascos prefirieron seguir jugando a no ser constitucionalmente españoles y a convencerse de que los fueros eran su única constitución. Luego vendrían sus jerigonzas para explicar, una vez aprobado el texto, su interés y diligencia en sacar adelante el Estatuto de Autonomía, hijo primogénito de la ley constitucional. Mientras el PNV discutía de soberanía, ETA hacía el trabajo sucio llegándose ingenuamente a pensar que sólo una capitulación del gobierno ante las reclamaciones peneuvistas la detendría. Para algunos sectores de la sociedad vasca, aquellos años fueron tiempos de verdadera angustia, vividos con un miedo hobbesiano, que actuó de mordaza de muchos ciudadanos, cuyas diferencias con el nacionalismo sólo pudieron ser desahogadas en privado. Al repique de muerte y extorsión de los campaneros de ETA, tanto la sociedad civil como la política, la religión, la cultura y la empresa, tuvieron que bailar. Y quiérase o no reconocer, algunas decisiones del poder no fueron sino «dictados» de los violentos, los mismos que en 1998 siguen asesinando demócratas en su intento de implantar la *miedocracia*.

Toda la unanimidad alcanzada por Suárez en el proceso de sustitución del régimen se vino abajo cuando llegó la hora de llevar el cambio democrático a la vida cotidiana de los españoles. Sin mayoría en el Parlamento, con los principales ayuntamientos en manos de la izquierda y una mezcla de ideologías y líderes fermentando en su interior, UCD debió hacer frente a asuntos tan espinosos como el divorcio, la enseñanza o el empleo. Ninguna ayuda podía esperar del partido socialista, empeñado en desgastar al gobierno y en ofrecer, por el contrario, una imagen de unidad, robustecida desde su ruptura con Marx. Empujado al precipicio de la inestabilidad por el ala democristiana de su coalición, Suárez decidió dejar de ser el primer presidente democrático del régimen de 1978 para traspasar el poder a Leopoldo Calvo Sotelo, un ingeniero de imagen triste, que no suscitó grandes esperanzas. La crisis política que vive el país, alimentada por una cadena de atentados etarras y los abucheos de los nacionalistas radicales de Herri Batasuna al rey en Guernica, culminarán el 23 de febrero de 1981 en una intentona involucionista. La pesadilla se había cumplido y el golpe de Estado era, al fin, una realidad; una realidad momentánea y grotesca, manifestada en la ocupación del Congreso de los Diputados por un destacamento de guardias civiles. Si bien no llegaron los golpistas a suplantar ni mucho menos el sistema democrático, como era su objetivo, suscitaron recelos contra la política autonómica en sectores del gobierno y los partidos de ámbito nacional. Por su decidido rechazo de la sublevación, los reyes Juan Carlos y Sofía redoblaron su apoyo popular y hasta merecieron el elogio de viejos corazones republicanos como el de Santiago Carrillo.

Nadie consigue detener el suicidio político de UCD, incapaz de mantener la disciplina parlamentaria en cuestiones como la universidad o las televisiones privadas. En plena desbandada, el partido centrista logró apretar las filas para meter a España en la OTAN, el sueño nunca cumplido con Franco, a causa de la resistencia de los miembros de la Alianza. La impopularidad de la medida erosiona aún más la imagen de

UCD en la opinión pública que, abandonada en brazos del PSOE, pide a gritos un cambio de política. Cansado, Calvo-Sotelo no espera a agotar la legislatura, sino que adelanta las elecciones a octubre de 1982 y, con ellas, la llegada de los portadores de la rosa, aún sin las espinas de la corrupción.

LA INICIATIVA POPULAR

Aunque Arias Navarro había declarado que el régimen «...no estaba en almoneda», los hechos eran más tozudos que las palabras de *Carnicerito de Málaga*, aguda calificación que le aplicaba Cuco Cerecedo en recuerdo de sus hazañas como fiscal represor en la Málaga de la posguerra. Las manifestaciones de Barcelona de febrero, el test de los recitales de Raimon y otros cantautores antirrégimen, el empeño de las fuerzas democráticas por convertir en realidad el eufemismo «conquistar espacios de libertad», convirtieron al gobierno de Arias Navarro en un corsé que reventaba día a día por todas sus junturas. Como en los boleros, coexistían el bien y el mal en proporciones generosas. Se envalentonaban los partidos clandestinos y los movimientos sociales reprimidos y al mismo tiempo las tramas ultras exigían del aparato policial y del militar una acción enérgica que a veces fue atendida, como en la descarga de fusilería contra el pueblo en Vitoria o en los asesinatos provocación de Montejurra. Al transfranquismo lo ponía en almoneda hasta el carlismo, que, bajo la batuta de Carlos Hugo y sus hermanas, había sufrido el milagro de la transustanciación para convertirse en carlismo-leninismo, y aunque Fraga, ministro de la Gobernación, aseguraba que la calle era suya, era evidente que se la empezaban a repartir las vanguardias de las fuerzas sociales antirrégimen y las policías paralelas, en clara complicidad con los aparatos represivos oficiales, complicidad que se mantendría hasta los atentados de *El Papus* y de Atocha, y que se resituaría cuando se impuso la guerra sucia contra el terrorismo, antes y durante el GAL.

Todavía en 1976 las fuerzas defensivas del transfranquismo trataban de salvar todo lo posible del régimen y disuadir a la izquierda mediante el terror. En los laboratorios más o menos secretos de la transición, el Departamento de Estado, el Vaticano, la II Internacional utilizaban la ingeniería gené-

tica para producir especímenes imprescindibles para la irreversible transición: generales demócratas, partidos de centro moderados y una izquierda con un anillo y una fecha por dentro que siguiera llamándose PSOE, porque mejor nombre era imposible encontrarlo. MANUEL VÁZQUEZ MONTALBÁN,
«La calle ya no era de ellos»,
Memoria de la transición

EL TEMOR A LOS COMUNISTAS

Todo empezó, a mi juicio, al atardecer del 26 de enero de 1977.

Cuarenta y cuatro horas antes, en uno de los crímenes más absurdos de nuestra transición política, habían sido asesinados los abogados laboralistas de un despacho de la calle de Atocha, y un día después se había producido la gigantesca manifestación de duelo que partiendo del Colegio de Abogados inundó las calles de Madrid.

En ésta el Partido Comunista, con la solidaridad de toda la izquierda política, había concentrado decenas de millares de militantes disciplinados, puños en alto y claveles rojos, en un evidente alarde de organización y de fuerza. Este hecho afectó seriamente a los planteamientos políticos de Adolfo Suárez quien, a partir de entonces, empezó a pensar si era posible llegar a las elecciones generales con el Partido Comunista fuera de la ley; y quizá –no lo sé– a alguien más.

Lo cierto es que no antes, sino siempre a partir de esa fecha, Adolfo Suárez me repitió más de una vez, interrogándose a sí mismo en voz alta: «Y si los comunistas ocupan un día la calle, no pacíficamente como en el entierro de Atocha, ¿qué hacemos, les disolvemos por la violencia?; y si insisten, ¿les ametrallamos?; y si se presentan masivamente en las comisarías alardeando de su militancia, ¿les detenemos a todos?».

No me lo decía para que le contestase; lo hacía porque le preocupaba que toda la operación política de la reforma constitucional fracasase al final. ALFONSO OSORIO,
Trayectoria política de un ministro de la Corona

EL ENSAYO DEL CONSENSO

Si los Pactos de la Moncloa se elevaron a la categoría de símbolos fue por varias razones, entre otras porque para las comadronas de esta primera transición constituía el paradigma del bien hacer político: un puñado de notables representaban a un conjunto de ciudadanos inexpertos, incapacitados para entender las dificultades de la economía. Lo que enunciado por dos políticos de la formación técnica de Adolfo Suárez y Santiago Carrillo resultaba algo sarcástico. Según los expertos el valor estabilizador de estos pactos se reducía al aspecto político.

Los Pactos de la Moncloa son obra de la voluntad de los líderes de UCD y del PCE, y son más importantes por sus consecuencias políticas que por las económicas. Paradójico asunto, dado que hubo unanimidad en lo económico y divergencia en lo político. Esa decisión voluntaria y empecinada de Suárez y Carrillo forzando al resto de las fuerzas políticas consagró el principio de la profesionalización; quizá más que las propias elecciones de 1977. Entre los dos controlaban la vida política, económica y sindical. Un líder de la derecha y otro de la izquierda confirmaban su nivel de estadistas. Por encima de sus intereses partidarios ponían las necesidades del país, según la eufemística y falaz fórmula que designa al hombre de Estado distinguiéndolo del hombre de partido. Tanto más eufemística y falaz tratándose de dos individuos para quienes Estado y partido no podían separarse de su carrera política, personal e intransferible.

GREGORIO MORÁN, *El precio de la transición*

LAS LIBERTADES CONQUISTADAS

La Constitución española de 1978 incluye la larga lista de nuestras libertades. Ya están ahí. Periódicamente, durante breves espacios de tiempo, con la fugacidad de las hojas shakesperianas, las libertades se proclaman en España.

Luego, también periódicamente, en espacios más largos, se formula la pregunta: «Libertad, para qué»; y nos quedamos esperando, luchando por otro momento de plenitud. Por eso, los españoles tienen un profundo escepticismo histórico. Demasiadas veces hemos vivido de temblorosas ilusiones y tibios sueños [...]

Hay que comenzar por afirmar que la lista de derechos fundamentales y libertades es el resultado de una apasionante lucha histórica. Cada una de esas libertades ha sido conquistada. La esclavitud ha durado, oficialmente, hasta hace un siglo. El voto censitario, la exclusión de las mujeres del derecho de voto han durado hasta ayer. El derecho a la libre asociación sindical tiene, en España, miles de muertos en su historia. Ejecutados por declarar una huelga, los ha habido incluso en Estados Unidos, hace menos de un siglo; o por pedir la jornada de ocho horas. Porque la llamada economía de mercado no estableció, hasta hace poco, la jornada y las condiciones de trabajo. De esta forma eran libres los niños de doce años que trabajaban en las minas, o las madres que atendían a sus hijos recién nacidos en el lugar de trabajo. Estos derechos, estas declaraciones de nuestra Constitución, tienen el valor de una planta frágil, trabajosamente cultivada, crecida en un ambiente hostil, vulnerable ante el fanatismo, la intolerancia, el integrismo, o sencillamente, ante ese deseo español de acercarse, de cuando en cuando, al vértigo de grandes precipicios.

FRANCISCO FERNÁNDEZ ORDÓÑEZ, *La España necesaria*

LA LEGITIMACIÓN DE LA VIOLENCIA

Aquí en esta iglesia vacía no estamos solos. Nos acompañan miles y miles de euskaldunes identificados con las ideas y sentimientos y la lucha de José Miguel. Este espacio está frío y vacío sólo aparentemente. Está lleno de luchadores por una Euskal Herria independiente, reunificada, socialista y euskaldún. Tampoco estamos solos porque aquí hay alguien que nos acompaña y nos comprende perfectamente en este momento dramático, pero también histórico, del asesinato de nuestro hijo, hermano y compañero entrañable José Miguel. Dios es perfectamente humano y amigo de los hombres. Dios es el buen samaritano que comprende y ayuda en el drama de la vida y la muerte. Dios es el padre del hijo pródigo, que sólo sabe perdonar, ir a nuestro encuentro, abrazarnos y entendernos. Dios es Jesús mismo perdonando a la mujer adúltera y a decenas de pecadores públicos. Dios no es justo. Dios sólo es misericordioso, lleno de ternura y debilidad por el hombre. Dios es el mejor padre y la mejor madre que hayan podido pasar por este mundo. Yo estoy totalmente convencido de que Dios ha recibido perfectamente a José Miguel y le ha aceptado sin ninguna reserva.

Para mí es un consuelo saber que José Miguel ha hecho de una forma privilegiada historia de Euskadi y ha influido decisivamente en la historia de nuestro pueblo. Él ya es un capítulo de la historia vasca. Su paso por esta vida no ha sido vacío, inútil. Ha dejado en nuestra comunidad nacional una huella importante, por su gran inteligencia, por su enorme lucidez mental, por la llamativa limpieza de su vida. José Miguel ha sido sin duda uno de los vascos más importantes de estos últimos años y esto, en medio de la dramática tragedia de estos momentos, es un consuelo y es un estímulo.

Incluso la lucha armada, con sus enormes contradicciones como toda obra humana, no es ajena a Dios y al Evangelio de Jesús. Jesús mismo vivió personalmente esta cuestión, Él perteneció a un pueblo pequeño de una enorme conciencia nacional, pueblo de larga historia de nacionalismo, siempre a la defensa desesperada de su identidad nacional, de su soberanía siempre en peligro. Jesús vivió la ocupación de su pueblo por el romano extranjero y fue testigo y actor de los esfuerzos de liberación nacional, tenaces y frecuentes, de la nacionalidad hebrea.

HOMILÍA EN EL FUNERAL DEL ETARRA ARGALA, 24-12-1978

NOSTALGIA DE LAS VIEJAS COSTUMBRES

La libertad sexual es notoria en la vida cotidiana: chicas y chicos retozan libremente en los parques públicos y luego tiran en cualquier parte los preservativos que anuncia la televisión y recomienda el partido socialista en sus centros de planificación familiar. Los niños reciben lecciones de cómo hacerlo, y hay maestros que, además de explicarles la anatomía y la fisiología del sexo, les enseñan que la naturaleza no nos lo ha dado para procrear, sino para pasarlo chupi con la pareja libremente elegida. O sin ella, puesto que la masturbación les parece una práctica higiénica y lúdica muy recomendable. La presencia del sexo se advierte en todas partes y a cualquier hora. Existen numerosos prostíbulos y mercados callejeros de mujeres y sodomitas, películas pornográficas para todo tipo de caprichos, tendencias o aberraciones, dejó de estar mal visto el adulterio, se hace propaganda oficial del aborto, se exhiben en televisión coitos, bestialismo, relaciones homosexuales, violaciones, tanto en programas educativos o informativos como en programas cinematográficos. Hay toda la libertad, y si españoles y españolas no hacen mayor uso de ella, es por autocensura y pudor innato. Los listos y charlatanes de la izquierda lo atribuyen a incultura y al largo período histórico de hipocresía y represión, que ya no abarca solamente los manoseados cuarenta años, sino la milenaria vigencia de la civilización judeocristiana.

ÁNGEL PALOMINO, «La vida cotidiana»,
España diez años después de Franco (1975-1985)

1992

EL AÑO MÁS INTERNACIONAL DE ESPAÑA

AL CALABOZO EN TRAJE DE GALA

Una larga cadena de errores y corruptelas se precipitó sobre España a finales de los ochenta. Las costosas celebraciones de 1992 –de la Expo de Sevilla a los Juegos Olímpicos de Barcelona– quisieron tapar la tormenta que se avecinaba, pero no hicieron sino empeorarla. Aun así, la sociedad española siguió avanzando en el camino del bienestar y la igualdad.

Tu pasado eres tú
y al mismo tiempo eres
la aurora que aún no alumbra nuestros campos.
Tú sola sobrevives
aunque venga la muerte,
sólo en ti está la fuerza
de hacernos esperar a ciegas el futuro.

LUIS CERNUDA, «Elegía española»

Miles de rosas se lanzaron por los aires en aquella noche de otoño, celebrando el triunfo electoral más aplastante de todos los tiempos. Los descamisados, los adoradores de la tortilla de patata entre rebanadas de pan de aldea supieron, gracias a su magia populista y estilo moderno, contagiar de ilusión a toda una sociedad con su filosofía de cambio, la nueva religión del futuro. Y los españoles votaron en esas elecciones de octubre de 1982 a los únicos políticos que eran capaces de anunciarles a grito pelado la buena nueva, que las cosas iban a cambiar, que los ricos no iban a ganar siempre, que mirarían a la gente a la cara y que, por lo menos, sabrían escuchar sus problemas. El PSOE ganó los comicios no por prometer ochocientos mil puestos de trabajo, sino por asegurar que la democracia dejaría de ser algo sobrentendido, donde todo se diera por concluido tras la redacción de la Constitución. En España todavía había mucho por hacer y millones de eufóricos confiaron esa madrugada que el nuevo presidente del gobierno, Felipe González, cumpliese sus promesas de honradez, cambio y modernización. Lo de entrar en Europa no importaba tanto. Frente a los ganadores y a costa de la ruina de UCD, Manuel Fraga con su Alianza Popular obtenía un premio a la perseverancia, convirtiéndose en el gran patrón de la derecha española.

Por fin, el país, pensaba Felipe González, tenía un «gobierno que gobierna», cuyos objetivos primordiales se centraban en la lucha contra la crisis económica y el paro, en el esfuerzo por conseguir una sociedad más igualitaria y en la reforma de la administración del estado, junto con el aumento de la presencia exterior de España. Al breve tiempo de gestión socialista, la sombra del intervencionismo militar deja de planear sobre la democracia española y los nombres de los generales, por vez primera en doscientos años, son desconocidos por la opinión pública. Consumado el proceso democratizador, los socialistas se entregan a la tarea de modernización de España, que en su lenguaje equivalía a parecerse a Europa. Si con los gabinetes de UCD España había dejado de ser *diferente*, se trataba, a partir de ahora, de hacerla *parecida*. La *europeización* permitiría a los españoles encontrar el camino del bienestar y de la mejora de la calidad de vida.

Poco duró la alegría, pues, tras algunas vacilaciones, el gobierno socialista afrontó la impopularidad de emplear el bisturí en el sector industrial público creado por Franco y de promover el necesario reajuste económico. Muchos comprendieron que la situación había llegado a un punto en el que era ineludible tomar medidas drásticas que ningún otro gobierno se había atrevido a tomar y admiraron la valentía de los jóvenes políticos. Los hombres y mujeres afectados por las medidas de «reconversión» del ejecutivo, con el paro como único y quizá último destino, sintieron que el PSOE les había engañado y que todo seguiría igual que antes.

Los socialistas tuvieron que acostumbrarse a las manifestaciones, a los abucheos masivos por los diarios cierres de empresas, pues la reconversión fue en realidad el desmantelamiento de numerosas fábricas dedicadas a la siderurgia, la construcción naval y los electrodomésticos. Salvo la red eléctrica de alta tensión, los socialistas no efectuaron nacionalización alguna y si en 1983 el Estado se hizo cargo, por vía de urgencia, de Rumasa, enorme *holding* implicado en fraudes, fue para en seguida ponerlo, a trozos, en manos privadas. Entretanto, el paro no cesa de subir, pasando del 16% de 1982 al 22% tres años después. Mientras al cabeza de familia le echaban de su empresa de toda la vida, la mujer aceptaba un empleo mal pagado y sus vástagos, muchos de ellos con carrera universitaria, esperaban con ansiedad el primer empleo. Son los hijos de la democracia, la generación mejor preparada de la historia de España, que se pudrirá en las largas listas del INEM. Como antídoto del ocio forzoso, el gobierno impulsará una política de contratación temporal, que servirá para aliviar el panorama a cambio de empleo de baja calidad y mal remunerado. Trabajadores de segunda clase, con todas las facilidades para ser despedidos si la situación de la empresa lo aconseja.

Con su negro protagonismo en la historia de España, la crisis de la agricultura revela el envejecimiento de la población ocupada y la errática gestión del gobierno socialista que, al negociar la entrada en la Comunidad Europea, sacrificó el agro a cambio de un trato favorable en otras materias. Desbandada tras desbandada, el campo español agoniza a la par que las industrias alimentarias pasan a manos extranjeras y los gabinetes de PSOE ofrecen dinero a los labradores para que tiren la toalla. Es el final infeliz del desarraigo campesino sobre el que cabalgó el «milagro económico» y que ha hecho de España una nación de ciudades desperdigadas en medio de desiertos.

Tras largos años de negociación, en enero de 1986 España entra en la Comunidad Europea, recobrando su identidad continental que le había sido negada durante dos siglos. Cuando se rubricó el histórico documento, muchos soñaron con un mercado de cientos de millones de consumidores que vivirían siete años después en unos países sin aduanas. Sin embargo, también sintieron un sudor frío cuando imaginaron las poderosas industrias europeas desembarcando sus productos en las tiendas españolas. El viejo proteccionismo español moría en Bruselas. Desde esa hora, la estabilidad de la peseta, reforzada con su ingreso en el Sistema Monetario Europeo, y los elevados tipos de interés bombearon sobre España un gran caudal de dinero extranjero, que hinchó la economía, fomentando altas tasas de crecimiento. La prosperidad permitió a los gobiernos socialistas extender notablemente las prestaciones sociales y avanzar en la consolidación del Estado del Bienestar. Con los recursos aportados por la aplicación más rigurosa de la reforma fiscal de UCD, se logró aumentar el número de beneficiarios de la Seguridad Social mientras que, a expensas del sector privado, se ensanchó la participación del Estado en la educación y la sanidad, los dos bienes preferentes en las sociedades avanzadas. El esfuerzo de los gabinetes del PSOE también se centró en acortar la distancia que separaba España de Europa en cuanto a infraestructuras de comunicaciones, pudiendo, al menos, recuperar retrasos recientes. Con el pretexto de Europa, los socialistas se deciden a practicar abiertamente la política neoliberal que siempre desearon aplicar y se ganan el aplauso de la banca y los empresarios. Por el contrario, los sindicatos se encrespan y, en 1988, la UGT decide romper con sus antiguos compañeros y camaradas del PSOE mediante la organización de una huelga general que paraliza el país, pero que no impide a los socialistas renovar por tercera vez consecutiva su mayoría absoluta.

Mientras los gobernantes socialistas reparten patentes de «progresismo» y declaran abolidos los privilegios, la sociedad contempla cómo el Estado se convierte en un asunto de familia. En las comunidades autónomas, cualesquiera sean sus gestores, el cotarro es semejante... o, tal vez, peor, porque como decía el gallego resignado «ya que caciques siempre los ha de haber, es mejor tenerlos lejos». Los españoles que soñaron con una *meritocracia* pronto se dan cuenta de que están en una *carnetocracia*, pues los dedos se les hacen huéspedes a los partidos políticos y acaban fiándose sólo de sus clientes, amigos y portadores de carnet. La empleomanía crece con fuerza y emparenta la democracia de 1978 con otra más deshonesta, la de la España de la Restauración, en la que pocos se rasgaban las vestiduras porque un ministro convirtiese a su barbero en bibliotecario de El Escorial. Quien ha pagado los platos rotos de la desmesura no ha sido sino la propia democracia y el crédito que los españoles otorgaron a sus representantes, de día en día más castigados por el escepticismo y la abstención.

A finales de 1990, la crisis económica se instalaba en España y sacudía con fuerza los cimientos de la cultura especulativa y financiera, que durante la era socialista se había impuesto a la empresarial, haciendo nacer una generación de hombres de negocios, especializada en operaciones mercantiles rápidas con gigantescas plusvalías. Definitivamente, las promesas de convertir España en un país rico quedaron rotas y para celebrarlo el gobierno decidió gastarse el dinero que no tenía en organizar unos actos festivos cuya magnitud suscitó perplejidad en las demás naciones. Ese año de 1992 fue algo más que el 500 aniversario del descubrimiento de América, fue una especie de gran exorcismo con el que los socialistas intentaron hacer frente a los malos espíritus del desastre económico. Fue, asimismo, el gran escaparate de la proyección internacional de España, la confirmación de la modernidad de un país plenamente europeo.

Barcelona y Sevilla quedaron rediseñadas como grandes urbes y resultaron las grandes beneficiadas de unos acontecimientos cuya organización, a pesar del permanente complejo de inferioridad de los españoles, estuvo a la altura de las circunstancias, aunque el miedo a hacer el ridículo llegó a jugar más de una mala pasada. La Olimpiada de Barcelona, con la mayor representación de atletas de la historia, no pudo salir mejor, si bien las reivindicaciones catalanistas apoyadas tácitamente por la Generalitat caldearon los ánimos en los primeros días de los juegos. Mientras tanto, los sufridos visitantes se agolpaban ante las puertas de la Exposición Universal de Sevilla, un parque de atracciones, en el que se había invertido medio billón de pesetas. Pese al dispendio, las enormes inversiones en infraestructuras, al amparo de la Expo, han sido el intento más serio de sacar al sur de su aislamiento y dar esperanza a la mayor bolsa de marginación del país. Por el contrario, España perdía una excelente oportunidad de hacer balance de sus relaciones con Iberoamérica y, sobre todo, de incorporar su mestizaje americano al proyecto definitivo de la Europa unida.

Todo se vino abajo tras los últimos fuegos artificiales de la ceremonia que clausuraba los mejores juegos olímpicos de la historia, del acto festivo que cerró el escaparate de las vanidades tecnológicas de la Expo. Asombrar al mundo costó demasiado a un país que, al término de los grandes eventos, se encontró con la crisis económica recrecida y un paquete de tres millones de parados que no encuentran alivio por sentirse más europeos. Para colmo de males, la clase política no consigue eliminar el olor a podrido y a dinero sucio que de sus filas emana. Antes al contrario, al grito de «y tú más» los políticos de todo color dejan boquiabiertos a los ciudadanos destapando la olla de la corrupción del poder y sus espesos tentáculos. Si en 1991 fue el vicepresidente del gobierno Alfonso Guerra el que hubo de dimitir salpicado por un escándalo familiar de tráfico de influencias, tres años más tarde las cárceles españolas se poblaban de altos mandos de la seguridad del Estado, acusados de organizar la trama mortífera anti-etarra de los GAL, y de banqueros denunciados por fraude. Y la Guardia Civil se metía en casa para celebrar el 150 aniversario de su fundación, avergonzada por la actividad mafiosa de su director general, huido de la justicia.

En las elecciones de junio de 1993, los españoles habían tenido que elegir entre lo malo conocido o la derecha por conocer y optaron por el perdón condicional a González, dejando a José María Aznar a unos metros todavía de la Moncloa. El partido ganador forzará en los meses siguientes el concurso de los nacionalistas, seducidos por trasvases tributarios y de competencias, pero no podrá impedir una nueva embestida de su propio sindicalismo en la huelga general de enero del año 1994. Cuando llegan las primeras noticias de la despedida de la crisis económica, España se despierta todos los días con un nuevo caso delictivo en los aledaños del poder. El descrédito alcanza de lleno a los socialistas pero tampoco redime al PP, al que se le acusa de no ofrecer un programa alternativo.

EL PUÑO Y LA ROSA

EL CAMBIO

Los ochenta no empezaron en 1980, sino tal vez uno o dos años más tarde, cuando yo ya estaba olvidándome del cuartel, cuando los socialistas ganaron por primera vez unas elecciones generales, cuando los profesores de instituto y de universidad se afeitaron las barbas y abandonaron el Ducados en beneficio del Marlboro o del jogging, cuando un viejo actor teñido y maquillado como un bujarrón que se dormía en las reuniones y consultaba astrólogos fue presidente de los Estados Unidos, cuando algunos concejales de izquierdas empezaron a forrarse con las recalificaciones de terrenos o las contratas para el suministro de cubos de basura, cuando esos mismos concejales de izquierdas empezaron a adquirir saberes gastronómicos y hábitos suntuarios, cuando el Bertolucci al que todos ellos habían adorado descubrió el misticismo oriental, cuando los militares españoles, no se sabe en virtud de qué razonamiento o de qué conjuro, de qué transmutación mental, decidieron que nunca más iban a interferirse en las decisiones del poder civil, a condición de que éste no se interfiera demasiado en las irrealidades del poder militar. ANTONIO MUÑOZ MOLINA, *Ardor guerrero*

DE MADRID AL CIELO

El gran mérito del alcalde Tierno ha sido deslindar en Madrid lo que era burocracia centralista de lo que es vitalidad propia de la gran urbe. La promoción y lanzamiento de la simpática y pintoresca movida ha limpiado la imagen de Madrid de sus hirientes salpicaduras franquistas [...]

Esto lo ha afrontado Tierno magistralmente separando el Madrid cultural y castizo del Madrid-burocracia.

Y si lo ha conseguido es porque la verdadera, auténtica-movida madrileña había sucedido ya: fue el paso de una ciudad burócrata, alimentada por la centralización parasitaria, a una metrópoli industrial y de oficinas multinacionales que comenzó a generar riqueza propia. La movida madrileña no está en los *pubs* nocturnos, sino en los despachos de los *yuppies*. Dejando de lado nuestras preferencias noctámbulas, debemos reconocer y celebrar esta transmutación alquímico-económica de Madrid, que es uno de los puntales del nuevo equilibrio económico y político de España. La industrialización de Madrid, junto con la descentralización de tareas administrativas a los gobiernos autonómicos, es otra de las portentosas transformaciones que han puesto fin a la «edad conflictiva». Ahora Madrid aprende inglés y los castizos bailan rock, las hamburguesas desplazan a los churros, los tejanos a la pana. ¿Qué dirían los del 98 si levantaran la cabeza? «¡Dios mío, qué es España!». Dios nos ha concedido –con el mazo dando– el milagro de la industrialización, que ha cambiado tantas cosas.

LUIS RACIONERO, *España en Europa*

LA MEJORA DE ESPAÑA...

Los socialistas han tenido el privilegio de encontrarse en una posición inigualable para aplicar el viejo programa regeneracionista español. En este aspecto sí ha sido productiva la mayoría absoluta de sus tres primeras legislaturas. La modernización ha sido un hecho, si bien en unos sectores más claramente que en otros. Ha habido una mejora en las infraestructuras, cuyo rendimiento es poco visible a corto plazo, pero sienta las bases para el desarrollo futuro. La red viaria ha aumentado mucho su capacidad. También ha mejorado la red de telecomunicaciones –si bien con altibajos, dada la política errática del monopolio de la telefonía mientras subsistió–, que es básica para una sociedad dinámica. Parte de estas mejoras se hizo aprovechando las coincidencias de 1992 (V Centenario, Exposición Universal de Sevilla y Juegos Olímpicos en Barcelona), si bien los buenos resultados finales se vieron empañados por el comienzo de la crisis económica. Las otras facetas de la modernización han tenido que ver con las reformas militar, educativa, sanitaria y administrativa, que han dado resultados desiguales; los más insatisfactorios quizá hayan sido los de la Administración, que todavía está esperando una reorganización general en profundidad. RAMÓN COTARELO, *La Conspiración*

...O UN GRAN ESPEJISMO

Lo que ha sucedido en España entre 1986 y 1992 no tiene comparación posible con los anteriores avatares de nuestra economía. El dinero –que in excelsis se pregonó que se hacía aquí más fácil y más rápidamente que en ningún otro sitio– suscitó una falaz impresión de seguridad y de riqueza; impresión fomentada por los políticos, a los que convenía atribuirse semejante falso éxito. Todo el país se transformó en la ciudad alegre y confiada. Estábamos de moda; teníamos dinero, inversiones escalofriantes del exterior, optimismo, y una peseta fuerte que nos encarecía. Todo iba a durar. Casi nadie pensó en la almoneda que se hacía de España; casi nadie pensó que, sin terminar aún el glorioso y faraónico 92, se iba a retirar buena parte de los capitales extranjeros. Por eso, los economistas de ese período de vacas gordas, en lugar de bajar los impuestos, o gastar en inversiones públicas rentables (no enloquecidas, como el AVE), o amortizar parte de la deuda pública, quisieron instalar el Estado del bienestar, que ya los suecos por entonces habían decidido dar de lado. El consumismo se aposentó entre nosotros con la fuerza de un rey; más, con la fuerza de un dios. La educación de nuestros niños fue –y es– absolutamente boba, destructiva, exigente, desproporcionada con la fortuna de su país. Nuestros jóvenes, parados por lo general y encogidos de hombros, se contentaban –y se contentan– con esperar una oportunidad que (antes o después, preparados o no) va a dárseles porque son nuestros herederos únicos.

ANTONIO GALA, «La sociedad nueva», Anuario *El Mundo*, 1993

PIES DE BARRO

A la salida de la Audiencia Nacional, algunos ciudadanos y ciudadanas insultan al acusado («miserable», «ladrón»). Probablemente sean accionistas saqueados, o personas rencorosas a las que les gusta el arrastre. Hablamos del regocijo que expresaban las mujeres de París cuando eran conducidos a la guillotina primero los aristócratas y después los revolucionarios. Pero nunca hablamos del deleite, el júbilo y el placer que a los españoles les provoca el linchamiento de alguien que haya sido poderoso. Aquí el odio se completa con la envidia.

Muchos de los que con Mario Conde cazaron jabalíes tal vez no sientan alegría cuando lo ven en el banquillo. Los que le dan el cante pertenecen a la anónima ciudadanía, a la clase siempre esquilmada [...]

Pero no se juzga a Mario por su ambición política o su capacidad de disidencia, ni siquiera por el desastroso exceso de autocartera, acumulación de fallidos, el banco a pique; sino porque, como demuestra la desaparición de los 600 millones, montó «una noria disparatada, una estúpida ruleta rusa que acabó matándole». Aspiró a ser consejero del Príncipe, y también Príncipe: Médicis y Maquiavelo. Se pegó la hostia, seguramente porque la codicia se le puso en los ojos como la venda del caballo de pica.

RAÚL DEL POZO, *Una derecha sin héroes*

FRACASOS AJENOS, TRIUNFOS PROPIOS

Se equivocarían Aznar y los suyos si creyesen a pie juntillo que los españoles les votaron por sus virtudes, cuando lo más probable es que se pronunciaran, a la contra, frente al favor, el trapicheo, la carta de naturaleza de la comisión fraudulenta y la mangancia desorbitada que proliferaron en el país no a consecuencia del programa del partido derrotado, en cuya consideración no he de entrar ahora, sino a resultas de su prolongada permanencia en el poder. Las urnas, lo repito una vez más, dan el poder legítimo y el derecho y el deber de administrar y gobernar el procomún, es cierto y así lo entendemos todos y no lo discute nadie ni nadie lo pone en tela de juicio, pero no regalan ni la seriedad de espíritu ni la prudencia política, cuyas carencias suelen pagarse muy caras; repárese en que no aludo a la decencia, condición que, como el valor militar al soldado, se le supone al gobernante hasta que demuestra lo contrario, ni la experiencia, adorno que es más exigible al Estado, o sea, a las instituciones, que al Gobierno, que puede ser movible a voluntad: por esencia y por sí o por presencia y causa de los demás, que es el caso de ahora.

CAMILO JOSÉ CELA, *El color de la mañana*

Un fantasma de estandartes
una bandera quimérica
un mito de patrias: una
grave ficción de fronteras.

MIGUEL HERNÁNDEZ,
Cancionero y romancero de ausencias

EPÍLOGO

Acorde con los pronósticos el Partido Popular barre en las elecciones municipales y autonómicas de 1995, aunque el PSOE se consuela al no cumplirse el vaticinio de un resultado peor. Las victorias de los populares redoblan la ofensiva contra el gabinete socialista, pero también intensifican la resistencia de Felipe González a convocar elecciones generales. El enfrentamiento entre el gobierno y la oposición es cada vez más enconado, pues a los populares no hay quien les haga abandonar su petición de adelanto de las elecciones: «Váyase, señor González». Las encuestas confirman el progreso continuo del PP, que se esfuerza en ganarse el centro sin perder la derecha. Los habitantes de las ciudades, la población joven o la de mayor nivel educativo retiran, en un creciente porcentaje, su apoyo al PSOE al tiempo que lo mantienen las áreas rurales y las personas mayores. Nada más revelador del cambio producido que la pérdida para los socialistas de tres de las cuatro principales ciudades del país: sólo Barcelona permanece fiel a ellos.

El camino del PP hacia el centro vino acompañado por el empeño en rejuvenecer su dirección para sintonizar con los nuevos votantes ajenos a las experiencias vividas en el franquismo y el arranque de la transición. Por otra parte, las responsabilidades asignadas a las mujeres en el Parlamento y los municipios manifestaban un deseo de modernización del partido que también se hizo visible en la moderación de sus posiciones doctrinales en asuntos como el divorcio o la despenalización del aborto en ciertos casos. Su imagen de unidad, bajo el control de Aznar, frente a un PSOE con desavenencias, era asimismo una garantía del triunfo en las elecciones generales que González tendría que convocar cuando los nacionalistas catalanes le retirasen su apoyo.

En verano, los incendios forestales y la tierra resquebrajada por la obstinada sequía exhiben las vergüenzas de un país falto de previsión y acequias. El grito de la España seca, buscando saciar su sed se hace estremecedor, pero no encuentra respuesta adecuada por la falta de una política nacional que aplaque los egoísmos regionales e imponga un equilibrio entre las cuencas de los ríos. En septiembre de 1995, Pujol interpretó que, a causa de los escándalos de corrupción y el GAL, su alianza parlamentaria con el PSOE podía en Cataluña perjudicar electoralmente a CIU, que también arrastraba algunos casos de tráfico de influencias. No obstante, a los nacionalistas de Pujol también les llegó el reflujo del desprestigio socialista y el cansancio de los catalanes por su pertinaz gestión. CIU pierde la mayoría absoluta en las elecciones autonómicas a la par que el PP aumenta sus escaños con votos recogidos en parecidas clientelas.

Pisándole los talones las responsabilidades del GAL, Felipe González se empeña en lavar la cara del PSOE ante las próximas elecciones, en las que será candidato. Ha terminado con éxito su presidencia de la Unión Europea y ha logrado catapultar a Solana a la secretaría general de la OTAN. En casa, González anuncia la subida de las jubilaciones y los sueldos de los funcionarios congelados durante dos años. Además llueve con contundencia sobre la España sedienta. Aun así, los sondeos se lo ponen muy negro.

En marzo de 1996 tienen lugar las elecciones legislativas, precedidas de una campaña agitada. El PSOE fundamentó su estrategia de mítines en el protagonismo exclusivo de Felipe González y en la creación de un clima electoral de «miedo a la derecha», que ya le había dado buen resultado en la consulta de 1993. Por su parte, Aznar y sus colaboradores se esforzaron en presentar al PP como un partido de centro, el adecuado para una «regeneración moral» de la democracia, tan necesaria después de los escándalos atribuidos a los socialistas. También Julio Anguita abundó en ataques a la «gestión neoliberal» del PSOE y sus corrupciones mientras hacía de Izquierda Unida la depositaria del monopolio y la bandera de la honradez. Previendo el inmediato futuro, Pujol hizo cabalgar su campaña sobre el lema «para seguir siendo claves».

Contra la generalidad de los pronósticos, la victoria del Partido Popular resultó muy deslucida, al faltarle veinte escaños para la mayoría absoluta en tanto que el Partido Socialista lograba una dulce derrota que le permitía erigirse en el «perdedor victorioso». Pese a los escándalos en que se vio envuelta la administración socialista, a muchos españoles les costó votar al PP, bien porque no se imaginaban a Aznar, un líder con poco carisma, al frente del gobierno, bien porque no acababan de fiarse de su partido, fundado por un ex-ministro de Franco. Con los ciento cincuenta y seis escaños de su partido, Aznar no tiene más remedio que negociar su investidura de presidente.

Los nacionalistas catalanes y vascos habían sido especialmente agresivos con el PP en la campaña electoral, pero tenían entre ambos los veintiún diputados necesarios para garantizar al ganador su llegada a la Moncloa. Durante dos meses, el Partido Popular hubo de aguantar unas sinuosas conversaciones con sus incómodos socios, en las que Aznar trató de alcanzar, primeramente, un pacto fundamental con CIU, ampliado luego al PNV y Coalición Canaria (CC). Todo el centro-derecha sería invitado a las negociaciones, que la opinión pública española siguió con intranquilidad, al participar en ellas partidos nacionalistas, que limitan deliberadamente su oferta electoral a una parte de la geografía nacional.

Al candidato la consecución del acuerdo le resultó un verdadero calvario, dado que tanto Pujol como Arzalluz vieron la ocasión de explotar la debilidad parlamentaria del PP en provecho de sus respectivas formaciones políticas y sus proyectos de mayor autogobierno para Cataluña y el País Vasco. Deseoso de cerrar cuanto antes la componenda, Aznar redobló sus muestras de obsequiosidad para con los nacionalistas catalanes, llegando a manifestar que utilizaba la lengua catalana en privado. Además, Pujol fue mucho más exigente con

Aznar de lo que había sido con González, hasta el punto de obligar al líder del PP a desprenderse de Vidal-Quadras, su hombre en Cataluña, muy crítico con la política lingüística del pujolismo.

En los primeros días de mayo de 1996, José María Aznar era elegido jefe de gobierno con los ciento ochenta y un votos del PP, CIU, PNV y CC y constituía un gabinete muy moderado, alejado de la derecha nostálgica y del neoliberalismo puro y duro. La presencia de cuatro mujeres en el gobierno se interpretó como una nota de modernidad. Por el contrario, la designación de Eduardo Serra para el Ministerio de Defensa resultó polémica, al haber ocupado altos cargos en los gobiernos socialistas y tener muy buenas relaciones con la jerarquía militar. Hecho nada intrascendente, dado que estaban en marcha los procesos judiciales relacionados con «los papeles del CESID» y el GAL, que involucraban a miembros del ejército.

Todo aquello que el PP consideraba dejación de soberanía por parte del Estado cuando lo negociaban los socialistas, ahora lo hace pasar por una prueba de realismo y sentido político del centro-derecha. Sin embargo, las cesiones y favores del Partido Popular a los nacionalistas catalanes y vascos son percibidos por una parte notable de la opinión pública como «entreguismo» del gobierno, que pone en peligro la arquitectura constitucional del Estado de las autonomías y el futuro de España. Seguro de la fuerza que le confieren sus apoyos al PP, Jordi Pujol exige para Cataluña una nueva lectura de la Constitución que acepte «el hecho diferencial catalán» o se rebela amenazadoramente contra el gobierno, a propósito del Plan de Mejora de la Enseñanza de las Humanidades presentado por la ministra Esperanza Aguirre en octubre de 1997. «Pagarán muy caro este decreto», manifestó y, a los tres días, anunció que no lo cumpliría. El proyecto, luego retirado, al perder el gobierno la votación en el Congreso, desencadenó un enorme debate social en el que se mezclaron agravios autonómicos y partidismos. La actitud del PSOE contraria al Plan de Humanidades desconcertó a muchos de sus votantes, pues legitimaba a los nacionalistas en una cuestión de Estado en la que debían estar de acuerdo los dos grandes partidos nacionales.

Tampoco hubo avenencia en la recusación de la intervencionista «ley del catalán» aprobada en el Parlamento de Cataluña con los votos favorables de los socialistas, a pesar de su fuerte contenido nacionalista y de las numerosas voces que se alzaron contra ella por interpretar que lesionaba derechos individuales inalienables de los castellanohablantes. Aquéllas no fueron lo suficientemente poderosas como para conseguir que el Defensor del Pueblo interpusiera ante el Tribunal Constitucional el recurso de inconstitucionalidad solicitado, pero sí para que pidiera la introducción de algunas reformas conducentes a salvaguardar la libertad de los ciudadanos. Pasado el apuro, el gobierno de Pujol advirtió que no cambiaría nada. De otro lado, las reivindicaciones económicas de los nacionalistas catalanes no han cesado de asediar al gobierno del PP, que ha seguido sus instrucciones con la privatización de las empresas públicas y el despliegue de un nuevo modelo de financiación de las comunidades autónomas, basado en el traspaso del 30% del IRPF.

Mucho más ásperas han sido las relaciones del PP con su otro socio, el PNV, cuyas discrepancias respecto de la lucha antiterrorista y la política penitenciaria del gobierno han llevado a momentos de extrema tirantez. Frente a un tratamiento individualizado de los presos de ETA, defendido por el ministro de Interior Jaime Mayor Oreja, el PNV, en sintonía con las demás fuerzas nacionalistas vascas, exige acabar con su dispersión recluyéndolos a todos ellos en cárceles del País Vasco. Pero ha habido otros motivos de enfrentamiento, como la pasividad de la policía autónoma vasca en la represión del nacionalismo violento o la conveniencia de la negociación con ETA, asuntos de alguna forma relacionados con el propósito de soberanía del PNV. Desde 1994-1995 y con el objeto de neutralizar la creciente movilización de la sociedad vasca contra el terrorismo, las juventudes de Herri Batasuna amedrentan a la población civil con agresiones y violencia callejera que recuerdan las «escuadras de acción» del fascismo europeo de entreguerras. De la casi total impunidad con que se mueven estos jóvenes violentos se ha responsabilizado al gobierno vasco, cuya policía, en muchas ocasiones, se ha limitado a tomar nota de los desperfectos. También aquí el PP y el PNV han manifestado sus criterios dispares sobre cuál deba ser la respuesta adecuada a la provocación. A pesar de los gritos e insultos, Arzalluz y los suyos conseguirán arrancar al ministro de Economía, Rodrigo Rato, la ampliación de autonomía fiscal vasca mediante la cesión del Estado de los impuestos especiales.

Durante 1996, los viejos escándalos transformados en procesos judiciales continúan suministrando materia informativa, ante una opinión pública cada vez más cansada del asunto. Mientras tanto el gobierno Aznar despliega una intensa actividad sin conseguir que su imagen mejore entre los ciudadanos que le echan en cara su inexperiencia política y le recuerdan sus promesas electorales incumplidas respecto de la bajada de impuestos o la articulación regional, más igualitaria, de España. En octubre de 1996 Aznar llegó a un acuerdo con los sindicatos, por el que quedó garantizado hasta el año 2000 el poder adquisitivo de las pensiones, comprometiéndose el gobierno a estrechar su vigilancia sobre las relaciones laborales con el objeto de mejorar los «contratos basura». A partir de entonces, las encuestas conceden al PP perspectivas más positivas.

Por otro lado, el PSOE, abrumado por las inculpaciones penales de algunos de sus miembros, se muestra errático y desprogramado en su labor de oposición, que trata de ser enderezada al renunciar Felipe González, en junio de 1997, al liderazgo del partido, tras veintitrés años de ocupar su secretaría general. Sin grandes entusiasmos, los socialistas encontrarían el recambio en su XXIV Congreso, llenando la vacante con Joaquín Almunia, ministro en distintos gabinetes de González. En su deseo de mostrar su ruptura con el «felipismo» y acortar distancias con el partido gobernante, la nueva dirección promovió la convocatoria de elecciones primarias para designar al candidato socialista a la presidencia del gobierno. La apelación a las bases del partido, de la que únicamente se esperaba el refrendo de los nombres surgidos del último congreso, ha tenido consecuencias inesperadas, pues aunque el triunfo imprevisto de José Borrell ha incrementado las expectativas electorales del PSOE, ha hecho aflorar también fuertes tensiones internas del partido.

Cuando el Partido Popular se hizo cargo del gobierno, España no cumplía los requisitos de entrada en la primera fase del euro, la moneda única de la Unión Europea. Desde mayo de 1998 se sabe que, en el próximo enero, podrá incorporarse a la unión monetaria europea teniendo por vez primera en los últimos siglos la ocasión de subirse al tren de Europa en la estación de salida y no a mitad de trayecto. Este objetivo europeo ha permitido una tregua, en lo que se refiere a cuestiones económicas, a pesar de que el paro no se ha reducido en los límites deseables y duplica a la media comunitaria, si bien se ha progresado en la creación de empleo fijo. Muchos observadores se asombran de que una tasa de desempleo tan elevada no haya provocado mayor conflictividad social, lo que hace pensar en la existencia de una economía sumergida importante, donde, según cálculos, un 20% de los parados tiene trabajo.

«España va bien», gusta de repetir Aznar, afirmación discutible referida al conjunto de la política nacional, pero menos cuestionable por lo que respecta a la economía, cuyo progreso constituye el aspecto más positivo del actual gobierno. Esta mejora económica se manifiesta notablemente en Hispanoamérica donde las empresas españolas pelean con las norteamericanas en busca de mercados. El sector más representativo de la expansión empresarial española es el bancario con el Banco Santander y el Bilbao Vizcaya, lanzados a la compra de entidades iberoamericanas de crédito.

Desde las primeras semanas de rodaje del gobierno del PP, su ministro de Interior, Jaime Mayor Oreja, alcanza la mejor valoración popular por su imagen templada y su firme empeño en acabar con el terrorismo. También en esta materia, el discurso del PP ha experimentado transformaciones de fondo y forma, manifestándose ahora el gobierno más abierto a un diálogo con la banda terrorista ETA, siempre y cuando ésta abandone las armas. Un triunfo no pequeño se apuntó Aznar, tras arduas gestiones iniciadas por la diplomacia socialista, cuando consiguió arrancar de la Unión Europea un nuevo convenio sobre extradiciones, que ayudaba a la lucha antiterrorista.

En estos dos años de gobierno del PP, el terrorismo ha ocupado permanentemente la atención de los españoles, cuyos sentimientos se han movido entre el optimismo y el desánimo, de acuerdo con las vicisitudes de la lucha contra ETA. El apresamiento en Francia de destacados dirigentes o la desarticulación en España de alguno de sus comandos levanta en su momento oleadas de euforia que se disipan al comprobar la capacidad operativa de la banda, que mantiene al mismo tiempo dos largos secuestros. Uno para cobrar un multimillonario rescate y otro, el de Ortega Lara, para chantajear al gobierno y tratar de conseguir el acercamiento a Euskadi de los presos etarras. El primero de julio de 1997 ambos secuestrados recuperaron la libertad, pero fue la liberación de Ortega la que acaparó la atención de todo el país no sólo porque constituyó un gran éxito de la Guardia Civil, sino también por el dramatismo de la operación y la imagen extenuada del liberado, obligado por sus carceleros de ETA a sobrevivir durante quinientos treinta y dos días en un recinto infrahumano.

Al cabo de unos pocos días, el 10 de julio, ETA secuestra a Miguel Ángel Blanco, concejal del PP en el ayuntamiento vizcaíno de Ermua y da un plazo de cuarenta y ocho horas al gobierno para trasladar a sus presos a las prisiones vascas. La emoción y la rabia, que se desataron en el municipio vasco ante tamaña atrocidad, se convirtieron en un indignado clamor de toda España, que no logró alterar los planes de los verdugos etarras. El 12 de julio la banda terrorista asesinó al joven concejal. Empujados por el «espíritu de Ermua», miles de ciudadanos vascos salieron espontáneamente a la calle para mostrar su indignación contra la barbarie nacionalista y exigir a los políticos unidad frente al terrorismo y sus cómplices, al tiempo que se producían ataques a las sedes de HB. Por unas horas el miedo cambió de bando en tanto la ciudadanía vasca se veía impulsada a acabar con ambigüedades y equidistancias y a manifestar si estaba del lado de las víctimas o de los verdugos. Más de seis millones de personas reprobaron en las calles españolas la inhumanidad de ETA y numerosas organizaciones internacionales hicieron pública su condena del asesinato.

La conmoción por la muerte de Miguel Ángel Blanco facilitó un acercamiento de todos los demócratas, que se concretó en la decisión de la Mesa de Ajuria Enea de aislar a HB en las instituciones mientras no condenara el asesinato. Pocas veces el rechazo del *lehendakari* Ardanza a ETA y HB se había formulado con tal contundencia.

> Abandonada del pueblo, ETA sigue teniendo cómplices entre nosotros. Hoy queremos denunciarlos. Se llaman Herri Batasuna. Ellos mismos nos han forzado a pensar que, o bien quienes dirigen la coalición están en el diseño mismo del crimen, o bien lo estimulan o lo provocan con sus palabras. Que lo tengan en cuenta sus seguidores. Su apoyo y su silencio les hacen cómplices también a ellos.

La iniciativa de aislamiento político a HB surgió con fuerza sobre el papel, aunque no tardó en desinflarse por el temor de los nacionalistas a que la mayor presencia pública de ciudadanos vascos y su arrojo en la denuncia de la falta de libertades individuales acabaran en un gran proceso al nacionalismo. Con todo, el espíritu de Ermua sigue vigente en la decidida voluntad de una parte de la sociedad vasca de no transigir en ninguna de las exigencias políticas del terrorismo para evitar que se pervierta la democracia en el País Vasco.

ETA no ha renunciado a su estrategia del terror, constituyendo los representantes del PP su principal objetivo. Después de los asesinatos de los concejales populares de dos pueblos guipuzcoanos, el atentado mortal contra un edil sevillano y su esposa en enero de 1998 llenaba las calles españolas de manifestantes contra ETA. En mayo, dos nuevos asesinatos volvían a recordar que la banda armada no había variado un milímetro en sus planteamientos, por mucho que los partidos nacionalistas aventuraran cambios en la organización terrorista. Sí los ha habido, por el contrario, en el PNV que, abjurando del espíritu de Ermua, abandera un frente nacionalista, HB incluida, con el propósito de negociar «sin límites» con ETA. Una honda fractura divide aún más la sociedad vasca: la que separa a quienes desean convencer a ETA de la nula rentabilidad de sus atentados de los que ven en la organización terrorista no sólo un movimiento político, sino también un proyecto político. Con sus divisiones en los partidos democráticos, ETA proyecta su sombra más amenazadora sobre los españoles que de nuevo sitúan el terrorismo, junto con el paro, en el primer plano de sus preocupaciones ciudadanas después de varios años de retroceso.

El tiempo no pasó en balde en España. Superados los graves problemas que marcaron nuestro siglo –falta de libertades, subdesarrollo, inestabilidad social...–, y en plena lucha por solucionar otros nuevos, la nación se acerca al siglo XXI. Atrás quedan viejos tópicos... En el horizonte se adivinan empresas que, al exigir esfuerzos colectivos, confirmarán que el país de la siesta ha despertado de sus quimeras. Con el estímulo de Europa, una España renacida entierra para siempre la otra España amortajada, que no hace tanto tiempo hería la sensibilidad de los poetas.

> Dicen que España está españolizada,
> mejor diría, si yo español no fuera,
> que lo mismo por dentro que por fuera
> lo que está España es como amortajada.
> Por tan raro disfraz equivocada,
> viva y muerta a la vez de esa manera,
> se encuentra de sí misma prisionera
> y furiosa de estar ensimismada.

Ni grande ni pequeña, sin medida,
enorme en el afán de su entereza,
única siempre pero nunca unida;
de quijotesca en quijotesca empresa,
por tan entera como tan partida,
se sueña libre y se despierta presa.

JOSÉ BERGAMÍN,
Rimas y sonetos rezagados

LOS GRANDES DESAFÍOS

EL PARO

Discurso del Rey en la noche de Navidad,
desde el Palacio de la Zarzuela,
24 de diciembre de 1995

El primero de esos problemas, en el orden de preocupación e importancia, es el del paro. Aunque el Estado mitiga con gran esfuerzo, a través de la política social, sus más inmediatos efectos y la evolución permite afrontar el futuro con un menor pesimismo, el desempleo, en los niveles en que lo conocemos hoy, es, además de un drama personal y familiar para quienes lo sufren, un factor desintegrador de la sociedad. Son particularmente inquietantes el paro de larga duración, que afecta a trabajadores que soportan además responsabilidades familiares, y el paro juvenil, que impide la inserción de las nuevas generaciones en la sociedad y el desarrollo de sus proyectos vitales y familiares. Estas situaciones nos plantean una exigente interpelación para cuya respuesta sería preciso el más amplio consenso de la sociedad que incluya a las fuerzas políticas, los empresarios y los trabajadores.

Quizá no del todo ajenos al desempleo y sus consecuencias, la violencia juvenil, el desarraigo y el recurso a las drogas son también motivos de especial preocupación. Deberíamos preguntarnos si los valores que estamos inculcando a nuestros jóvenes son los más adecuados para su desarrollo personal y si no podemos hacer más para que nuestros hijos no estén sometidos con frecuencia a mensajes moralmente empobrecedores, cuyos efectos son socialmente negativos.

«Las palabras del Rey»

MOVILIZACIÓN POPULAR CONTRA EL TERRORISMO

Los firmantes de este documento, conscientes de la grave situación política de nuestra Comunidad Autónoma, declaramos ante la opinión pública lo siguiente:

1. Desde el final de la dictadura franquista se ha organizado y extendido en Euskadi un movimiento fascista que pretende secuestrar la democracia y atenta contra nuestros derechos y libertades más esenciales. Este movimiento está dirigido por ETA, así como por Herri Batasuna y otras organizaciones de su entorno, que utilizan la violencia para sembrar el miedo, coartar gravemente la libertad de expresión e imponernos a todos sus «alternativas políticas».

2. La mayor parte de nuestros representantes políticos e institucionales, incluidas las más altas instancias, difícilmente pueden ser exonerados de responsabilidad en este proceso de deterioro de la democracia. Durante todos estos años han transigido con las exigencias de este movimiento antidemocrático y no han actuado con la unidad y firmeza necesarias, llegando incluso en ocasiones a repartir la responsabilidad de los crímenes de ETA entre esta organización terrorista y el Estado. Sentimos como un agravio constante la colaboración de las instituciones que nos representan con quienes sustentan y alientan el fascismo, no habiendo dado otro fruto esta condescendencia sino un incremento constante de la coacción, el miedo y la muerte.

3. Sin perjuicio de las oportunas medidas de reinserción social, nos oponemos firmemente a toda negociación política con ETA. Cualquier proyecto político debe validarse mediante el sufragio de los ciudadanos y debatirse en el parlamento, institución esencial de nuestra democracia y lugar privilegiado para el diálogo político, pues en él únicamente existen dos fuerzas persuasivas y decisorias: los argumentos y los votos. Exigimos por ello de los partidos y representantes políticos que no consientan ni insinúen especie alguna de transacción o formalización de acuerdos sobre las exigencias políticas de ETA, pues una cesión al chantaje de las armas significaría la quiebra de la legitimidad democrática.

4. Reconociendo la gran labor realizada por los grupos pacifistas creados en Euskadi durante estos difíciles años, creemos que nuestra sociedad demanda nuevas formas de oposición al fascismo vasco que apelen más al derecho

democrático a la palabra que al pacifismo gestual y al silencio testimonial. Reivindicamos el espíritu civil iniciado en Ermua en las jornadas de julio, en las que la sociedad vasca recuperó no sólo la calle, sino la voz, y demostró que es posible luchar pacífica y contundentemente contra ETA y quienes amparan, promueven y se benefician de su proyecto totalitario.

5. Por las mismas razones rechazamos toda estrategia procedente de cualquier instancia mediadora, política, sindical o eclesiástica, dirigida a borrar las huellas de la movilización democrática iniciada en Ermua y a difuminar o tergiversar su inequívoco mensaje: acabar de una vez en el País Vasco con la ambigüedad en este terreno poniendo definitivamente término a toda forma de colaboracionismo entre demócratas y fascistas.

6. Hacemos, por todo ello, un llamamiento a la sociedad vasca para que se comprometa en la defensa de la democracia y del libre ejercicio de la palabra. Para que exija permanentemente de las instituciones democráticas el amparo de sus derechos y libertades. Para que se movilice y actúe en defensa de estos valores en todos los ámbitos de la vida ciudadana, siempre de manera cívica, pero con la resolución y firmeza necesarias. Sólo así alcanzaremos la paz sin sacrificarle nuestra libertad.

FORO ERMUA,
«Manifiesto por la democracia en Euskadi»

HERMANOS EN LA LENGUA

El azar de los siglos hizo plurilingüe a España, y esa realidad inamovible ha sufrido azares y zozobras, pero también ha producido venturas como Joanot Martorell, Maragall, Cervantes, San Juan de la Cruz, Martín Codax, Rosalía o Gabriel Aresti. Ellos y tantos más deberían estar orquestalmente unidos en el alma de los españoles, si nuestra patria ha de serlo de todos. Lo cual, porque la historia es irreversible, y nunca cursa sin heridas, no va a ser fácil ni rápido. Sólo el reconocimiento jurídico pleno de las lenguas españolas que la democracia ha estatuido, un uso razonable de ese derecho a la libertad, que debe ser respetada por y para todos sin la menor voluntad de diglosia, y gestos de concordia idiomática que contagien a los ciudadanos, como es, sin duda, esta reunión de los dirigentes de las Comunidades de España, bajo la prudente autoridad del Rey, puede allanar el camino hacia la distensión, hacia la desactivación de ese poderoso agente de perturbación que pueden ser las lenguas, para convertirlo en sustento firme de armonía, con la cual la nación común multiplique las fuerzas.

Hoy, no deja de causar saludable envidia que unos cuantos millones de ciudadanos bilingües disfruten del privilegio excepcional que supone poder manifestarse en la lengua que, desde la cuna, los configuró, y en otra, si ésta es la que fue castellana y han hecho española y de dimensión universal los españoles que permanecieron entre el Mediterráneo y el Atlántico, y los que fueron a Ultramar, la cual, congregándonos con varios cientos de millones de seres humanos, hace para todos mucho más leve la maldición de Babel.

FERNANDO LÁZARO CARRETER,
Diálogo de las lenguas

ÍNDICE ONOMÁSTICO

Abd al-Aziz ibn Musà, 94
Abd al-Rahman I, 90
Abd al-Rahman III, 31, 92, 115
Abí Abdilehi, 221
Abu Amir Muhammad ben Abi Amir, 122
Abu Dawud Yalul ibn Yaldasan, 141
Acuña, Hernando de, «Al emperador», 189
Adriano VI, 191-192
África, guerra de, 359
Agen, Bernardo d', 131
Agripa, Marco Vipsanio, 63
Aguirre, Esperanza, 426
Ahumada, duque de, 38
Ajuria Enea, Mesa de, 431
Alba, duque de, 175
Alberti, Rafael, 41
  Baladas y canciones de la Quinta del Mayor Loco, 8
  «Ora marítima», 46, 55
  «Romance de la defensa de Madrid», 369
Alcadir, 119, 131-132
Alcalá, virrey, 229
Alcalá-Galiano, Antonio, *Recuerdos de un anciano*, 276
Aleixandre, Vicente, 41
Alejandro VI, 176, 179
Alemán, Mateo, *Guzmán de Alfarache*, 210
Alfónsez, Sancho, 136
Alfonso I el Batallador, 32, 133, 136
Alfonso II El Casto, 31-32, 101-102
Alfonso III el Magno, 102
Alfonso V el Magnánimo, 203
Alfonso VI, 21, 32, 104, 117-119, 130-134, 137
Alfonso VII, 133
Alfonso IX, 145-146
Alfonso X el Sabio, 18, 33, 149, 151, 160-161, 165
  «Primera Crónica General de España», 110
Alfonso XI, 148-149
Alfonso XII, 341-342
Alfonso XIII, 298, 357, 359, 367
Al-Hakam, 122
Alianza Popular, 411
Alkama, 95
Al-Mamun, 119
Almansa, batalla de, 247
Almanzor, 102, 115, 121
Al-Maqqari, *Nafh al-Tib*, 121
Almunia, Joaquín, 428
Al-Musta ibn Hud, 137
Al-Mutamid, 120
Alonso, Dámaso, 41
  «Nuestra heredad», 36,
Alpujarra, sublevaciones de La, 215, 219
Álvarez de Toledo, Fadrique, *véase* Alba, duque de
Álvarez de Toledo y Portugal, Manuel Joaquín, *véase* Oropesa, conde de
Alzola, Pablo de, «Informes relativos a tratados de comercio», 349
Ana de Austria, 250
Angelón, Manuel, *Isabel II*, 316
Anguita, Julio, 424
Aníbal, 51
Anjou, duque de, *véase* Felipe V
Annual, derrota de, 345
Anónimo, *Historia de la caída del conde-duque de Olivares*, 238
Anónimo, «Las huestes de Don Rodrigo», 94
Anónimo, *Poema de Mío Cid*, 139, 152
Ansúrez, Pedro, 134
Antistio, Cayo, 66
Arana, Sabino, 40
Aranjuez, motín de, 270
Ardanza, José Antonio, 431
Argala, José Miguel, 405-406
Argantonio, 29, 52, 54
Argüelles, Agustín, 273
Arias Navarro, Carlos, 395, 402

Arroyal, León de, 37
Cartas económico-políticas, 265
Arzalluz, Xabier, 425, 428
Astrónomo, *Vita Ludovici Pii Imperatoris*, 97
Atocha, matanza de, 402-403
Augusto, César, 17, 30, 60-61, 66
Avís, maestre de, 150
Ayala, Canciller, *Libro rimado de Palacio*, 144
Azaña, Manuel, 41, 367-368
«Discurso», 374
Aznar, José María, 416, 420, 423, 425-426, 428-430

Balmes, Jaime, *Observaciones sobre los bienes del clero*, 301
Barcelona, Olimpiada de, 415
Bardají, Jorge de, 153
Baroja, Pío, 40
Basterra, Ramón, *Obra poética*, 313
Bayona, estatuto de, 271
Beato de Liébana, 31, 102
Ben al-Athir, *Kamil fi-l-Tarij*, 124
Ben Arabi, 34
Ben Hazm, *Epístola*, 125
Berceo, Gonzalo de, 103
Milagros de Nuestra Señora, XVIII, 140
Bergamín, José *Rimas y sonetos rezagados*, 433
Bernáldez, Andrés, *Memorias del reinado de los Reyes Católicos*, 185
Bernanos, Georges, *Los grandes cementerios bajo la luna*, 376
Bernardo, obispo, 134, 138
Berry, Carlos, duque de, 250
Bertolucci, Bernardo, 417
Berwick, duque de, 247
Biclaro, Juan de, *Chronicon*, 81
Blanco, Miguel Ángel, 430-431
Blanco-White, José María, *Cartas de Juan Sintierra*, 278
Obras completas, 289
Blasco Ibáñez, Vicente, 359
Boabdil, 175
Bolívar, Simón, 38, 288
Discursos, proclamas y epistolario político, 290
Borbón, Juan de, 27
Borghese, Camillo, 209
Borja, Rodrigo, *véase* Alejandro VI
Borrego, Andrés, *El Español*, 22-3-1836; 303
Borrell, José, 429
Braganza, Juan de, 232
Bravo, Juan, 22, 192, 199
Breviario de Alarico, 75
Brihuega, acción de, 248
Brutón, José Antonio, «Soneto contra Luis XIV», 246
Burgos, Javier de, 38, 330

Caballero, Fernán, *Lágrimas*, 304
Cabarrús, Francisco, conde de, 37, 258
Cabd al-Mumin, 141
Cabrera de Córdoba, Luis, *Historia de Felipe II*, 209
Cadalso, José de, *Cartas marruecas*, 262
Calvo Sotelo, Leopoldo, 400-401
Cambó, Francisco, 359-360
Camino de Santiago, 18
Campomanes, conde de, 37, 259, 274
Dictamen fiscal de expulsión de los jesuitas de España, 263
Canalejas, José, 358
Cánovas del Castillo, Antonio, 40, 342-343, 345-346
Capitulaciones de Santa Fe, 177
Carisio, Tito, 66
Carlomagno, 107
Carlos de Habsburgo, 244, 246, 248
Carlos I, 19, 32, 35, 179, 189-192, 194, 203-204, 216-217, 248
Carlos II, 164, 243-244, 246
Carlos III, 23, 37, 257-258, 260-262, 271, 284, 286
Carlos IV, 269, 287
Carlos V, *véase* Carlos I
Carrero Blanco, Luis, 382
«Discurso ante las Cortes», 7-2-1969; 389
Carrillo, Santiago, 42, 397, 400, 404
Casa, Bartolomé de las, 35
Casado, Segismundo, 372
Casio Dión, LIII, 25, 2; 66
Caspe, compromiso de, 150
Castaños, Francisco Javier, 271
Castro, Américo, 41
Castro, Carlos María de, 324, 327, 331-332
Caxa de Leruela, Miguel, *Restauración de la abundancia de España*, 169
CC, 425
CCOO, 42, 385

Cela, Camilo José, *El color de la mañana*, 421
Celaya, Gabriel, «España en marcha», 43, 380
Centro Superior de Información de la Defensa, *véase* CESID
Cerdà, Ildefonso, 328-331
Cuatro palabras sobre el Ensanche de Barcelona, 337
Cerecedo, Cuco, 402
Cernuda, Luis, «Elegía española», 410
Cervantes, Miguel de, 36, 218
Don Quijote de la Mancha, 166
El coloquio de los perros, 224
César, Cayo Julio, 21, 51, 59
CESID, 426
Chávarri, Víctor, 39
Cid, 24-25, 27, 32, 116, 120, 133
Cisneros, cardenal, 190, 215
CIU, 397, 424-426
Clarín, Leopoldo Alas, *La Regenta*, 340, 349
Claris, Pau, 35, 231-232
Clavijo, batalla de, 103
Clemente VII, 216
Clemente XI, 248
Clodoveo I, 77
CNT, 344-345
Coalición Canaria, *véase* CC
Coello, Claudio, 243
Colón, Cristóbal, 19, 27, 35, 176-178, 180
Diario del primer viaje, 184
Comillas, marqués de, 39
Comisiones Obreras, *véase* CCOO
Comunidad Europea, ingreso, 413
Conde, Mario, 420
Confederación Nacional del Trabajo, *véase* CNT
Conquista de Granada, 19
Convergència i Unió, *véase* CIU
Cortés, Hernán, 35, 177
Costa, Joaquín, 39, 356
Política quirúrgica, 361
Cotarelo, Ramón, *La Conspiración*, 419
Cremer, Victoriano, «Canto total a España», 294
Cruz, Juan de la, 34, 36
Cuba, guerras de, 355
Dalí, Salvador, 41
Darío, Rubén, «Al rey Óscar», 172
Davidez, Sisnando, 132
Davillier, barón Ch., y Doré, G., *Viaje por España*, 335
De rebus Hispaniae, 34
Deciano, 64
Decio, 64
Deza, Diego de, 176
Dictatus Papae, 130
Diego, Gerardo, «Ángeles de Compostela», 100
Diocleciano, 64
Domingo, santo, 105
Don Rodrigo, duque de la Bética, 88, 93-94
Du Plessis, Armand Jean, *véase* Richelieu, cardenal de

Ebro, batalla del, 372
Égica, 82
Elcano, Juan Sebastián, 35
Enrique IV, 162
Enríquez, Fadrique, 192
Ermua, espíritu de, 430-432
Escalera, Rafael Ceballos, 301
Escobedo, Rodrigo de, 184
Espartero, Baldomero Fernández, 38, 297, 309, 327
Esquilache, marqués de, 260-261
Esquilache, motín de, 261
Estrabón, 52
III, 2, 8; 53
III, 5, 5; 54
ETA, 42, 385, 399, 427, 430-432, 435-436
Eugenio, san, 130
Euskadi ta Askatasuna, *véase* ETA
Eutropio, san, 81
Exposición Universal de Sevilla, 21

Faulkner, William, 370
Feijóo, Benito Jerónimo, 37, 103
Felipe, León, «Español del éxodo y del llanto», 41
Felipe II, 19, 20, 33, 35, 163, 204-207, 209, 217, 247
Felipe III, 206, 229
Felipe IV, 19, 164, 206, 230, 233-234, 247
Felipe V, 19, 36, 245-249, 251
Fernández de Córdoba, Gonzalo, 175
Fernández Ordóñez, Francisco, 42
La España necesaria, 405
Fernando de Aragón, *véase* Reyes Católicos
Fernando I, 117
Fernando III el Santo, 32-33
Fernando VI, 37
Fernando VII, 270, 274, 288

Figuera, Ángela, «Canto rabioso de amor a España en su belleza», 242
Figueroa, Álvaro de, *véase* Romanones, conde de
Filipinas, guerra de, 355
Fitz James, James Stuart, *véase* Berwick, duque de
Floridablanca, conde de, 259
Foxà, Agustín de, «Iberia romana», 30, 62
Fraga Iribarne, Manuel, 386, 397, 402, 411
Franco, Francisco, 27, 32, 275, 299, 368, 370-372, 382, 385-386, 395-397, 400, 412, 425
Frontino, *De controversiis agrorum*, 67
Fuentes Quintana, Enrique, 42

GAL, 416, 424, 426
Gala, Antonio, «La sociedad nueva», Anuario *El Mundo*, 1993; 419
García Lorca, Federico, 41
García Ordóñez, *véase* Nájera, conde de
Garriga i Roca, Miguel, 328
Gaudí, Antonio, 40
Gautier, Teófilo, *Viaje por España*, 305
Gelmírez, Diego, 103
Gide, André, 370
Gil de Biedma, Jaime, «Y era el demonio de mi sueño el ángel», 28
«Años triunfales», 381
Giner de los Ríos, Francisco, 40
Girón, Francisco Javier, *véase* Ahumada, duque de
Girona, Manuel, 39
Godoy, Manuel, 269-270
Gómez de Mora, Juan, 206
Góngora, Luis de, 41, 333
«A Córdoba», 114
Soledades, 333
González, Felipe, 397, 411, 416, 423-424, 426, 428
Goya, Francisco, 37
Goytisolo, Juan, *Señas de identidad*, 391
Gramont, Maréchal de, *Mémoires*, 211
Granja, sucesos de la, 301
Greco, Domenikos Theotokopoulos, llamado El, 36
Gregorio, Leopoldo de, *véase* Esquilache, marqués de
Gregorio VII, 130-131
Grupos Antiterroristas de Liberación, *véase* GAL
Guadalete, batalla del, 88
Güell, Juan, 39
Guerra, Alfonso, 416
Guía del peregrino, 105
Guzmán y Fonseca, Gaspar de, *véase* Olivares, conde-duque de

Hademaro, 97
Hamur, 97
Haussmann, Georges Eugène, 331
HB, 400, 427, 431-432, 435
Heredia, familia, 39
Hermenegildo, san, 80
Hernández, Miguel, «Viento del pueblo», 256
«El hombre acecha», 308
Cancionero y romancero de ausencia, 422
Herodoto, I, 163; 54
Herri Batasuna, *véase* HB
Hisham I, 102
Hita, Arcipreste de, *El libro de Buen Amor*, 109
Hitler, Adolfo, 370, 381
Hugo, Carlos, 402
Huici Miranda, Ambrosio, *Historia musulmana de Valencia*, 95
Hurtado de Mendoza, Diego, *véase* Mélito, conde de

Ibn Abd al-Hakam, *La conquista de África y de España*, 93
Ibn Abi Zar, *Rawd al-Quirtas*, 137
Ibn Darrax, «Loa a Abd al-Malik», 123
Ibn Darray, 103
Ibn Sahib al-Sala, *Al-Man Bil-Imana*, 141
Ibn Ziyad, Tariq, *véase* Tariq
Iglesias, Pablo, 40, 343
Ildefonso, san, 130
Ilipa, batalla de, 52
Inocencio XII, 245
Isabel de Castilla, *véase* Reyes Católicos
Isabel II, 297, 341
Iturbide, Agustín de, 288
«Proclama de Iguala», 291
Izquierda Unida, 425

Jaime I de Aragón, 32-33
Jesús, Teresa de, 34, 36
Jiménez, Juan Ramón, 41
Jiménez, Lop, conde de Álava y Vizcaya, 118, 129
Jiménez de Cisneros, Francisco, *véase* Cisneros, cardenal

Jiménez de Rada, Rodrigo, 34
José Fernando de Baviera, 244
José I, 248
José I Bonaparte, 270, 272, 288, 296
Jouvin, Albert de Rochefort, *El viaje de España y Portugal*, 67
Jovellanos, Gaspar Melchor de, 37, 259, 274
«Informe sobre la ley agraria», 264
Juan Carlos I, 42, 396, 398, 400
Juan de Aragón, 182
Juan de Austria, 217
Juan José de Austria, 234, 243
Juan I, 151
Juan II el Perfecto, 176
Juana la Beltraneja, 173
Juana I la Loca, 190-192
Juana II, 150
Julián, san, 130
Justiniano, 75
Justino el Menor, 80

«La Pepa», 273
Labordeta, José Antonio, «Himno a la libertad», 396
Lanuza, Juan de, 35
Largo Caballero, Francisco, 368-369, 371
Larra, Mariano José de, *Artículos*, 334
Lázaro Carreter, Fernando, *Diálogo de las lenguas*, 437
Leandro, san, 30, 81, 130
León XIII, 341
Leopoldo I, 244
Leovigildo, 30, 76-78, 80
Lerma, duque de, 19, 220
Lerroux, Alejandro, 360
Lesmes, san, 105
Liber ludicum, IX, 1, 21; 82
Liber Sancti Jacobi, 110
Llull, Ramon, 34
López de Mendoza y Quiñones, Íñigo, *véase* Tendilla, conde de
López y López, Antonio, *véase* Comillas, marqués de
Loyola, Ignacio de, 36
Luis XIII, 232
Luis XIV, 243-246, 248

Macanaz, Melchor Rafael de, 37, 258
Machado, Antonio, «Una España joven», 40- 41
«Desde mi rincón», 158
«¡Todo vendido!», 366
Madariaga, Salvador de, 41
Madoz, Pascual, 38, 298
Maeztu, Ramiro de, 26
Maldonado, Francisco, 22, 192, 199
Mann, Thomas, 370
Mañé i Flaquer, Joan, *El oasis: viaje al país de los Fueros*, 318
Maragall, Joan, «Oda nueva a Barcelona», 322
Vida escrita: ensayos, 348
«Oda a España», 358
Obras completas, 362
Marcelo, edil romano, 66
Margarit, Joseph, 239
María Teresa de Austria, 245, 250
Marshall, plan, 381
Martel, Carlos, 90
Martín, san, 38
Martín, Vergara, *Refranero*, 202
Martín I el Humano, 150
Martín Santos, Luis, 388
Martínez Campos, Arsenio, 341
Marx, Karl, 400
Mas, Josep, 324
Masdeu, Juan Francisco, 103
Matalon, conde de, 185
Mateo, maestro, 107
Matrera, conde de, 185
Maura, Antonio, 355
«Discurso del Congreso», 1905, 363
Maximiliano de Habsburgo, 190
Mayans y Siscar, Gregorio, 37
Mayor Oreja, Jaime, 427, 429
Mélito, conde de, 192
Melo, Francisco Manuel de, 237
Mendizábal, Álvarez y Méndez, Juan, llamado, 38, 296-297, 324
Menéndez Pelayo, Marcelino, 22, 40
Mesonero Romanos, Ramón, 325
Obras, 334
Miaja, José, 369
Milán, edicto de, 65
Miró, Joan, 41
Mola, Emilio, 368
«Declaración del estado de guerra», 1936, 376
Molinos, Miguel de, 36
Molinos, Valdés de, 36
Moll, Manuel, «Alocución», 1966, 390
Moncloa, pactos de la, 397, 404
Moneo, Rafael, 64
Moñino, José, *véase* Floridablanca, conde de

Morán, Gregorio, *El precio de la transición*, 404
Moyano, Claudio, 38, 330
Mugit al-Rumi, 93
Muhammad ben al-Xur, 123
Muminin Abu Yacqub, 141
Munda, batalla de, 59
Muñoz Molina, Antonio, *Ardor guerrero*, 417
Muñoz Torrero, *Diario de Sesiones de Cortes de 1812*, 277
Murat, Joachim, 270
Murillo, Bartolomé Esteban, 36
Musà ibn Nusayr, 93
Mussolini, Benito, 370, 381
Muttad, 123
Muza, gobernador africano, 89

Nabucodonosor, 52
Nájera, conde de, 129
Nancré, marqués de, 252
Napoleón I, 269-270, 287, 351
Napoleón III, 325
Narváez, Ramón María, 297, 310
Navagiero, Andrés, Carta V, 1526; 223
Nebrija, Antonio Martínez de Cala, llamado Elio Antonio de, 29
Gramática castellana, 184
Negrín, Juan, 371
Neoburgo, Mariana de, 244-245
Neruda, Pablo, *Canto general*, 38
«América insurrecta», 282
Normante y Carcavilla, Lorenzo, 37, 258
Núñez de Balboa, Vasco, 35

O'Donnell, Leopoldo, 328
Olavide, Pablo de, 37, 258-260
Olimpiadas de Barcelona, 21
Olivares, conde-duque de, 19, 35, 206, 230-233, 237
Gran Memorial, 235
Unión de Armas, 236
Oller, Narcís, *La febre d'or*, 317
Omeya, descendientes de Umayya, familia, 90, 123
Oppas, obispo, 95
Oropesa, conde de, 245
Ortega Lara, José Antonio, 430
Ortega y Gasset, José, 40, 367
Osorio, Alfonso, *Trayectoria política de un ministro de la Corona*, 403
Otero, Blas de, «España», 354

Pacto de la Haya, 244
Padilla, Juan de, 22, 191-192, 198-199
Palacio Valdés, Armando, *La espuma*, 351
Palomino, Ángel, «La vida cotidiana», *España diez años después de Franco (1975-1985)*, 407
Papus, El, 402
Pardo Bazán, Emilia, *La Tribuna*, 319
París, tratado de, 361
Partido Comunista de España, *véase* PCE
Partido Nacionalista Vasco, *véase* PNV
Partido Popular, *véase* PP
Partido Socialista Obrero Español, *véase* PSOE
PCE, 42, 385, 403-404
Pedro I el Cruel, 149
Pedro III el Grande, 146, 150
Pedro IV el Ceremonioso, 150
Peláez, Diego, 103
Pelayo, 24, 27, 96
Pelejero, Ramón, *véase* Raimon
Pemán, José María, «Cuando las Cortes de Cádiz», 279 «España», 372
Pérez Galdós, Benito, 39, 325, 356
Montes de Oca, 336
Cánovas, 347
Pérez Picazo, María Teresa, *La publicística española en la guerra de Sucesión*, 251
Picasso, Pablo, 41
Picaud, Aymeric, 105
«Códice Calixtino», 108
Piferrer, Pau, y Pi i Margall, Francesc, *España, sus monumentos y artes...*, 335
Pineda, Mariana, 37
Pinzón, Martín Alonso, 177, 184
Pinzón, Vicente Yáñez, 177, 184
Pirineos, paz de los, 234
Pizarro, Francisco, 35, 177
PNV, 385, 397, 399, 425-428, 432
Polavieja, Camilo García, marqués de, 359
Pompeyo, 59
Ponz, Antonio, *Viaje a España*, 68
Portocarrero, Luis Manuel Fernández de, 245
Pozo, Raúl del, *Una derecha sin héroes*, 420
PP, 416, 423-432
Prat de la Riba, Enric, 40

Primo de Rivera, José Antonio, 368
Primo de Rivera, Miguel, 32, 367
Prisciliano, 102
Prudencio, Aurelio, 68
«Himno en honor de la mártir Eulalia», 69
PSOE, 27, 343-344, 396, 401, 403, 411-412, 414, 423-426, 428-429
Publio Carisio, 61
Puijaner, Francisco de, 239
Pujol, Jordi, 424-427

Quesada, Vicente Genaro de, 301
Quevedo y Villegas, Francisco de, 36
«Advertencia a España», 34
Sátiras, 228
Quintana, Manuel José, «A España, después de la revolución de marzo», 269, 275
Memorias, 276

Racionero, Luis, *España en Europa*, 418
Raimon, 402
Raimundo de Borgoña, 134
Ramiro I, 110
Ramón Berenguer I, 117
Ramón y Cajal, Santiago, 41
Nuestro atraso cultural y sus causas, 363
Rato, Rodrigo, 428
Recaredo I, 21, 30, 78, 80
Reyes Católicos, 19, 22, 26, 33, 35, 106, 161-163, 174-176, 178-182, 203, 215
Ribera, San Juan de, 219
Ricci, Mateo, 206
Richelieu, cardenal de, 230, 233
Ridruejo, Dionisio, «A Toledo», 32
«En Mérida», 58
Riego, Rafael del, 22, 37, 288
Rijswick, la paz de, 244
Rodrigo Díaz de Vivar, *véase* Cid
Rodríguez Campomanes y Pérez, Pedro, *véase* Campomanes, conde de
Rojo, Vicente, 369
Roldán, el cantar de, 107
Roma, tratados de, 382
Romanones, conde de, 358
Ronquillo, 245
Rothschild, familia, 311
Rotstagno, conde de Gerona, 96
Rovira i Trias, Antonio, 328-329

Sagasta, Práxedes Mateo, 342, 355
Sagunto, batalla de, 25
Salamanca, José, marqués de, 39, 332
Salinas, Pedro, 41
San José, Víctor Manuel, «España», 394
San Martín, José Francisco de, 288, 290
Sánchez de Segovia, Rodrigo, 184
Sancho I Ramírez, 104, 118
Sancho II el Capelo, 148
Sancho II el Fuerte, 118
Sancho III el Mayor, 31-32, 104-105, 117
Sancho IV el de Peñalén, 118
Sandoval y Rojas, Francisco de, *véase* Lerma, duque de
Santa Cruz, Alonso de, *Crónica de los Reyes Católicos*, 182
Santa Eulalia, 64, 67-69
Santángel, Luis de, 176
Santiago, apóstol, 91, 102-103, 108, 110, 262
Santiago, camino de, 104-106, 109
Santiago, voto de, 103
Sarsfield, Pedro, 301
Sartre, Jean-Paul, 370
Schaub, ministro, 253
Serra, Eduardo, 426
Sevilla, Exposición Universal de, 415
Sevilla, san Isidoro de, 30, 130
«De laude Spaniae», 31
Historia de los godos, vándalos y suevos, 80
Silvela, Francisco, 359
Sofía de Grecia, 400
Stanhope, ministro de Jorge I, conde de, 252-253
Suárez, Adolfo, 42, 396-398, 400, 403-404
Sulayman ben Hud Chuchami, 124

Talavera, Fernando de, 182
Tariq, 88, 93
Tendilla, conde de, 182
Teobaldo I el Trovador, 146
Teodomiro, obispo, 101, 108
Teodorico II, 74
Tierno Galván, Enrique, 417
Timaios, 54
Toledo, III Concilio de, 78
Toledo, IV Concilio de, 130
Toledo, reino visigodo de, 76, 88
Toledo, Said de, *Tabaqat al-Uman*, 122
Tordesillas, tratado de, 179
Toreno, conde de, *Historia del levanta-*

miento, guerra y revolución de España, 278
Torrijos, José María de, 22, 37
Trajano, 51
Trastámara, familia, 149
Trémoille, Marie Anne de la, *véase* Ursinos, princesa de los
Troyes, *Cancionero de los peregrinos*, 106
Tudmir ibn Gandaris, 94

UCD, 396, 400-401, 404, 411-413
Uclés, derrota de, 136
UGT, 42, 344, 368, 414
Ulloa, Bernardo de, *Restablecimiento de las fábricas y comercio español*, 265
Umayya, Banu, 124
Umbral, Francisco, 11
Unamuno, Miguel de, 39, 356, 385
En torno al castiscismo, 362
Unión de Centro Democrático, *véase* UCD
Unión General de Trabajadores, *véase* UGT
Urbano II, 103
Urquijo, Mariano Luis de, 37
Urraca, 136
Ursinos, princesa de los, 245
Usatges, 117
Utrecht, tratado de, 248, 284

Valle, Lucio del, 326
Valle-Inclán, Ramón María del, 40
Valleje, César, «Redoble fúnebre a los escombros de Durango», 72
Vallejo, Juan de, *Memorial de la vida de fray Francisco Ximénez de Cisneros*, 222
Vázquez Montalbán, Manuel, «La calle ya no era de ellos», *Memoria de la transición*, 403
Vega, Garcilaso de la, «Égloga tercera», 128
Vega, Lope de, 36
La Dragontea, 10
«Canción a la libertad», 188
Velasco, Íñigo, 192
Velázquez, Diego, 36
Vespuci, Americo, 179
Vidal-Quadras, Aleix, 426
Villamediana, conde de, «Aconsejando a la Majestad de Felipe III contra los privados y ministros», 214
Villars, Pierre de, *Mémoires de la Cour d´Espagne*, 211
Villaviciosa, batalla de, 248
Vital, Laurent, *Relación del primer viaje a España de Carlos I*, 194
Vitoria, Francisco de, 35
Vitrubio, 63
Vives, Luis, 36

Walid ibn Abd al-Malik, 93
Willelmo, signífero, 97
Witiza, 88

Xandoval, Fray Prudencio de, *Historia de la vida y hechos del emperador*, 195
Ximénez de Rada, Rodrigo, 103
Historia de los hechos de España, 139

Yahyà ibn Bukayr, 93
Ybarra, familia, 39
Yusuf ibn Tachfin, 133, 137

Zaddo, 97
Zalaca, batalla de, 132-133
Zumalacárregui, Tomás de, 24
Zúñiga, Francesillo de, *Crónica burlesca de Carlos V*, 196

ÍNDICE

Prólogo 9
Introducción 17
Artífices de España 29
La mítica fundación de Cádiz 45
Mérida, la Roma española 57
La conversión del godo 71
La España del Islam 85
Camino de Santiago 99
El adiós a Córdoba 113
La conquista de Toledo 127
Las primeras Cortes de Europa 143
Nace la Mesta 157
Un mundo nuevo 171
Los comuneros 187
Madrid, capital del Imperio 201
La expulsión de los moriscos 213
La rebelión de los catalanes 227
Borbones y fueros 241
Los proyectos ilustrados 255
La Constitución de Cádiz 267
América se independiza 281
Las cuentas de la Iglesia 295
El retraso industrial 307
Las capitales se renuevan 321
La revolución se serena 339
España aturdida 353
La guerra civil 365
El milagro español 379
La letra de la democracia 393
El año más internacional de España 409
Epílogo 423
Índice onomástico 439